상대주의의 두 얼굴

상대주의의 두 얼굴

노양진 지음

서광사

상대주의의 두 얼굴

노양진 지음

펴낸이—김신혁, 이숙
펴낸곳—서광사
출판등록일—1977. 6. 30.
출판등록번호—제406-2006-000010호

(413-756) 경기도 파주시 교하읍 문발리 534-1
대표전화 · (031) 955-4331 / 팩시밀리 · (031) 955-4336
E-mail · phil6161@chol.com
http://www.seokwangsa.co.kr / http://www.seokwangsa.kr

제1판 제1쇄 펴낸날 · 2007년 8월 30일
제1판 제2쇄 펴낸날 · 2008년 2월 20일

ISBN 978-89-306-2036-9 93160

존경하는 부모님께 이 책을 바칩니다.

| 지은이의 말 |

어둠 속에서 휘파람을 부는 것은 참된 철학의 방법이 아니다.

— W. V. O. 콰인 —

상대성은 우리의 삶과 경험의 중요한 일부다. 그럼에도 불구하고 이러한 현상을 해명하거나 옹호하려고 시도했던 '이론'으로서의 상대주의는 매우 불운한 역사를 갖고 있다. 그것이 이론화되는 순간 자가당착이라는 족쇄에 발이 묶이게 되는 것이다. 그래서 상대주의는 지성사의 모퉁이마다 그림자를 드리우면서도 실체가 없는 유령과 같은 것이 되고 말았다. 여기에서 우리는 상대주의가 선명한 실체를 가진 정형화된 이론이기보다는 하나의 철학적 '태도'에 가깝다는 것을 알 수 있다. 그리고 이 태도에는 우리가 거부하기 힘든 유혹이 내재되어 있다. 우리의 실제적 경험에는 항상 상대주의적 요소들이 드러나기 때문이다. 이러한 관점에서 필자는 상대주의의 본성을 드러내는 데에는 상대주의에 관한 정교하고 수정된 이론을 재구성하는 일보다 상대주의가 안고 있는 유혹과 위협의 소재를 명료하게 밝혀내는 일이 더 중요하다고 보았다.

필자는 이 책에서 이처럼 집요한 상대주의를 거부하기보다는 상대주의의 본성을 새로운 시각에서 접근함으로써 우리가 받아들이고 공존할 수 있는 상대주의의 본성과 폭을 탐색하려고 시도했다. 물론 필자의 이러한 시도가 결코 상대주의 문제에 대한 최종적 답이라고 생각하지 않으며, 또 그러한 답이 근원적으로 가능하다고 생각하지도 않는다. 철학적 문제들을 다루는 과정에서는 우리가 종종 옳은 답이라고 믿는 것이 오히려 우리가 다루고자 하는 문제의 근원과 본성을 좀 더 깊게 이해함으로써 얻게 될 교훈을 가로막기도 한다는 스트라우드(B. Stroud)의 지적은 상대주의 문제와 관련해서도 여전히 교훈적이다.[1)]

그러나 이러한 탐색 과정에서 필자가 얻게 된 중요한 소득의 하나는 우리가 실제적으로 경험하는 상대적 현상들이 한데 묶여 하나의 '철학적 이론'으로 되어 가는 과정에서 무엇이 억압되며, 무엇이 덧붙여지는지를 좀 더 선명하게 볼 수 있게 되었다는 점이다. 나아가 필자는 그것이 대부분의 철학적 이론들이 본성처럼 갖는 특성이라는 것을 깨닫게 되었다. 철학적 문제들에는 본성상 최종적 답이 없으며, 역설적이게도 그것이 철학이 장구한 역사를 통해 오늘날까지 살아남을 수 있었던 이유이기도 하다. 그래서 우리는 철학적 사유를 통해 하나의 답을 찾는 대신에 카벨(S. Cavell)의 제안처럼 끊임없이 '더 나은 사고의 방식'을 찾는 데 족해야 할지도 모른다.[2)] 아마도 이러한 사실은 우리가 아무런 명료한 답에 이르지 못한다 할지라도 철학적 문제들에 대해 여전히 진지한 관심을 가져야만 하는 이유가 될 것이다.

이 책 전체를 관통하는 필자의 일관된 관심사가 있다면 그것은 철학적 탐구에 있어서 완화된 상대주의(modified relativism)의 가능성과 필요성을 옹호하려는 것이다. 필자가 추구하는 이러한 유형의 상대주의는 그 자체로 하나의 정형화된 이론이라기보다는 전통적 객관주의와

---

1) Barry Stroud, *The Significance of Philosophical Scepticism* (Oxford: Clarendon Press, 1984), p. xi.

2) Stanley Cavell, *Themes out of School: Effects and Causes* (Chicago: University of Chicago Press, 1988), p. 9 참조.

허무주의적 상대주의의 이분법적 대립 속에서 매몰되어 왔던 하나의 '철학적 관점'이 될 것이다. 필자는 이러한 시도를 위해 상대주의 문제에 관해 미묘한 접근의 차이를 보이는 퍼트남(H. Putnam)과 굿맨(N. Goodman), 로티(R. Rorty)의 견해를 논의의 출발점으로 삼았다. 이들은 공통적으로 20세기 초반 영어권의 지적 논의를 주도했던 분석철학, 특히 논리실증주의를 극복하려는 노력을 통해 독자적인 철학적 시각을 정립해 가고 있다. 필자는 이들의 논의가 그 긍정적 의도와 섬세한 노력에도 불구하고 피할 수 없는 이론적 난점에 부딪히게 된다는 점에 주목하고, 이 문제에 접근하는 새로운 구도의 필요성을 드러내려고 했다.

필자의 이러한 새로운 탐색에 핵심적인 계기와 방향을 제공한 것은 '체험주의'(experientialism)라는 새로운 철학적 입장이다. 비교적 최근에 미국을 중심으로 출발했던 체험주의는 그 이론적 틀이 형성되어 가는 단계에 있으며, 이 때문에 우리 학계에도 아직 충분한 소개가 이루어지지 않고 있다. 체험주의는 오늘날 급속히 성장하고 있는 인지과학(cognitive science)의 다양한 경험적 성과들을 적극적으로 수용함으로써 그것을 철학적 논의로 확장시켜 가고 있다. 이러한 확장 과정에서 드러나는 체험주의의 전반적인 철학적 시각은 큰 틀에서 제임스(W. James)나 듀이(J. Dewey)에게서 찾아볼 수 있는 실용주의적 자연주의와 큰 유사성을 보이고 있다.

잘 알려진 것처럼 인지과학은 철학, 언어학, 심리학, 인류학, 컴퓨터과학, 신경과학 등 다양한 경험과학이 공동으로 참여하여 인간의 '마음'의 본성을 밝히려는 학제적 탐구다. 1950년대 중반에 미국을 중심으로 출발했던 인지과학은 초기에 대부분 기능주의적 가정을 중심으로 수행되었는데, 여기에서 마음의 작용은 컴퓨터와 유사한 방식으로 이해되었다. 그러나 1970년대에 들어서면서 초기 인지과학의 기본적 가정들 자체가 심각한 문제와 한계를 안고 있다는 것이 밝혀졌으며, 마음의 작용이 그보다 훨씬 더 복잡한 기제를 통해 이루어진다는 것을 깨닫게 되었다. 레이코프와 존슨(G. Lakoff and M. Johnson)은 인지과학의 이러한 새로운 흐름을 '제2세대 인지과학'이라고 부르며, 체험주의의 형성은 그 탐구 성과에 크게 빚지고 있다.[3)]

지금까지 인지과학이 인간의 마음에 관해 밝혀낸 것은 우리가 알고 싶어 하는 것에 비한다면 여전히 빈약한 것이기는 하다. 이 때문에 그 결과들이 그 자체로 하나의 새로운 이론을 구성하는 것은 아니지만 그것들이 다양한 경험과학적 탐구의 교차적 검증을 거친 수렴적 증거들에 의존하고 있다는 점에서 과거의 다양한 철학적 가정들에 대한 반증으로서의 역할은 결정적이라고 할 수 있다. 따라서 새롭게 구성되는 철학적 이론과 가설들은 적어도 이러한 새로운 경험적 증거들에 합치하는 것이어야만 한다. 필자의 지도교수였던 존슨 교수는 언어철학 분야에서의 독자적인 탐구를 통해 체험주의의 형성에 중심적 역할을 하고 있는데, 존슨 교수와의 만남은 필자의 철학적 관심과 방향을 결정하는 결정적인 계기가 되었다. 그리고 이 책은 그러한 관심의 산물이다.

진공으로부터 생겨나는 사상이란 있을 수 없다. 체험주의 또한 이전의 철학적 전통과 전적으로 단절된 견해는 아니다. 직접적인 영향 관계를 드러내는 것은 아니지만 우리는 체험주의의 핵심적 관심사들을 통해 듀이, 비트겐슈타인(L. Wittgenstein), 메를로 퐁티(M. Merleau-Ponty), 콰인(W. V. O. Quine) 등의 사상적 영향 또는 유사성을 쉽게

---

3) 제2세대 인지과학의 특징에 관해서는 G. 레이코프 · M. 존슨, 『몸의 철학: 신체화된 마음의 서구 사상에 대한 도전』, 임지룡 외 역 (서울: 박이정, 2002), 특히 pp. 25~27, 126~30 참조.

찾아볼 수 있다. 그러나 이러한 특성에도 불구하고 체험주의가 갖는 독자적인 강점은 무엇보다도 다양한 경험과학의 최근 성과들을 포괄적으로 수용함으로써 훨씬 더 구체적이고 진전된 논의를 이끌어 내고 있다는 점일 것이다.

그러나 경험과학에의 의존은 체험주의의 한계이기도 하며 동시에 열려 있는 가능성이기도 하다. 우리의 과학은 완결되지 않았으며, 또 완결될 수도 없는 지식의 체계이기 때문이다. 따라서 체험주의는 그 자체가 하나의 완결된 철학적 입장이라고 자임하지 않는다. 그러나 체험주의의 이러한 시각은 우리가 전통적으로 '철학적'이라고 간주하는 문제들에 대한 새로운 접근의 통로를 제시한다는 점에서 충분히 그 중요성이 가늠될 수 있다고 본다.

새로운 철학적 시각을 탐색하다는 것은 필자로서는 버거운 과제였지만 이 책을 통해 나름대로 '완화된 상대주의'를 향한 논의의 방향을 설정할 수 있었다는 점에서 스스로 위안을 삼으려고 한다. 필자는 이 책을 통해 주제와 관련된 논의의 불투명성을 줄이기 위해 글쓰기에 있어서의 '명료성'이라는 미덕을 우선적으로 염두에 두었다. 그럼에도 불구하고 대체로 언어철학적 논의의 흐름 속에서 상대주의 문제를 다루었기 때문에 이 책은 불가피하게 철학을 전공하지 않은 일반 독자에게는 낯설고 부담스러운 개념과 논의들을 포함하고 있을 것이다.

이 책은 1993년부터 2002년 사이에 이미 발표되었던 필자의 논문들을 한데 묶은 것이다. 논의의 주된 골격은 필자의 박사학위 논문인 「대립 없는 상대주의: 퍼트남과 로티를 넘어서」(Relativism without Confrontation: Putnam, Rorty, and Beyond, 1993)에 근거하고 있으며, 여기에 주제와 밀접하게 관련된 몇 편의 글을 추가했다. 이미 학회지 등에 독립적인 논문으로 발표된 것들이어서 논의가 다소간 중첩된

부분도 있지만 글의 구성을 감안해서 그대로 두었다. 또 책의 체제에 맞추기 위해 부분적인 수정을 했지만 그것은 대부분 표현적인 것에 국한된다. 각 장의 출처는 다음과 같다.

2장: 「퍼트남의 내재적 실재론과 상대주의의 문제」. 『철학』 제39집 (1993 봄): 359~83.

3장: 「퍼트남과 철학의 재건」. 철학연구회 편. 『현대철학의 정체성과 한국철학의 정립』. 서울: 철학과 현실사, 2002.

4장: 「굿맨의 세계 만들기」. 『철학연구』 제68집 (1998 가을): 147~63.

5장: "Rorty's Critique of Philosophy." 『범한철학』 제8집 (1993): 459~87.

6장: 「로티의 듀이 해석」. 『철학연구』 제54집 (1995): 205~29. 김동식 편, 『로티와 철학과 과학』 (서울: 철학과 현실사, 1997)에 재수록.

7장: 「체험주의의 철학적 전개」. 『범한철학』 제10집 (1995): 341~76.

8장: 「데이빗슨과 개념체계의 문제」. 『범한철학』 제8집 (1993): 183~208.

9장: 「번역은 비결정적인가?」. 『철학』 제48집 (1996 가을): 275~301.

이 책이 온전한 모습을 드러내기까지 크고 작은 도움을 주신 많은 분들에게 마음을 다해 감사를 표하고 싶다. 필자의 박사학위 논문 지도교수인 존슨 교수는 은사로서뿐만 아니라 탁월한 철학자로서 필자가 철학적 문제의식을 정립하는 데 누구보다도 깊고 큰 영향을 주셨다. 서던 일리노이대학교의 은사이며 뛰어난 듀이 연구가인 알렉산더(T. Alexander) 교수는 강의와 학위논문 심사 과정을 통해 필자가 듀이의 철학을 배울 수 있도록 섬세하고 적극적인 가르침과 격려를 아끼지 않으셨다. 클라크(D. Clarke) 교수는 필자의 학위 논문에 대한 진지한 관심과 섬세한 조언을 통해 더 나은 논문이 될 수 있도록 지도해 주셨다.

이화여자대학교 정대현 교수님과 서강대학교 엄정식 교수님은 지속적이고 따뜻한 가르침과 격려를 통해 필자의 학문적 방향을 이끌어 주셨다. 특히 육군사관학교 김동식 교수님과 계명대학교 안세권 교수님은 이 책의 초고를 읽고 더 체계적인 내용과 형태를 갖도록 귀중한 조언을 해 주셨다. 전남대학교 김양현 교수는 초고를 전체적으로 읽고 크고 작은 잘못들을 바로잡아 주셨다. 마지막 원고 교열에 수고해 주신 전남대학교 대학원의 곽소현 님과 주선희 님, 김태우 님의 섬세한 노력에도 감사를 표하고 싶다.

필자의 삶을 통해 가장 깊고 큰 애정을 주신 분들은 필자의 부모님이시다. 오랫동안 끝나지 않은 방황과 혼란의 긴 시간을 묵묵히 지켜보아 주신 부모님의 헌신적인 사랑과 인내가 아니었다면 필자의 학문적 여정은 아예 시작될 수도 없었을 것이다. 또 이 작업이 마무리되기까지 학문적 격려와 배려를 아끼지 않으신 전남대학교 철학과의 교수님들께도 깊은 감사를 드린다. 오랜 친구인 전남대학교 국성근 교수는 원고의 일차적 마무리 작업이 이루어졌던 1998년 한여름 동안 담양 추월산 아래 작업실을 마련해 주었는데, 이 지면을 통해 각별한 감사의 뜻을 전하고 싶다. 끝으로 출판계의 어려운 여건에도 불구하고 이 책의 출판을 쾌히 허락해 주신 서광사의 김신혁 사장님께도 특별한 감사를 드린다.

2007년 봄

지은이

| 차　례 |

제1장 서론

상대주의(relativism)는 오래된 문제이지만 결코 낡은 문제는 아니다. 상대주의는 기나긴 지성사를 통해 모든 진지한 지적 논의의 장에 다양한 얼굴로 모습을 드러냈으며, 오늘날에도 새롭게 단장한 모습으로 여전히 우리 곁을 서성거린다. 상대주의는 철학적 사유의 전 역사를 통해 거의 모든 핵심적 문제들에 관해 나타나고 반박되고, 또다시 나타난다. 역설적이게도 이러한 현상은 오히려 상대주의에 우리가 거부할 수 없는 어떤 중요성이 있음을 암시해 주는 것으로 보인다. 매킨타이어(A. MacIntyre)의 지적처럼 진정으로 반박 가능한 이론은 단 한 차례의 반박으로 충분할 것이기 때문이다.[1)] 이러한 특이한 상황은 상대주의가 본성적으로 유혹과 위협이라는 이중적 성격을 갖고 있음을 보여 준다. 이것은 결코 쉽사리 화해되지 않는 상대주의의 두 얼굴이다.

상대주의의 이 두 얼굴을 따라 철학자들은 크게 두 갈래로 나누어진다. 다양한 이유로 상대주의를 옹호하려는 사람들은 예외 없이 그 유혹이라는 얼굴에 눈을 돌리는 반면, 상대주의를 거부하려는 사람들은 항상 그 위협이라는 얼굴에 초점을 맞춘다. 상대주의의 유혹, 즉 상대주의가 갖는 설득력은 우리가 경험을 통해 상이한 언어, 문화, 개념체계

---

1) Alasdair MacIntyre, "Relativism, Power and Philosophy," *Proceedings and Addresses of the American Philosophical Association*, no. 59 (1985), p. 22.

들 사이에 해석 또는 번역을 하는 데 있어서 현실적으로 부딪히는 어려움을 통해서 드러난다. 한편, 그 위협이란 상대주의에 굴복하는 것이 궁극적으로 무정부주의적 허무주의를 초래할 것이라는 비관적인 우려에 뿌리를 두고 있다. 상대주의에 관해 정교하고도 가열된 논의가 이 두 축을 중심으로 이루어져 왔지만, 그러한 기나긴 논의의 역사에도 불구하고 과연 상대주의가 무엇이며, 또 무엇일 수 있는지에 관해서는 철학자들 간에 아직 어떠한 안정적 합의도 이루어지지 않은 것으로 보인다.

이 책의 중심적 과제는 '긍정적 유형의 상대주의'의 가능성과 필요성을 탐색하려는 것이다. 이러한 시도는 물론 한 가지 이상의 상대주의가 있을 수 있다는 가정과 함께 출발하지만 이 책에서 필자의 실질적 의도는 다양한 탐구 영역에서 제기되는 수많은 유형의 상대주의를 소개하고 설명하려는 것은 아니다. 분야와 주제에 따라 다양한 유형의 상대주의를 구별할 수 있다.[2)]

대신에 필자가 주목하는 것은 상대주의의 다양한 유형에도 불구하고 그것을 바라보는 두 갈래의 시각이 가능하다는 점이다. 이처럼 상대주의를 바라보는 시각에 따라 우리는 부정적 상대주의와 긍정적 상대주의를 구분할 수 있다.

먼저 상대주의가 단지 부정되어야 할 자기 모순적 입장일 뿐이라는

---

2) 이에 관한 좀 더 상세한 소개는 Martin Hollis and Steven Lukes, eds., *Rationality and Relativism* (Cambridge, Mass.: MIT Press, 1982), "Introduction" 참조. 여기에서 홀리스 등은 상대주의를 도덕적 상대주의, 개념적 상대주의, 지각적 상대주의, 진리 상대주의, 이성 상대주의 등으로 나누어 소개한다. 이러한 구분에 따른다면 필자가 여기에서 다루려고 하는 상대주의는 일종의 개념적 상대주의에 가까운 것이 될 것이다. 그러나 논의의 전개에 따라 드러나겠지만 필자는 이러한 다양한 유형의 상대주의들이 동일한 이론적 본성을 공유하고 있다고 본다. 또 Rom Harré and Michael Krausz, *Varieties of Relativism* (Oxford: Blackwell, 1996) 참조.

시각이 있는데, 역사적으로 볼 때 이러한 견해가 상대주의에 관한 논의에서 지배적인 위치를 차지해 왔다. 그러나 이렇게 이해된 상대주의는 마치 유령과 같은 어떤 것이다. 즉 누구도 그러한 유형의 상대주의를 정합적으로 유지할 수 없는 것으로 보이기 때문이다. 흔히 상대주의자라고 비판받는 철학자들조차도 자신들이 이러한 유형의 상대주의자라고 인정하지는 않는다. 말하자면 이렇게 규정되는 상대주의는 실질적 주인이 누구인지 알 수 없는 가상의 이론인 셈이다.

한편 상대주의가 유용하고 바람직하며, 나아가 필요할 뿐만 아니라 불가피한 견해라는 시각이 있다. 역사적으로 볼 때 이러한 입장이 철학적 논의의 장에서 강력한 입지를 얻게 된 것은 사실상 지극히 최근의 일이며, 이 책도 이러한 최근의 지적 경향에 의해 직접적으로 고무된 것이다. 이러한 지적 환경 안에서 상대주의적 견해는 순수한 철학적 논의에서뿐만 아니라 다양한 경험과학 분야에서도 설득력 있는 경험적 증거들과 함께 제시된다. 이러한 맥락에서 반즈와 블루어(B. Barnes and D. Bloor)는 경험적 탐구의 수준에서는 상대주의에 반하는 것보다도 그것을 지지하는 증거가 훨씬 더 많이 제시되고 있으며, 상대주의에 대해 확정적인 반론이 제기되는 것은 주로 원리적인 측면에서일 뿐이라고 지적한다. 나아가 이들은 계속해서 상대주의적 견해를 지지하는 수많은 연구의 목록을 제시하면서 "지식과 인식에 대한 과학적 이해에 실제적 위협을 제기하는 사람들은 바로 상대주의에 반대하고 특정한 유형의 지식에 특권을 부여하는 사람들"[3)]이라고 말한다.

이러한 사실은 어느 정도 상대주의에 긍정적 관심을 갖지 않을 수 없

3) Barry Barnes and David Bloor, "Relativism, Rationalism, Sociology of Knowledge," in Martin Hollis and Steven Lukes, eds., *Rationality and Relativism*, pp. 24~25.

게 만든다. 그러나 오늘날 상대주의에 대한 논의와 관심은 단순히 우리 경험에 상대주의적 요소가 존재한다는 주장을 훨씬 더 넘어서 있다. 퍼트남(H. Putnam)이 지적하는 것처럼 철학적 논의의 영역에서 실제로 우리는 오늘날 "상대주의적 주장의 지나친 성행"[4]을 경험하고 있다. 그것이 퍼트남의 표현처럼 '지나친' 것은 아니라 하더라도 이러한 상대주의의 급속한 확산은 우리 시대의 철학적 영상을 특징짓기에 충분할 만큼 광범위한 것이다. 이러한 상대주의적 흐름에 주도적 역할을 한 철학자들로 영어권에서는 쿤(T. S. Kuhn), 파이어아벤트(P. Feyerabend), 콰인(W. V. O. Quine), 굿맨(N. Goodman), 로티(R. Rorty), 퍼트남 등을, 유럽에서는 푸코(M. Foucault), 데리다(J. Derrida), 리오타르(J.-F. Lyotard) 등을 비롯한 포스트모던 철학자들을 들 수 있다. 필자는 이러한 경향성을 한데 묶어 오늘날의 철학적 상황을 '상대주의적 전환'(Relativistic Turn)이라고 부르려고 한다. 물론 상대주의적 전환이 20세기 전반 영어권의 철학적 흐름을 주도했던 '언어적 전환'(Linguistic Turn)에 비견될 만큼 폭넓은 합의에 도달한 것은 분명 아니다. 그러나 철학사를 통해 집요하게 논의되어 왔던 상대주의가 이처럼 광범위한 논의의 장을 차지한 것은 전례가 없는 일이며, 이러한 관점에서 하나의 '전환'이라고 말할 수 있을 것이다.

역설적인 것은 이처럼 수많은 철학자들이 다양한 형태로 상대주의적 경향을 드러내지만, 자신의 입장을 스스로 적극적인 의미에서의 상대주의라고 말하는 경우는 지극히 드물다는 점이다. 이러한 상황에서 매우 이례적으로 파이어아벤트는 주저 없이 스스로를 상대주의자라고 부

4) Hilary Putnam, *Reason, Truth and History* (Cambridge: Cambridge University Press, 1981), p. 119.

른다. 그러나 "상대주의가 무엇이 문제인가?"라고 되묻는 파이어아벤트도 아무런 단서도 없이 자신을 상대주의자라고 인정하는 것은 아니다. 그는 '무엇이든 된다'(Anything goes)라는 허무주의적 태도만이 인간의 지식과 과학에 진정한 진보를 가져다준다고 주장한다.[5] 그러나 파이어아벤트는 그러한 허무주의가 직면하는 자가당착적 측면은 여전히 정면으로 대처하기 힘든 난문이라는 것을 스스로 인식하고 있는 것으로 보인다. 그래서 그는 자신을 "진지한 무정부주의자가 아니라 경박한 다다이스트"[6]로 기억해 줄 것을 요구한다. 적어도 이론화된 상대주의가 초래하는 이러한 난점을 감안할 때, 명백하게 정형화된 상대주의를 유지하려는 사람은 아마도 교수의 강의를 도와주려는 순진한 학생이 아니고서는 아무도 없을 것이라는 로티의 촌평은 더없이 적절한 것이다.

상대주의에 관한 논의의 이러한 복합성의 뿌리는 무엇일까? 우선 지적할 수 있는 것은 상대주의에 우리를 거북하게 하는, 나아가 우리를 두렵게 하는 어떤 요소가 있다는 점이다. 사실상 "모든 신념은 다른 모든 신념과 동등하다", 또는 "무엇이든 된다"라는 형태로 정식화되는 상대주의는 그 자체로 자기 반박적 주장이 된다. 왜냐하면 상대주의가 주장하는 것처럼 만약 모든 주장이 특정한 맥락에 상대적이거나 어떤 주장도 절대적일 수 없다면 "모든 것은 상대적이다", "어떤 것도 절대적이지 않다"라는 주장 자체도 마찬가지로 그럴 것이기 때문이다. 이처럼 상대주의가 자기 반박적 본성을 갖기 때문에 그러한 형태로 진술된 상

---

5) Paul Feyerabend, *Against Method: Outline of an Anarchistic Theory of Knowledge* (London: Verso, 1978), 특히 1장 참조.

6) 같은 책, p. 21, 각주 12.

대주의가 과연 하나의 이론으로 성립할 수 있는가라는 의문이 자연스럽게 제기된다. 말하자면 그러한 상대주의는 하나의 이론으로서는 너무나 쉽게 스스로 논파되는 이론인 것이다. 이 때문에 이론으로서 상대주의는 대부분 그것을 옹호하려는 사람들에 의해서라기보다는 상대방을 비난하거나 상대주의를 거부하려는 사람들에 의해 비판의 표적으로서 정식화된다.

누구도 상대주의라는 견해를 적극적으로 취하지 않는다면 도대체 우리가 상대주의에 관해서 여전히 진지한 논의를 해야 하는 이유는 무엇일까? 이러한 물음에 답하기 위해서는 긍정적인 유형의 상대주의가 요청되고 있는 오늘날의 철학적 상황을 간단히 살펴볼 필요가 있을 것이다.

몇몇 급진적인 도전에도 불구하고 서구 지성사를 통해 지배적 주류를 형성해 왔던 관점을 '객관주의'(objectivism)로 특징지을 수 있다. 번스타인(R. Bernstein)에 따르면 객관주의는 "합리성, 지식, 진리, 실재, 선, 옳음 등의 본성을 탐구하는 데 우리가 궁극적으로 의지해야 할 항구적이고 초역사적인 모형 또는 틀이 있으며, 또 있어야 한다는 기본적 신념"[7)]을 바탕으로 한다. 이러한 시각에서 본다면 객관주의는 단지 특수한 분야나 특정한 주제에 국한된 이론이 아니라, 우리의 모든 탐구에 적용되는 하나의 포괄적인 관점이며 태도라고 할 수 있다. 플라톤적 전통에 속하는 모든 철학적 탐구는 물론이고, '확실성의 탐구'로 특징지어지는 근세의 인식론적 전통 또한 객관주의의 전형적인 표현이다. 이러한 객관주의적 전통은 현대에 이르러 엄밀한 학의 근거를 선험적

---

7) Richard Bernstein, *Beyond Objectivism and Relativism: Science, Hermeneutics, and Praxis* (Philadelphia: University of Pennsylvania Press, 1983), p. 8.

인 것에서 찾으려고 했던 후설(E. Husserl)의 현상학적 탐구와 경험주의적 논리 분석을 통해 과학적 지식의 객관적 모형을 구성하려고 했던 논리실증주의(logical positivism)를 통해 또다시 정교한 형태로 정형화되었다.

그러나 객관주의는 20세기 후반에 들어서면서 지속적인 반론에 부딪히게 되었으며, 그 결과 이제 더 이상 지적 주류의 위치를 유지할 수 없게 된 것으로 보인다. 20세기의 객관주의의 와해를 대변하는 지적 사건은 논리실증주의의 붕괴다. 엄밀한 경험주의적 정신을 바탕으로 기호논리적 분석을 통해 과학적 지식의 본성과 구조를 밝히려고 시도했던 논리실증주의는 적어도 20세기의 지적 기류를 이끌어 가는 데 결정적인 역할을 했으며, 그 영향 또한 대부분의 지적 영역에 걸쳐 광범위하게 확산되었다. 그러나 논리실증주의는 가중되는 내외적 비판을 통해 1960년대에 이르러서 지적 권좌에서 물러나게 되었다. 이러한 논리실증주의의 붕괴에 핵심적인 기여를 하면서 중요하게 부각된 견해들로 특히 영어권에서는 분석/종합 구분에 대한 콰인의 비판, 쿤의 '패러다임 이론', 굿맨의 '세계 만들기'(worldmaking) 이론, 퍼트남의 '내재적 실재론'(internal realism), 로티의 '신실용주의'(Neo-pragmatism) 등을 들 수 있을 것이다.[8)]

그러나 객관주의의 붕괴는 그 자체로 또 하나의 심각한 문제를 불러

---

8) W. V. O. Quine, *From a Logical Point of View: Logico-Philosophical Essays*, 2nd ed. (New York: Harper and Row, 1961); Thomas Kuhn, *The Structure of Scientific Revolutions*, 2nd ed. (Chicago: University of Chicago Press, 1970); Nelson Goodman, *Ways of Worldmaking* (Indianapolis, Ind.: Hackett, 1978); Hilary Putnam, *Reason, Truth and History* (Cambridge: Cambridge University Press, 1981); Richard Rorty, *Philosophy and the Mirror of Nature* (Princeton, N.J.: Princeton University Press, 1979) 참조.

일으킨다. 그것은 객관주의를 거부하는 수많은 논의가 성공적일수록 강한 상대주의적 경향을 띠며, 그러한 경향은 앞서 지적한 것과 같은 허무주의적 상대주의에의 전락이라는 위협에 직면하게 되는 것이다. 이 때문에 객관주의와 허무주의적 상대주의라는 양극단 사이의 이분법적 대립은 마치 피할 수 없는 원리적인 딜레마처럼 보이게 된다. 번스타인은 '이것 아니면 저것'(Either/Or)이라는 형태로 표현되는 '데카르트적 불안'(Cartesian anxiety)이 객관주의와 상대주의의 이분법적 대립의 근원이라고 지적하고, 이 데카르트적 불안이 주는 유혹으로부터 벗어남으로써 그 딜레마를 극복해야 한다고 주장한다.[9)]

이러한 관점에서 이 책의 주된 과제는 객관주의와 허무주의적 상대주의의 대립적 긴장의 소재를 탐색함으로써 이러한 이분법적 대립 구도를 넘어서는 상대주의의 가능성과 필요성을 탐색하려는 것이다. 이러한 기획의 핵심적 과제는 허무주의적 위협을 벗어나는 상대주의가 어떻게 가능한지를 제시하는 일이다. 그래서 이 책의 중심적 관심사는 "어떻게 상대주의를 물리칠 것인가?"가 아니라 "어느 정도까지 의미 있는 방식으로 상대주의를 허용할 것인가?"라는 물음으로 정식화될 수 있다. 이 물음에 답하기 위해서는 객관주의로 회귀하지 않으면서도 허무주의적 상대주의에로의 전락을 막을 수 있는 제약의 가능성을 제시해야 할 필요가 있다. 이렇게 해서 제시되는 입장은 객관주의와 허무주의적 상대주의의 중간 지대를 차지하고 있는 일종의 완화된 상대주의(modified relativism)의 형태를 띠게 될 것이다. 마골리스(J. Margolis)는 이러한 유형의 상대주의를 "제3의, 비교적 잘 알려지지는 않았지만 악성적이지 않은" 상대주의라고 부른다.[10)]

---

9) Bernstein, *Beyond Objectivism and Relativism*, pp. 16~20 참조.

오늘날 특히 영어권의 철학계에서 퍼트남과 굿맨, 로티는 그러한 중간 지대를 탐색하는 데 있어서 매우 대조적인 두 갈래의 접근 방식을 취한다. 퍼트남은 '내재적 실재론'이라는 자신의 입장을 통해 형이상학적 실재론과 상대주의를 직접적으로 중재함으로써 그 중간 지대를 탐색한다. 적어도 퍼트남의 논의가 좀 더 세련되고 정교하게 전개된다는 점을 제외한다면 퍼트남의 시도는 굿맨의 '비실재론'(irrealism)과 그 기본적 구도에 있어서 많은 것을 공유한다. 즉 굿맨은 자신이 추구하는 비실재론이 엄격하게 제약된 상대주의라는 점을 천명하고 있지만 그러한 제약이 어떻게 가능한지에 관해 충분한 논의를 전개하고 있지는 않다.

이와는 달리 로티는 객관주의와 허무주의적 상대주의라는 구분 자체를 무용한 것으로 거부함으로써 이 문제에 대응하려고 한다. 로티는 적극적으로 어떤 입장을 제시하지는 않지만 전통적 객관주의와 허무주의적 상대주의라는 낡고 무용한 구분을 거부하기만 하면 자연스럽게 우리가 기대하는 어떤 제3의 입장이 드러나게 되는 것처럼 주장한다. 본론의 논의를 통해 필자는 퍼트남과 굿맨의 시도, 그리고 이들과 매우 대조적으로 보이는 로티의 시도가 사실상 이 문제에 관한 한 부적절한 하나의 시각을 공유하고 있으며, 이것이 이들의 시도가 실패하게 된 주된 이유라는 점을 지적할 것이다. 이러한 관점에서 필자는 상대주의 문제를 해명하는 데 훨씬 더 근원적인 시각의 전환이 필요하다는 것을 제안

---

10) Joseph Margolis, *Pragmatism without Foundations: Reconciling Realism and Relativism* (Oxford: Basil Blackwell, 1986), p. xiii. 마골리스는 여기에서 상대주의를 세 종류로 분류하는데, 그 첫 번째는 프로타고라스적 상대주의로 자기 모순적 성격을 갖는다. 두 번째는 공약 불가능성 개념을 중심으로 주장되는 상대주의로 오늘날 철학계에서는 일종의 회의주의로 간주되는 상대주의다. 그가 말하는 세 번째는 다른 두 유형의 요구에 답하면서도 유사한 비판에 직면하지 않는 종류의 것이다.

할 것이다.

최근 미국을 중심으로 형성되고 있는 '체험주의'(experientialism)는 객관주의나 상대주의가 근원적으로 우리의 '이해'의 문제라는 매우 유용한 통찰을 제공한다. 체험주의는 객관주의/상대주의 이분법 문제가 세계에 대한 우리 이해의 두 측면—법칙적인 것과 비법칙적인 것—과 밀접하게 관련되어 있다는 점을 암시해 준다. 즉 객관주의가 세계에 관해 법칙적인 해명이 가능하다는 견해라면 상대주의는 그러한 해명의 가능성을 부정하는 견해다.

여기에서 우리가 주목해야 할 것은 객관주의와 상대주의라는 양극단의 이론들이 모두 세계를 경험적으로 기술하고 해명하는 이론이라기보다는 우리가 세계를 이해하려는 극도로 이상화된 방식들이라는 것이다. 이러한 시각에서 체험주의는 우리의 경험과 이해에 대한 탐색을 통해 이 두 측면에 대한 포괄적인 해명을 시도함으로써 그러한 이분법을 그 근원에서부터 와해시키려고 한다. 이러한 시도는 객관주의와 상대주의 그 어느 쪽도 적절하게 설명할 수 없는, 따라서 두 입장 모두가 간과해 왔던 경험의 '신체적' 차원을 탐색함으로써 이루어진다. 즉 이 두 견해가 적절하게 설명할 수 없는 경험과 이해의 구조를 제시함으로써 객관주의와 허무주의적 상대주의 사이의 대립을 넘어서는 중간 지대의 가능성을 암시한다.

이러한 관점에서 필자는 먼저 2장에서는 객관주의/상대주의 이분법이 우리의 사고 습관의 부정적 산물의 하나라는 퍼트남의 통찰을 논의의 출발점으로 삼았다. 사실상 우리의 철학적 문제 상황에 대한 이러한 통찰은 그 자체로 매우 탁월한 것이다. 사실상 이 문제에 진지한 관심을 갖는 사람이라면 누구나 제3의 관점이 필요하다는 퍼트남의 주장에 쉽게 공감할 수 있을 것이다. 퍼트남이 이러한 문제의식과 함께 스스로 제시하고 있는 대안적인 견해가 바로 '내재적 실재론'이다. 내재적 실재론은 객관주의와 상대주의 사이의 정교한 균형의 산물이라 할 수 있는데, 이러한 특성은 실재론과 반실재론 사이의 중간 지대를 찾으려는 시도로 나타난다.

퍼트남의 탁월한 통찰에도 불구하고 그가 제시하는 내재적 실재론은 객관주의/상대주의 이분법을 타파하는 데 성공적인 것으로 보이지 않는다. 그것은 내재적 실재론이 불가피하게 초래하는 딜레마가 내재적 실재론 자체의 정합성을 깨뜨리고 있기 때문이다. 퍼트남이 받아들이고 있는 '개념체계'(conceptual system)라는 개념은 명백하게 상대주의적 전향을 드러낸다. 대신에 퍼트남은 경험의 중립적 입력의 원천으로 '개념 이전의 세계'를 설정함으로써 개념체계 개념의 수용이 무제약적 상대주의로 전락하는 것을 막으려고 한다. 그러나 퍼트남의 내재적 실재론, 특히 그가 수용하고 있는 인과적 지칭 이론은 이 개념 이전의 세계에 대한 어떠한 의미 있는 언급도 불가능하게 만들며, 이것은 퍼트남에게 피할 수 없는 딜레마로 남게 된다. 이러한 딜레마는 본성상 칸트적이다. 워커(R. Walker)의 지적처럼 칸트(I. Kant)의 물 자체(Ding an sich)와 퍼트남의 개념 이전의 세계의 차이란 전자가 '알 수 없는 것'인 반면, 후자가 '말할 수 없는 것'이라는 점뿐이다.[11] 결과적으로 퍼트남의 딜레마는 칸트의 딜레마가 언어철학적으로 재구성된 것일 뿐이다.

3장에서는 퍼트남의 이러한 이론적 난점에도 불구하고 그가 내재적 실재론이라는 시각을 통해 추구하는 철학의 전망을 조망했다. 퍼트남

---

11) Ralph C. S. Walker, *The Coherence Theory of Truth: Realism, Anti-Realism, Idealism*(London: Routledge & Kegan Paul, 1989), p. 186.

은 자신이 추구하는 제3의 관점인 내재적 실재론이 듀이나 비트겐슈타인이 제시하는 철학의 방향성과 적절하게 화해될 수 있음을 암시한다. 그러나 자신의 이러한 긍정적 제안에도 불구하고 퍼트남의 내재적 실재론은 주관과 객관의 분리를 기조로 하는 근세의 인식론적 구도를 벗어나지 못하고 있다. 필자는 여기에서 퍼트남이 자신의 의도처럼 듀이적 실용주의에 접근하기 위해서는 더 실용주의적으로 되어야 할 필요가 있으며, 그것을 위해서는 무엇보다도 마음과 세계의 분리를 전제하는 인식론적 구도를 근원적으로 포기해야 한다는 점을 지적했다.

한편 퍼트남과 매우 유사한 이론적 구도 안에서 퍼트남과 동일한 난점을 안게 되는 것은 굿맨의 '비실재론'이다. '세계 만들기' 개념을 중심으로 굿맨이 제시하는 비실재론은 중립적 세계에 대한 인식 가능성을 거부하고, 특정한 개념체계를 통해 우리에게 '주어지는 세계', 즉 다수의 '버전'(version)만이 존재한다고 주장한다. 그는 자신의 이러한 다원주의적 주장이 급진적인 상대주의의 우려에 직면한다는 것을 의식하고 있음에도 불구하고 자신의 논의를 통해 그 제약을 명료하게 제시하지는 못한 것으로 보인다. 필자는 이러한 굿맨의 난점이 퍼트남과 공유하는 인식론적 구도—인식의 문제를 마음과 세계의 분리의 관점에서 접근하는—에서 비롯된다는 것을 지적했다.

퍼트남과 굿맨의 난점의 원천이 동일한 철학적 구도에서 비롯된다는 사실은 '인식론'에 대한 로티의 해체론적 비판을 통해 극명하게 드러난다. 이러한 관점에서 5장에서는 전통 철학, 특히 로크-데카르트-칸트적 전통이라고 불리는 근세의 인식론에 대한 로티의 비판을 다루었다. 로티는 '표상주의'(representationalism)로 특징지어지는 근세의 인식론이 특수한 가정들에 근거한 이론적 구도라는 점을 드러내고, 그것을 근원적으로 거부함으로써 퍼트남과 굿맨이 처한 딜레마에 대한 전격적인 해결책을 제시하는 것처럼 보인다.

적어도 이 문제에 관한 한 로티의 실용주의적 제안에는 부인할 수 없는 설득력이 있다. 그러나 로티는 인식론적 탐구의 배후에 자리 잡고 있는 그릇된 가정들을 드러내는 데에는 성공적으로 보이지만, 그는 인식론의 소멸 이후에 대안적인 이론 건설의 가능성과 필요성을 동시에 부정함으로써 또 다른 문제를 불러온다. 물론 "대립이 아닌 대화"[12)]의 문화에 대한 로티의 희망은 객관주의/상대주의 이분법에 대해 퍼트남과 우려를 공유하고 있는 것이 사실이다. 그렇지만 퍼트남의 줄타기 곡예와 같은 균형 잡기와는 달리 로티의 전략은 이 이분법적 대립의 근거를 이루고 있는 가정들을 폐기함으로써 문제 자체를 해소하려는 것이다. 그래서 로티는 하나의 체계적 이론이 아니라 일련의 철학적 태도들의 다발이라고 할 수 있는 자신의 입장을 '교화철학'(edifying philosophy)이라고 부르며, 그것이 객관주의와 상대주의라는 '낡아빠진' 구분을 넘어서 있다고 주장한다. 그러나 로티 자신의 이러한 선언에도 불구하고 그의 시각이 어떻게 이 '낡아빠진' 구분을 넘어설 수 있는지는 분명하지 않다.

로티는 객관주의/상대주의 구분이 단순히 인식론 중심적 철학의 불필요한 파생물일 뿐이라고 주장한다. 따라서 로티는 자신의 방식대로 객관주의적이고 토대주의적인 인식론을 해체함으로써 객관주의/상대주의 이분법 또한 동시에 소멸된다고 주장한다. 즉 이 구분의 한쪽인 객관주의를 거부함으로써 그 구분에 근거한 긴장도 사라진다는 것이 로티의 핵심적 논지다. 그러나 이러한 로티의 주장은 지나치게 낙관적

12) Richard Rorty, *Philosophy and the Mirror of Nature* (Princeton, N.J.: Princeton University Press, 1979), pp. 163, 171, 315 참조.

이며 도식적인 것으로 보인다. 객관주의와 상대주의 사이의 긴장은 로티가 생각하는 것보다도 훨씬 더 뿌리가 깊으며 또한 집요한 것이기 때문이다. 이 점은 토대주의적 인식론에 대한 로티의 급진적인 비판 이후에도 여전히 상대주의에의 우려가 잔존한다는 사실에 비추어 볼 때 분명하다. 다시 말해서 로티를 따라 객관주의적 희망을 포기함으로써 상대주의에의 우려가 종식되기보다는 오히려 그 우려가 되살아나기 때문이다.

상이한 접근 방식을 취하고 있는 퍼트남과 굿맨, 로티가 부딪히는 이러한 난점들을 감안할 때 이들이 처음부터 문제의 위치를 잘못 설정하지 않았는가 하는 의문을 갖게 된다. 접근 방식의 대조적인 차이에도 불구하고 이들은 모두 객관주의/상대주의 이분법이 마음과 세계의 관계 문제에서 비롯된다는 출발점을 공유하고 있기 때문이다. 말하자면 퍼트남과 굿맨이 그 관계를 정교하게 다듬으려고 씨름하고 있다면, 로티는 그 문제의 구도를 전적으로 그릇된 것으로 거부함으로써 그 문제를 넘어설 수 있다고 주장하고 있는 것이다. 그리고 이들 모두 성공적이지 못하다는 필자의 주장이 옳다면 여기에서 우리는 이 문제가 퍼트남과 굿맨, 로티가 생각했던 것과는 전혀 다른 차원의 복합성을 안고 있다고 말할 수 있다. 즉 객관주의/상대주의 이분법 문제에는 마음과 세계 이상의 어떤 것이 개입되어 있다는 것이다. 아마도 '그 어떤 것'의 가장 유력한 후보는 세계 안에서 인간의 생존과 활동에 기본이 되는 '몸'일 것이다. 그럼에도 불구하고 우리의 전 경험을 통해 너무나도 평이하면서도 기본적인 요소인 몸의 역할과 위상에 관해 퍼트남도 굿맨도 로티도 아무런 진지한 언급이나 해명을 하지 않고 있다.

이러한 관점에서 6장에서는 의도적이든 아니든 로티가 듀이의 실용주의를 받아들이면서 간과하고 있는 '신체화된 의미'(embodied meaning)의 중요성을 듀이의 '자연주의적 형이상학'에 대한 로티의 비판을 검토하는 과정에서 드러낼 것이다. 따라서 6장에서는 먼저 듀이 철학이 함축하고 있는 '신체화된 마음'의 의미를 밝히고, 듀이의 이 생각이 몸을 올바른 자리에 설정함으로써 객관주의/상대주의 이분법 문제를 다루는 데 새로운 방향을 제시하고 있음을 보일 것이다. 듀이는 몸과 마음의 관계의 기본적 특성을 '상호작용'(transaction)과 '연속성'(continuity)이라는 관점에서 설명한다. 그렇지만 듀이는 자신의 이러한 통찰을 결코 명료하고 체계적인 방식으로 전개하지는 못했으며, 이것은 그의 비판자들뿐만 아니라 우호적 동조자들에게조차도 오랫동안 엇갈리는 해석의 대상으로 남아 있게 되었다.

그렇다 하더라도 듀이의 형이상학에 대한 로티의 해석을 면밀히 살펴보면 로티가 듀이의 연속성의 원리를 해석하는 데 있어서 전통적인 유형의 오류를 범하고 있으며, 이 때문에 듀이의 실용주의를 심각하게 왜곡하고 있음을 알 수 있다. 이러한 해석을 통해 로티는 '신체화된 의미'라는 듀이의 중요한 생각을 간과하게 될 뿐만 아니라 듀이가 제안했던 자연주의적 형이상학과 같은 건설적 철학의 가능성도 부인하게 된다. 로티는 듀이적 실용주의에 눈을 돌림으로써 데카르트적 인식론의 덫을 벗어나기 위한 올바른 출구를 선택했지만 그곳으로부터 이어지는 로티의 행로는 거칠고도 불안정하다. 로티는 인식론을 폐기하려는 지나친 조바심에 사로잡힌 나머지 듀이가 제안했던 유형의 형이상학 개념을 전면적으로 거부하기에 이른 것으로 보인다.

이어서 7장에서는 최근에 형성되어 가고 있는 '체험주의'를 다루고 있는데, 체험주의는 최근의 경험과학의 성과들을 포괄하면서 '신체화된 마음'이라는 듀이의 논제를 성공적으로 흡수하여 확장시키고 있는 것으로 보인다. 체험주의는 전통적인 객관주의가 우리의 경험과 이해의 신체화된 본성을 전적으로 간과하고 있다는 점을 가장 큰 문제점으로 지적한다. 인간의 경험과 이해에 대한 체험주의적 해명을 특징짓고 있는 것은 몸이 인간의 전반적 경험의 최종적 근거라는 주장이다.[13] 그래서 체험주의는 "몸을 마음 안으로 되돌려놓는 것"(putting the body back into the mind)[14]이라는 기치를 앞세우고 있다. 인간의 이해에 대한 체험주의적 해명에 따르면 우리의 몸이 서구 지성사의 지배적 주류인 객관주의에 의해 심각하게 왜곡되거나 억압됨으로써 철학적 논의에 수많은 불필요한 이분법들—몸/마음, 사실/가치, 이성/감성 등—을 낳게 되었다. 체험주의의 이러한 해명은 객관주의/상대주의 이분법을 극복할 수 있는 새로운 통로를 제시한다.

체험주의에 따르면 우리 자신이 신체화된 것처럼 우리의 이해와 사고도 신체화되어 있다. 따라서 체험주의의 궁극적 주장은 우리가 신체적 층위에서 발생하는 '신체화된 상상적 구조'를 공유하고 있으며, 그것이 인간의 다양한 이해를 관통하는 공공성의 근거를 이루고 있다는 것이다. 그래서 이해는 '은유적 확장'(metaphorical extension)을 통해 외적 조건에 상이하게 반응함으로써 다양한 변이를 드러내지만 그 변이는 해석 가능하고 기술 가능한 폭 안에서 이루어진다. 이러한 방식으로 신체화된 상상적 구조는 우리의 이해의 근거를 이루는 동시에 우리의 이

13) 체험주의의 '경험'(experience) 개념은 신체적 · 물리적 차원은 물론 정신적 · 추상적 차원을 포괄하는 넓은 의미로 이해되어야 한다. 말하자면 체험주의에 있어서 경험은 '우리를 인간으로 만들어 주는 모든 것을 포함'하는 넓은 의미로 사용된다. 따라서 이것은 수동적으로 받아들여진 감각적 인상 또는 그것으로 환원될 수 있는 것이라는 전통적 경험주의의 '경험' 개념과는 큰 거리를 갖는데, 체험주의의 이러한 경험 개념은 듀이의 경험 개념에 매우 근접한 것이다. M. 존슨, 『마음 속의 몸: 의미, 상상력, 이성의 신체적 근거』, 노양진 역 (서울: 철학과 현실사, 2000), 특히 p. 32 참조.

14) 같은 책, p. 60.

해를 제약한다. 따라서 우리의 반응에서 나타나는 다양한 변이에도 불구하고 몸은 허무주의적 상대주의에로의 전락을 막아 주는 내재적 제약으로 작용하고 있다. 그렇지만 몸에 근거를 둔 의미를 확장시키고 변형시키는 주된 방식인 상상력—은유, 환유(metonymy), 심적 영상(mental imagery), 원형 효과(prototype effect) 등과 같은—은 산술적 방식으로 단일하고 정확한 진리를 추구하는 객관주의적 해명을 거부한다. 이러한 관점에서의 체험주의의 견해는 객관주의도 상대주의도 아니며, 오히려 이 둘을 부분적으로 포괄하는 제3의 견해라고 할 수 있다.

체험주의적 시각은 과연 상대주의와 관련된 논의에서 어떤 방식으로 적용 가능한가? 필자는 이러한 물음에 답하기 위해 8장에서 체험주의적 시각을 따라 오늘날 상대주의 문제와 관련해서 핵심적 논점으로 제기되었던 개념체계 개념에 대한 데이빗슨(D. Davidson)의 논의를 검토했다. 데이빗슨은 개념체계 개념이 애당초 실제적 적용 가능성이 없는 공허한 개념이며, 동시에 허무주의적 상대주의라는 우려만을 불러오는 위험한 것이라고 주장한다. 적어도 대안적 개념체계들 사이에 전적인 '공약 불가능성'(incommensurability)을 설정하는 개념체계 개념은 데이빗슨의 이러한 정교하고도 강력한 비판을 벗어날 수 없을 것으로 보인다.

필자는 여기에서 데이빗슨의 논의가 데이빗슨 자신이 구도화시킨 도식적인 개념체계 개념에 국한되어 있다는 점을 지적하고, 체험주의의 견해를 수용함으로써 데이빗슨의 비판을 벗어나는 '완화된 개념체계' 개념의 구성이 가능하다는 것을 제안했다. 말하자면 데이빗슨의 비판에도 불구하고 부분적 공약 불가능성을 인정하는 새로운 개념체계의 모형은 여전히 열려 있는 가능성이라는 것이다. 나아가 개념체계라는 개념 자체가 상대주의를 불러온다는 데이빗슨의 기본적 논지를 인정한다고 하더라도 우리는 '완화된 개념체계' 개념을 수용함으로써 '완화된 상대주의'의 가능성을 모색할 수 있을 것이다.

완화된 상대주의는 어떤 모습으로 그려질 수 있는가? 이 물음에 대한 하나의 답으로 9장에서는 지난 30여 년 동안의 가열된 언어철학적 논의에도 불구하고 여전히 논란의 대상으로 남아 있는 콰인(W. V. O. Quine)의 '번역의 비결정성'(indeterminacy of translation) 이론을 체험주의의 관점에서 새롭게 조명해 보았다. 여기에서는 지금까지 번역의 비결정성 이론에 대해 불명료하게 다루어졌던 몇몇 논점을 드러내고, 그것을 토대로 번역의 비결정성 이론이 여전히 생명력 있는 이론임을 주장했다.

콰인 자신이나 비판자들의 논의를 통해 여전히 불분명하게 남아 있는 것은 콰인 자신이 번역의 비결정성의 원천으로 들고 있는 '경험적 이완'(empirical slack)의 구체적인 소재다. 말하자면 콰인의 비결정성 이론은 의미의 구조에 '경험에 의해 제약되지 않는 변이'가 존재한다는 주장을 담고 있지만, 콰인 자신을 포함해 그 누구도 그 변이의 구체적인 작용 방식을 명확하게 드러내지는 못했던 것으로 보인다. 우리의 경험과 이해의 구조에 대한 체험주의의 해명은 이 문제에 대해 훨씬 더 진전된 논의 가능성을 제공하고 있다. 그것은 비결정성 이론이 근거 없는 이론도 아니며, 위험한 이론도 아니라는 것을 보여 주기에 충분한 설득력을 갖는 것으로 보인다. 이러한 관점에서 콰인의 번역의 비결정성 이론은 비판자들의 우려처럼 위험한 이론도 그릇된 이론도 아니며, 오히려 완화된 상대주의의 가능성과 필요성을 옹호해 주는 생명력 있는 이론이라고 말할 수 있다.

이러한 논의를 토대로 필자는 객관주의와 허무주의적 상대주의 사이의 중간 지대, 즉 '완화된 상대주의'가 우리의 철학적 탐구에 있어서 중요하게 열려 있는 가능성일 뿐만 아니라 필수적으로 요청되는 관점이라고 본다. 이러한 관점에서 전통적 구도에서의 객관주의/상대주의 이분법은 극도로 이상화된 이론 차원에서의 가상적 대립일 뿐이며, 그것은 우리의 경험에 대해 좀 더 충실하게 '해명'하려는 차원에서는 더 이상 적절하지도 유용하지도 않은 것으로 보인다. 완화된 상대주의의 실제적인 적용 가능성은 앞으로 지속적으로 제시되는 경험적 증거들에 의해 점차 더 안정적으로 검증될 수 있을 것이다. 결과적으로 완화된 상대주의는 우리의 지적 구도를 이분법적으로 제약하고 있는 양극적 견해들의 대립과 긴장을 와해시킴으로써 억압적인 지적 조건을 넘어서서 우리에게 좀 더 확장된 철학적 탐구와 해명의 가능성을 열어 줄 것이다.

제2장 퍼트남의 내재적 실재론

퍼트남(H. Putnam)이 최근 저작들[1)]을 통해서 전개하고 있는 '내재적 실재론'(internal realism), 또는 '내재론'(internalism)의 주된 의도는 진리와 이성에 관한 논의에 있어서 '객관주의 아니면 상대주의'라는 이분법적 사고방식을 극복하려는 것이다. 퍼트남은 이러한 이분법의 한편에 그가 '형이상학적 실재론'(metaphysical realism)이라고 부르는 견해를, 다른 한편에는 쿤(T. S. Kuhn), 파이어아벤트(P. Feyerabend), 푸코(M. Foucault) 등의 상대주의적 이론들을 설정하고 있다. 퍼트남의 과제는 이 양편의 입장을 거부하면서도 그 어느 쪽으로도 치우치지 않는 제3의 관점을 제시하는 일이며, 내재적 실재론은 바로 이러한 맥락에서 시도된 것이다.

그러나 내재적 실재론은 객관주의/상대주의 이분법을 완전히 떠난 것이 아니라 이 두 견해 사이를 정교하게 탐색하고 조정하는 방식으로 그 중간 지대를 모색하고 있다.[2)] 이 때문에 내재적 실재론을 객관주의

---

1) 내재적 실재론은 *Reason, Truth and History* (Cambridge: Cambridge University Press, 1981)에서 그 전반적인 논의가 전개되고 있으며, 그 이후의 저작들에서는 다양한 철학적 주제들과 관련해서 부분적으로 다루어지고 있다. 여기에서는 이후의 저작들 중 *Reason and Realism: Philosophical Papers 3* (Cambridge: Cambridge University Press, 1983), *The Many Faces of Realism* (La Salle, Ill.: Open Court, 1987), *Realism with a Human Face*, ed. James Conant (Cambridge, Mass.: Harvard University Press, 1990) 등을 주로 참고했다.

아니면 상대주의의 어느 한편의 관점에서 해석하려는 모든 시도는 불가피하게 퍼트남의 의도를 벗어난 것이 될 수밖에 없다. 그러나 내재적 실재론은 '세계 자체'라는 풀 수 없는 딜레마에 빠지게 됨으로써 그것이 추구하는 제3의 관점으로서의 위치를 성공적으로 확보하지는 못한 것으로 보인다.

퍼트남에 따르면 전통적인 객관주의는 형이상학적 실재론에 근거하고 있으며, 이것은 다시 '우리의 마음과 독립된 실재'를 인식의 우선적 근거로 삼고 있다. 반면에 상대주의는 반실재론적 신념과 밀접하게 관련되어 있으며, 우리의 '마음'을 인식의 우선적 근거로 삼고 있다. 이러한 구도 안에서 퍼트남이 객관주의를 거부하기 위해서는 실재론을 논파하는 것이 우선적 과제가 된다. 그리고 퍼트남이 실재론을 거부하는 만큼 그의 입장은 자연스럽게 반실재론적이며 상대주의적인 경향을 보이게 된다. 여기에서 퍼트남은 내재적 실재론이 '무엇이든 된다'라는 자가당착적 상대주의에 빠져들지 않는다는 것을 보임으로써 그것을 제3의 입장으로 정립시킬 수 있다.

물론 퍼트남이 상대주의를 피하기 위해 의지하는 궁극적 근거는 '세계 자체'이지만 그는 다른 실재론자들처럼 우리 인식의 모든 근거를 세계 자체에 설정하는 것은 아니다. 대신에 그는 "마음과 세계가 공동으로 마음과 세계를 구성한다"[3]고 말한다. 그러나 이 세계는 내재적 실재

---

2) 패스모어(J. Passmore)의 비유를 빌면 퍼트남은 객관주의와 상대주의 사이의 비좁고 복잡한 하나의 길을 따라 '줄타기 곡예'를 시도하고 있다. 패스모어는 이러한 유형의 시도가 퍼트남에게 유일한 것은 아니며, 객관주의와 상대주의 사이의 이분법적 갈등을 어느 한쪽으로도 치우치지 않고 해소하려는 대부분의 철학자들에게서 찾아볼 수 있다고 지적한다. John Passmore, *Recent Philosophers* (La Salle, Ill.: Open Court, 1985), p. 107.

3) Putnam, *Reason, Truth and History* (Cambridge: Cambridge University Press, 1981), p. xi.

론의 요구에 의해 처음부터 설명될 수 없는 어떤 것으로 설정되며, 따라서 내재적 실재론은 칸트가 '물 자체'를 인정함으로써 직면하게 되는 것과 동일한 난점을 안게 된다.

역설적인 것은 '세계 자체'가 내재적 실재론의 결정적인 난점으로 작용하고 있음에도 불구하고 그것은 동시에 실재론자들의 공격으로부터 내재적 실재론을 방어해 주는 방패 역할을 하고 있다는 점이다. 실재론과 내재론 사이의 집요한 공방은 궁극적으로 판정 불가능한 난국으로 드러나게 되는데, 이것은 실재론과 내재론의 양쪽이 결국은 해명할 수 없는 세계 자체의 문제를 논쟁의 핵으로 삼고 있기 때문이다. 여기에서 우리는 내재적 실재론을 제3의 관점으로 정립하면서 기본적으로 퍼트남이 취하고 있는 가정, 즉 객관주의와 상대주의가 각각 실재론과 반실재론에 뿌리를 두고 있다는 가정이 정당한가 하는 물음을 제기하게 된다. 필자는 퍼트남의 이러한 딜레마의 뿌리가 주관/객관 분리라는 근세의 인식론적 가정에 있으며, 그것이 바로 내재적 실재론을 좌절시키는 근원적 문제라는 점을 지적할 것이다.

1. 실재론과 반실재론

오늘날 실재론/반실재론 논쟁의 복합성을 가중시키는 요소 중의 하나는 '실재론', '반실재론', '내재론' 등의 용어가 매우 복잡한 논의를 통해 혼란스럽게 사용되고 있다는 점이다. 이러한 개념적 혼란을 피하기 위해서는 그 용어들이 사용되고 있는 이론적 맥락을 간략히 밝혀 두는 것이 도움이 될 것이다.

'반실재론'(antirealism)이라는 개념은 더미트(M. Dummett)가 실재론 문제를 언어철학적 관점에서 다루려는 의도에서 처음 도입한 것이다. 더미트의 입장은 다수의 저술을 통해서 복잡하고 미묘한 방식으로 펼쳐지고 있어서 철학자들 간에 대단히 난해한 것으로 알려져 있다. 데비트(M. Devitt)는 이 점을 들어 더미트의 철학에 관해서 다양한 철학자들이 일반적으로 합의하는 것은 그것이 어렵다는 점뿐이라고 혹평한다.[4] 그러나 퍼트남은 더미트를 가리켜 자신을 형이상학적 독단으로부터 일깨워 준 철학자라고 높이 평가한다. 특히 퍼트남이 자신의 내재적 실재론을 정립하는 데 있어서 더미트가 제시한 실재론/반실재론 구분을 문제 접근의 기본 틀로 받아들이고 있다는 점에서 그 영향의 중요성을 가늠해 볼 수 있다. 여기에서는 퍼트남의 내재적 실재론의 구조와 관련되는 범위 안에서 더미트의 언어철학적 입장을 간략하게 언급할 것이다.

일반적으로 철학사를 통해 실재론은 대상(사물)들이 우리의 인식의 밖에 독립적으로 존재한다는 형이상학적 입장으로 알려져 왔다. 따라서 이러한 의미에서의 실재론은 관념론(idealism)과 대립되는 입장으로 간주된다. 그러나 데비트에 따르면 오늘날 많은 언어철학자들은 이러한 종류의 실재론이 "옳은 것이기는 하지만 지루한 것"이라고 생각하며, 따라서 "오늘날 '실재론'이라고 불리는 전혀 다른 종류의 흥미 있는 이론"[5]과 구분하고 있다. 여기에서 데비트가 말하는 구분은 물론 더미트가 제안한 실재론/반실재론 구분을 말한다.

더미트는 '의미'가 20세기 철학의 출발점이 되어야 하며, 따라서 실

---

4) Michael Devitt, *Realism and Truth*, 2nd ed. (Oxford: Basil Blackwell, 1991), p. 260 참조.

5) 같은 책, p. 14 참조.

재론 문제도 언어철학적 탐구 안에서 다루어져야 한다고 주장한다.[6] 즉 전통적인 철학적 문제들을 언어철학적 구도 안에서 재구성해야 한다는 것이다. 그래서 더미트는 이제 실재론을 둘러싼 논쟁은 "어떤 특정한 표현들—일반 명사들 또는 물질적 대상의 이름들—이 실제로 지칭체를 갖는가"[7]라는 언어철학적 논쟁으로 재해석되어야 한다고 주장한다. 이러한 관점에서 더미트는 실재론/반실재론 논쟁을 다음과 같이 규정한다.

> 실재론은 주장된 명제들이 그 진리치에 대한 우리의 인지 방식과 상관없이 객관적 진리치를 갖는다는 신념이다. 즉 그 명제들은 우리와 독립적으로 존재하는 실재에 의거해서 참이나 거짓이 된다. 반실재론자들은 이에 반대하여 주장된 명제들은 우리가 그 명제의 증거로 간주하는 어떤 것에 의거해서만 이해된다고 주장한다.[8]

이러한 자신의 구분에 따라 반실재론자를 자칭하는 더미트의 주된 관심사는 한 명제의 의미가 어떻게 '이해되는지'의 문제로 모아진다.

---

6) Michael Dummett, *Frege: Philosophy of Language* (London: Duckworth, 1973), p. xv 참조. 더미트는 인식론이 철학의 기본이라는 데카르트의 관점은 철학적 논리학이 전 철학의 토대가 되어야 한다는 비트겐슈타인의 생각에 의해서 전복되었다고 주장한다. 그럼에도 불구하고 더미트는 비트겐슈타인의 '치유(治癒)로서의 철학' 개념이 미래의 언어철학이나 철학 일반의 토대를 제공해 줄 수 없다는 이유로 강력하게 반박한다. 즉 무지나 거짓된 신념 대신에 단지 개념적 혼란만을 제거하려는 시도만으로는 그것이 제거되고 난 후의 공백을 대체하는 어떤 적극적인 것도 설정할 수가 없다는 것이다. 그러므로 더미트는 의미 이론에 우선성을 부여함으로써 철학의 체계 건설이 가능한 것으로 본다.

7) Dummett, *Truth and Other Enigmas* (Cambridge, Mass.: Harvard University Press, 1978), p. 145.

8) 같은 책, p. 146. (고딕은 필자의 강조.)

말하자면 한 명제의 참/거짓을 결정하는 것은 그 명제의 의미에 대한 지식을 요구하며, 또한 의미에 대한 지식은 그 명제의 진리 조건을 이해하는 문제라는 것이다. 그러므로 더미트에게 있어서 한 명제를 안다는 것, 즉 그 명제의 참/거짓을 결정할 수 있다는 것은 무엇이 그 명제의 의미에 대한 정당화로 간주되어야 할 것인지를 안다는 것이다. 그래서 더미트는 "의미 이론은 이해 이론"[9]이라고 규정하는데, 이러한 그의 의미 이론은 철저한 검증주의(verificationism)의 한 유형이다. 따라서 더미트에게 '옳음'이나 '진리'는 단순히 '인식적 정당화'의 문제가 된다. 즉 한 명제가 참이라는 것은 이 명제의 주장이 인식적으로 정당화될 수 있다는 것을 의미하게 된다.[10]

주목할 만한 것은 이러한 진리 개념을 수용함으로써 더미트는 참 또는 거짓이라는 두 개의 진리치만을 인정하는 전통적인 양가 논리를 부정하게 된다는 점이다. 왜냐하면 인식적 정당화는 정도의 문제이며, 따라서 '참 아니면 거짓'의 형태로 나타난다고 보증되지 않기 때문이다. 앞서 언급한 것처럼 더미트의 입장에 대한 몇몇 중요한 비판들에도 불구하고 퍼트남은 그의 내재적 실재론을 전개하는 데 있어서 더미트의

---

9) Dummett, "What is a Theory of Meaning?" in Samuel Guttenplan, ed., *Mind and Language* (Oxford: Oxford University Press, 1975), p. 99.

10) 더미트는 내재적(internal) 진리와 외재적(external) 진리를 구분하는데, 그의 논의의 초점은 외재적 진리에 있다. 그는 내재적 진리의 대표적인 예로 타스키(A. Tarski)의 진리 개념을 들고 있는데, 그것은 'T-문장'—"'눈이 하얗다'는 오직 눈이 흴 때, 그때에만 참이다"—으로 정식화된다. 더미트는 이 내재적 의미는 다만 '동치'(equivalence) 개념만을 제시하고 있다고 말한다. 말하자면 그것은 "눈이 하얗다"나 "'눈이 하얗다'는 참이다"라는 문장이 어떻게 이해될 수 있는가, 또는 어떤 조건 아래에서 이 명제의 주장이 옳은 것이 되는지에 대해서는 아무것도 말해 주지 않는다는 것이다. 그러므로 그것은 다만 '진리의 내재적 의미'만을 준다. 이에 관해서는 Putnam, *Realism and Reason: Philosophical Papers 3* (Cambridge: Cambridge University Press, 1983), p. 84 참조.

실재론/반실재론 구분을 이론적 틀로 받아들이고 있다. 이 점은 특히 퍼트남이 실재론을 비정합적인 것으로 비판하면서 자연스럽게 취하게 되는 반실재론적 기조를 통해서 뚜렷이 드러난다.

2. 의미, 진리, 내재론

퍼트남이 내재적 실재론을 옹호한다는 것은 자신이 수년 동안 유지해 왔던 '형이상학적 실재론'을 포기한다는 것을 의미한다.[11] 퍼트남이 규정하는 형이상학적 실재론이 더미트가 구분했던 실재론, 즉 우리의 외부에 존재하는 사물이 그것에 관한 명제들의 진리 조건을 결정한다는 신념을 포괄하고 있다는 점에서 퍼트남의 이 변화는 명백하게 반실재론적 성격을 드러낸다.

퍼트남이 규정하는 형이상학적 실재론은 기본적으로는 두 개의 이론, 즉 형이상학적 이론으로서 실재론과 인식론적 이론으로서 진리 대응설을 함께 포괄하고 있다. 그는 형이상학적 실재론을 다음과 같이 기술한다.

> 이 관점에 의하면 세계는 우리의 인식과 독립된 모종의 고정된 전체로 구성되어 있으며 '세계가 실제로 존재하는 방식'에 대해 정확히 하나의 참되고 완전한 기술이 존재한다. 진리는 단어 또는 사고 기호들과 외적으로 존재하는 사물들 사이에 성립하는 모종의 대응 관계를 포함한다. 나는 이 관점을 외

---

11) Putnam, *Meaning and the Moral Sciences* (London: Routledge & Kegan Paul, 1978), pp. 123~40 참조.

재적 관점이라고 부를 것인데, 그것은 이 관점이 신적(神的) 관점을 추구하고 있기 때문이다.[12)]

퍼트남에 따르면 형이상학적 실재론의 가장 큰 난점은 이 관점이 제시하고 있는 진리 개념이 '극단적으로 비인식적'이라는 점이다.[13)] 말하자면 어떤 이론이 조작적 유용성, 내적 정밀성, 단순성, 실제적 응용 가능성 등 우리가 받아들일 수 있는 모든 이상적 요소를 담고 있다고 하더라도 이 관점에 따르면 여전히 그릇된 이론으로 판명될 수 있다는 것이다. 즉 형이상학적 실재론이 가정하는 신적 관점은 의미 문제와 관련해서 우리가 일상적으로 고려할 수 있는 모든 요소들을 일거에 무용한 것으로 만들어 버릴 수도 있다.

형이상학적 실재론에 대한 퍼트남의 공격은 주로 그것이 지지하고 있는 진리 개념, 즉 진리 대응설을 겨냥하고 있다. 진리 대응설은 진리의 기준을 세계와 언어 사이의 대응 관계에서 찾고 있는데, 퍼트남은 이 '대응'이라는 개념이 '지칭'(reference) 문제를 토대로 삼고 있다고 본다. 그는 또한 이 대응 개념이 '유사성'이라는 개념에 의존하고 있으며, 이 유사성 개념은 정합적 설명이 불가능한 마술적 지칭 능력을 우리의 마음에 부과하고 있다고 본다. 퍼트남은 무엇보다도 형이상학적 실재론에 우리가 납득할 만한 유사성 개념이 규정되어 있지 않다는 점을 핵심적 문제로 주목한다. 왜냐하면 적절한 규정이 없는 상태에서 "모든 것은 다른 모든 것과 무한하게 다양한 방식으로 유사"[14)]하기 때문이

12) Putnam, *Reason, Truth and History*, p. 49.

13) Putnam, *Meaning and the Moral Sciences*, p. 124.

14) Putnam, *Reason Truth and History*, p. 64. 퍼트남의 이러한 주장은 많은 것을 함축한다. 어떤 두 사물의 유사성과 차이를 결정하는 것은 우리 사고의 기본적 작용이다. 우리는 흔

다. 따라서 유사성에 대한 적절한 제한이 주어지지 않은 채로 유사성을 전제하는 지칭 개념 또한 적절하게 성립할 수 없다.

그러나 더 중요한 것은 형이상학적 실재론자들의 지칭 개념 자체가 근원적으로 비정합적이라는 퍼트남의 주장이다. 그의 주장에 따르면 형이상학적 실재론의 지칭 개념은 우리의 인식의 한계를 넘어선 어떤 것에 대한 인식 가능성을 가정하고 있다. 즉 형이상학적 실재론은 우리 인식의 한계를 넘어선 지점에 어떤 실재들을 가정하고 있으며, 따라서 그것들과의 대응이라는 개념은 처음부터 증명될 수 없는 이론적 가정에 불과하다는 것이다.

이러한 주장을 위해 퍼트남은 매우 정교한 사고실험을 도입한다. 퍼트남이 설정하는 가상적 상황에서 우리 모두는 '통 속의 두뇌'(Brains in a Vat)다.[15] 몸으로부터 분리된 이 두뇌들은 악마적인 과학자에 의해 통 속에 담겨져 매우 정교한 컴퓨터에 연결되어 있으며, 이 컴퓨터에 의해 모든 감각 내용을 공급받고 있다. 따라서 그 두뇌들은 생각하고 느끼고 말하고 행동하는 모든 것들을 실제 세계에서 이루어지고 있는 것으로 받아들인다. 이러한 가상적 상황에서 이 두뇌들은 과연 "우리는

히 소와 말의 유사성과 차이를 이야기하며, 승용차와 트럭의 유사성과 차이에 관해 이야기하지만 소와 볼펜, 승용차와 민들레의 유사성과 차이에 관해서는 잘 이야기하지 않는다. 그러나 유사성과 차이를 이야기할 수 있는 사물들의 목록이 원리적으로 결정되어 있는 것은 아니다. 그 유사성과 차이를 이야기할 수 있는 지반은 우리의 선택의 결과이며, 그 선택에는 우리 삶의 다양한 요소들이 개입된다. 말하자면 현재 우리 언어에서 일상적인 것으로 받아들이는 지반은 우리의 선택의 결과일 뿐 원리적 제약의 산물은 아니다. 즉 우리가 의미 있게 받아들이고 사용하는 유사성이란 모두 특정한 크기의 지반에 근거한 것이며, 그것은 원리적으로 유동적이다. 따라서 유사성이나 차이는 그 지반을 제한했을 때에만 의미를 갖게 되며, 그 제한이 적절하게 주어지지 않은 유사성 개념은 무한히 열려 있는 공허한 것이 된다.

15) 같은 책, 1～2장 참조.

모두 통 속의 두뇌다"라고 의미 있게 말할 수 있을까? 퍼트남은 그것이 결코 가능하지 않다고 주장한다. 이러한 가상적 상황에서 통 속의 두뇌들이 말하고 생각하는 것은 어떤 마술적 힘을 빌지 않고서는 그 과학자의 세계에 도달할 수 없기 때문이다. 즉 통속의 두뇌는 근원적으로 자신의 언어에 대응하는 세계에 도달할 수 있는 방식, 즉 지칭의 방식이 주어져 있지 않다.

퍼트남의 이러한 논의를 가능하게 해 주는 것은 자신의 특이한 지칭 이론이다. 퍼트남은 자신이 실재론적 입장을 유지할 때부터 지속적으로 '인과적 지칭 이론'(causal theory of reference)을 지지해 왔다. 이것은 한 단어가 어떤 사물을 '가리킨다'고 할 때 이 단어와 사물, 화자와 사물, 나아가 화자들 간의 관계가 모종의 인과적 고리로 연결되어 있다는 매우 독특한 견해다.[16] 일면 퍼트남이 실재론을 공격하기 위해 이 인과적 지칭 이론을 동원하는 데에는 다소 의외적인 측면이 있다. 왜냐하면 필연적인 근거가 있는 것은 아니라 하더라도 일반적으로 오늘날 의미론 논쟁에서 인과적 지칭 이론은 실재론을 옹호하는 데 적합한 이론으로 받아들여져 왔기 때문이다.

---

16) 유사한 지칭 이론은 크립키(S. Kripke)에게서도 찾아 볼 수 있는데, 두 사람 사이에 직접적인 학문적 연계가 있는 것은 아니다. 퍼트남은 자연 종(natural kinds) 명사에 관한 연구를 통해, 크립키는 이름(name), 특히 '고유명'의 연구를 통해 '인과적 지칭 이론'이라고 한데 묶을 수 있는 매우 유사한 지칭 이론에 도달하게 되었다. 이 이론에 관한 퍼트남의 논의는 그의 저작들에 광범위하게 산재해 있지만 "The Meaning of 'Meaning'," in *Mind, Language and Reality* (Cambridge: Cambridge University Press, 1975)와 "Reference and Truth," in his *Realism and Reason* (Cambridge: Cambridge University Press, 1983)가 특히 중요하다. 크립키의 논의는 *Naming and Necessity* (Cambridge, Mass.: Harvard University Press, 1972)와 "Identity and Necessity," in Stephen P. Schwartz, ed., *Naming, Necessity, and Natural Kinds* (Ithaca, N.Y.: Cornell University Press, 1977) 참조.

패럴(F. Farrell)은 오늘날의 의미론 논쟁에 있어서 지칭 이론을 크게 '인과적 지칭 이론'과 '기술적 지칭 이론'(description theory of reference)으로 나누고, 필연적인 것은 아니라 하더라도 거의 자연스럽게 각각 다른 두 부류의 이론들과 결합하고 있다고 지적한다. 말하자면 인과적 지칭 이론이 실재론, 물리주의적 지칭 이론, '건축 벽돌' 유형의 의미론 등을 옹호하는 데 더 적합한 한편, 기술적 지칭 이론은 반실재론, 지칭의 비결정론, 의미론적 전체론을 옹호하는 데 더 적절한 것으로 받아들여져 왔다는 것이다. 그러나 패럴은 이러한 일반적 결합이 반드시 논리적 필연성을 갖는 것은 아니라는 점을 지적함으로써 인과적 지칭 이론을 반실재론적 요소가 강한 내재적 실재론에 결합하려는 퍼트남의 시도를 옹호한다.[17] 물론 이 인과적 지칭 이론 자체가 하나의 지칭 이론으로서 또 다른 논란의 대상이기는 하지만, 퍼트남은 적어도 이 지칭 이론에 의존해서 형이상학적 실재론의 '대응'이라는 개념이 마술적인 개념에 불과한 것이라고 단정하고 있는 것이다.

퍼트남의 형이상학적 실재론 비판은 진리 문제에 있어서 두 가지 중요한 귀결을 불러온다. 그것은 먼저 신적 관점, 즉 세계에 대한 단일하고 완전한 기술을 거부함으로써 진리에 관해서 모종의 다원적 이론을 예고한다. 둘째, 그것은 진리 대응설의 거부가 인과적 고리를 넘어선 지칭 관계의 부정을 바탕으로 하고 있다는 점에서 진리에 관한 어떤 논의도 인과적 고리 안에서 가능한 것으로 다루어져야 한다는 주장을 함축하고 있다.

여기에서 중요하게 지적되어야 할 것은 내재론을 통해 '세계와 언어

---

17) Frank B. Farrell, "Reference, Anti-Realism, and Holism," *Southern Journal of Philosophy*, 23 (1985): 47~64 참조.

사이의 대응'이라는 개념이 완전히 거부되는 것은 아니라는 점이다. 다만 퍼트남이 부정하는 것은 언어와 '세계 자체'의 대응, 즉 언어와 개념체계 이전의 세계와의 대응이다. 퍼트남은 우리의 개념체계에 주어지지 않은, 또는 주어지기 이전의 대상들에 대한 인식이 원천적으로 불가능하다는 점을 들어 언어와 그것들 사이의 대응 관계 또한 적절하게 성립할 수 없다고 보는 것이다.

그렇다고 해서 퍼트남이 대응 개념 자체를 완전히 포기하는 것은 아니다. 퍼트남은 언어와 우리 개념체계에 이미 주어진 대상 사이의 대응 개념은 여전히 유지한다. 그렇지만 이처럼 개념체계에 주어진 대상은 개념체계 안에 유입될 때에 이미 어떤 특정한 대상으로 인식된 것이기 때문에 개념체계 안에서의 대응은 자동적인 것이다. 따라서 개념체계 안에서의 대응이란 아무런 새로운 정보도 담고 있지 않은 사소한 것이다. 예를 들어 "'토끼'는 토끼를 가리킨다"라는 문장은 그 자체로 참이지만 '토끼'라는 단어와 실제의 토끼 사이의 지칭 관계에 어떤 새로운 정보도 주지 않는다. 퍼트남은 이것을 동어반복적인 '맥락에 의한 선험적 진리'라고 부른다.[18)]

그러므로 퍼트남이 제시할 수 있는 대안으로서의 새로운 진리 이론은 대응 개념을 축으로 제시되는 진리 이론의 이 두 가지 문제점을 넘어서야 한다. 여기에서 퍼트남이 제시하는 진리 개념은 대응 관계가 아닌, 우리의 이론적 · 경험적 신념 체계들 간의 일종의 '정합성'(coherence) 또는 '합치'(fit)다. 그렇지만 퍼트남은 여기에서 이러한 진리 개념이 우리의 심리적 · 생리적 · 문화적 요소들과 밀접하게 관련

---

18) Putnam, *Meaning and the Moral Sciences*, p. 137; *Reason, Truth and History*, pp. 52, 54 참조.

되어 있기 때문에 결코 가치들로부터 분리될 수 없으며, 따라서 어떤 형식적 정의에 의해서도 명료하게 규정되기 어렵다는 점을 강조한다.[19]

이러한 진리관을 형성하는 데 있어서 퍼트남이 더미트의 진리관, 특히 진리 대응설 비판이나 정당화로서의 진리 개념 등으로부터 강한 영향을 받고 있는 것은 사실이다. 그러나 퍼트남은 정당화의 조건이 회귀적 정의에 의해서 항구 불변하게 고정된다는 더미트의 주장에 반대한다. 왜냐하면 퍼트남은 한 명제가 정당화되는 조건은 더미트의 생각과는 달리 실제로 시간에 따라, 또는 사람에 따라 변화한다고 보기 때문이다. 따라서 퍼트남의 생각으로는 만약 우리가 단순히 더미트가 말하는 정당화만을 진리로 받아들일 경우에는 상대주의적 진리 개념을 피할 수 없게 된다는 것이다.

퍼트남은 더미트가 의미하는 이러한 정당화 개념은 단순히 '합리적 수용 가능성'과 동일한 개념이라고 간주하며, 따라서 진리는 이것과는 다른 어떤 것이어야 한다고 주장한다. 그러므로 퍼트남의 궁극적 주장은 한 명제의 정당화는 상실될 수 있어도 그 명제의 진리치는 그 명제가 갖는 하나의 속성으로서 상실될 수 없다는 것이다.[20] 예를 들면, "지구는 평평하다"라는 명제는 3,000년 전에는 합리적으로 수용된, 따라서 정당화된 명제였겠지만 그렇다고 해서 "지구는 평평하다"는 것이 3,000년 전에는 참이었다는 말은 아니다. 만약 그것이 참이었다면 그 사이에 지구가 모양이 바뀌었다는 우스운 결과가 되기 때문이다. 바꾸어 말하면 진리는 형이상학적 실재론자들이 말하는 것처럼 우리의 어

19) Putnam, *Reason, Truth and History*, pp. 54~56.

20) Putnam, *Reason, Truth and History*, p. 55; *Realism and Reason*, p. 84 참조.

떠한 정당화와도 상관없이 존재하는 것은 아니지만 그렇다고 해서 그것이 어떤 특정한 개별적 정당화에 의해서 규정되는 것도 아니라는 것이다. 그래서 퍼트남은 진리가 "이상화된 정당화", 즉 "이상화된 합리적 수용 가능성"이라고 규정한다.[21)]

퍼트남이 진리 문제에 대해 왜 이러한 중간적인 입장을 취하고 있는가 하는 의문은 서두에서 언급했던 것처럼 객관주의와 상대주의의 갈등을 극복하려는 퍼트남의 의도를 통해 답해져야 할 것이다. 이러한 사실은 퍼트남이 언어와 대상 사이의 대응 관계를 '지칭'이라는 개념을 통해 밝히는 과정에서 더욱 뚜렷하게 드러날 것이다. 여기에서 우선 지적해 둘 것은 퍼트남에게 있어서 이러한 진리는 단지 순수한 인식의 문제에 한정되어 있지 않다는 것이다. 그는 진리의 문제가 우리가 선 또는 가치라고 인식하는 것과 불가분의 관계를 갖는다고 말한다.

> 어떤 개념체계도 세계의 단순한 '모사'가 아니다. 진리 개념 자체가 그 내용에 있어서 합리적 수용 가능성의 기준들에 의존하고 있으며, 그 기준들은 다시 우리가 갖고 있는 가치들을 전제하며, 또한 그것들에 의존하고 있다. 도식적으로 아주 간단히 말하면 진리 이론은 합리성 이론을 전제하며, 다시 이 합리성 이론은 가치에 관한 이론을 전제한다는 것이다.[22)]

이렇게 확장된 진리 개념은 더 이상 역사나 문화를 초월하는 어떤 것일 수 없다. 우리의 개념체계가 단순히 세계를 모사하지 않는다는 것은

---

21) Putnam, *Reason, Truth and History*, pp. 49, 55; *Realism and Reason*, pp. xvii, 84~85 참조.

22) Putnam, *Reason, Truth and History*, p. 215.

인식에 있어서 우리가 이미 갖고 있는 개념체계가 중요한 역할을 한다는 것을 의미한다. 말하자면 모든 인식 내용은 어떤 특정한 개념체계 안에서만 적절한 의미를 갖게 된다. 퍼트남은 이 점을 다음과 같이 기술하고 있다.

> 기호는 그것이 누구에 의해서 어떻게 사용되고 있는가에 상관없이 본래적으로 대상들에 대응하고 있는 것이 아니다. 어떤 특정한 사용 집단에 의해 특정한 방식을 통해 실제로 사용된 기호는 그 사용자들의 개념체계 안에서 특정한 대상들에 대응한다. '대상'은 개념체계에 독립해서 존재하는 것이 아니라 우리가 어떤 기술(記述) 체계를 도입할 때 세계를 대상들로 잘라내는 것이다. 그리고 대상과 기호들이 양쪽 다 마찬가지로 기술의 체계 안에 있기 때문에 어떤 것이 어떤 것에 일치하는지를 알 수가 있다.[23]

여기에서 퍼트남은 상대주의 문제와 마주치게 된다. 모든 인식 내용이 어떤 특정한 개념체계 안에서만 의미가 있는 것이라면 진리는 이 체계들 간에 상대적인 것이 될 수 있기 때문이다. 물론 퍼트남 자신은 형이상학적 실재론, 또 그것이 지지하고 있는 진리와 합리성의 객관성을 거부한다고 해서 그것이 "무엇이든 된다"(Anything goes)라는 형태의 극단적 상대주의에 빠지게 되는 것은 아니라는 점을 강조하고 있다.[24] 그는 이러한 극단적 상대주의가 자가당착적이고 비정합적일 뿐만 아니라 동시에 위험한 것이라고 단정한다.[25] 그래서 퍼트남은 우리의 모든

23) 같은 책, p. 52.
24) 같은 책, p. 54.
25) Putnam, *Realism and Reason*, p. 235.

인식이 개념체계에 주어진 것으로서의 인식이라는 주장을 유지하면서도 어떤 방식으로든 이 개념체계들의 상대주의적 분기를 막을 수 있는 제약을 제시해야 할 필요가 있다.

이 문제에 접근하는 실마리는 퍼트남이 언급하는 세계로부터의 '경험적 입력'(experiential input)에서 찾을 수 있을 것이다. '경험적 입력'이라는 개념은 일견 그의 내재적 실재론과 충돌을 불러오는 것처럼 보일 수도 있다. 왜냐하면 그의 내재적 실재론에 따르면 "세계가 어떤 대상들로 구성되어 있는가 하는 물음은 오직 하나의 특정한 기술 이론 안에서만 의미를 갖기"[26] 때문이다. 그런데도 퍼트남은 이러한 내재적 실재론의 주장이 우리의 인식이 세계로부터 아무것도 받아들이지 않는다는 것을 뜻하지는 않는다고 말한다.

> 내재적 실재론은 〔우리의 인식에 있어서〕 경험적 입력이 있다는 것을 부정하지는 않는다. 즉 지식이 내적 정합성 이외의 어떠한 제약도 갖지 않는다고 할 수는 없다. 그러나 그 자체로 어떤 정도로든 우리의 개념에 의해, 즉 그것들을 기술하는 우리의 언어에 의해 형성되지 않은 입력이 있다는 것, 또는 우리의 모든 개념적 선택과 무관한 오직 하나의 기술만을 인정하는 어떠한 입력이 있다는 것을 부인하는 것이다.[27]

그러나 여기에서 퍼트남이 말하는 '경험적 입력'이 과연 무엇을 말하는지는 매우 불투명하다. 그것은 물론 세계로부터의 입력이고, 따라서 퍼트남이 의미하고 있는 것은 인식 내용이 우리의 개념체계 내에서만

---

26) Putnam, *Reason, Truth and History*, p. 49.
27) 같은 책, p. 54.

일방적으로 결정되지 않는다는 것이겠지만, 그는 그 방식에 대해서 더 구체적인 설명을 하지 못하고 있다. 적어도 퍼트남이 자신의 의도에 따라 내재적 실재론이 객관주의를 거부하면서도 자가당착적인 유형의 상대주의에 빠져들지 않기 위해서는 이 '세계로부터의 입력'은 필수적인 요소가 된다. 그러나 퍼트남의 내재적 실재론에는 이 세계로부터의 입력을 정합적으로 설명할 방식이 주어져 있지 않다. 왜냐하면 그의 내재적 실재론은 "대상들이 관찰자와 독립해서 어떻게 존재하는가에 대한 개념, 그리고 어떠한 주장도 불가지한, 말하자면 '의미가 없는 것'"[28]이라고 주장하고 있기 때문이다. 이것은 퍼트남의 내재적 실재론이 직면하는 피할 수 없는 딜레마로 보인다.

이 때문에 모서(P. Moser)는 내재론이 의미론적 · 존재론적 · 진리론적 요소를 갖는 복합적 입장이라고 간주하고 이 입장이 안게 되는 의미론적인 딜레마를 지적한다. 그는 내재론이 상정하는 '관찰자와 독립된 세계'의 개념은 자기모순 아니면 무한 배진으로 귀착된다고 주장함으로써 그 딜레마가 해결 불가능한 것이라고 단정한다. 따라서 그는 퍼트남이 형이상학적 실재론의 포기를 재고해야 한다고 주장한다. 나아가 그는 내재적 실재론은 단지 잘못된 철학적 위안만을 제시하고 있을 뿐이며 이제는 그것을 제시하고 있는지마저도 의심해야 한다고 지적한다.[29]

여기에서 우리는 퍼트남의 내재적 실재론이 더미트의 구분을 따라 명쾌한 방식으로 실재론 아니면 반실재론으로 판정될 수 없다는 것을

---

28) Putnam, *The Many Faces of Realism* (La Salle, Ill.: Open Court, 1987), p. 36.

29) Paul Moser, "A Dilemma for Internal Realism," *Philosophical Studies*, 59 (1990): 101~106 참조.

알 수 있다. 이 구분에 따라 말하자면 퍼트남은 개념에 오염되지 않은 세계에 대해서는 반실재론자이며, 우리의 개념체계 안에 들어와 있는 세계에 대해서는 실재론자라고 말할 수 있다. 퍼트남은 두 세계에 대해 두 가지 다른 입장을 수용하고 있는 것이다. 그는 이 두 입장을 내재적 실재론이라는 하나의 관점 안에 포괄적으로 결합시키고 싶은 것이다.

퍼트남이 이처럼 두 개의 상반된 입장인 실재론과 반실재론의 사이에서 흔들리는 이유는 서두에서 언급했던 것처럼 이 두 입장이 각각 객관주의와 상대주의를 지탱해 주고 있다는 그의 가정 때문이다. 이러한 맥락에서 마골리스는 퍼트남의 내재적 실재론이 상대주의와 공존할 수 있는 여지를 지적하고, 이 여지가 "퍼트남의 객관주의와 낙관주의(퍼스적 실용주의)에 의해 가려져 있으며, 그는 이 태도〔객관주의와 낙관주의〕를 지탱할 만한 지지 근거를 제시하지 못하고 있다"[30]고 말한다. 사실상 퍼트남의 주장의 요지는 "마음과 세계가 공동으로 마음과 세계를 구성한다"[31]라는 은유에 담겨져 있지만, 여기에서 그는 세계가 과연 어떤 역할을 하고 있는지에 대한 구체적인 해명을 미해결의 난제로 남겨 두고 있는 것이다. 이것은 칸트가 인식의 원재료로서 물 자체를 상정하고, 그것이 우리의 감성을 촉발한다고 말하면서도 그에 대한 원천적인 인식 불가능성을 인정해야 하는 것과 동일한 난점이다.

내재적 실재론은 개념적 오염에 앞서 있는 세계의 존재 자체를 부정하지도 않으며, 또 부정할 수도 없다. 다만 퍼트남이 말하는 것은 우리의 개념체계 안에 유입되지 않은 대상에 관해서는 어떤 기술도 가능하지 않다는 것이다. 이러한 세계는 그 성격에 있어서 칸트가 상정한 '물

---

30) Joseph Margolis, *The Truth about Relativism* (Oxford: Basil Blackwell, 1991), p. 155.
31) Putnam, *Reason, Truth and History*, p. xi.

자체'와 다를 바 없다. 이러한 의미에서 워커(R. Walker)는 퍼트남의 형이상학적 실재론과 내재적 실재론 사이의 구분이 칸트의 초월적 관념론과 경험적 실재론 사이의 구분과 병행하는 것이라고 말한다. 워커는 계속해서 퍼트남이 말하는 '개념에 오염되지 않은 세계'와 칸트의 '물자체'는 단지 후자가 우리가 알 수 없는 어떤 세계라고 규정된 반면, 전자는 우리가 그것에 관해 말할 수 없는 세계라고 규정된 점만이 다를 뿐이라고 지적한다.[32)]

퍼트남 스스로도 칸트가 설정한 물 자체의 세계가 형이상학적으로 불필요한 요소라는 오늘날의 비판에 대해 익히 알고 있으며, 그 이론적 난점 또한 충분히 인식하고 있는 것으로 보인다. 그렇지만 퍼트남은 "그것에 관해 말하려는 모든 시도가 헛소리에 이르게 된다고 할지라도 어떤 방식으로든 우리의 경험에 있어서 마음으로부터 독립된 '근거'가 있을 것이라고 생각하지 않을 수가 없을 것"[33)]이라고 말한다.

사실상 퍼트남의 사유에 미친 칸트의 영향은 간단히 언급될 성질의 것은 아니다. 특히 내재적 실재론 이래로 퍼트남의 철학적 사유의 전체적 구도가 점차적으로 칸트 철학에 접근해 가고 있다는 사실은 주목할 만하다. 이러한 퍼트남의 변화는 그의 철학적 관심이 형이상학과 인식론 분야에서 윤리학과 미학 분야로 이행해 가는 것과 거의 병행해서 드러나고 있다. 퍼트남은 자신의 최근 저서에서 "적어도 내게 있어서 거

---

32) Ralph C. S. Walker, *The Coherence Theory of Truth: Realism, Anti-Realism, Idealism* (London: Routledge & Kegan Paul, 1989), p. 186 참조.

33) Putnam, *Reason, Truth and History*, pp. 61~62. 또한 그는 다른 곳에서 "나는 그것에 관해 말하려 하는 모든 시도들이 이율배반에 빠지게 된다 하더라도 경험의 이원성의 배후에 있는 본체적(noumenal) 근거에 대한 관념을 비웃을 생각은 없다"고 쓰고 있다. Putnam, *Realism and Reason*, p. 226.

의 모든 철학의 문제들은 오로지 칸트의 저작을 통해서만 참된 의미를 지니는 형태를 갖는다"[34]고 말할 정도다.

그렇지만 칸트의 물 자체에 대한 퍼트남의 모호한 태도를 보면 퍼트남 자신이 실제로 '개념에 오염되지 않은 세계'에 관해 언급하는 것이 곧 스스로를 넌센스로 이끌게 될 것이라는 사실을 충분히 인식한 결과로 보인다. 이러한 세계는 굿맨의 표현을 빌면 "구분도 질서도 운동도 정지도 형식도 없는, 즉 그것을 위해서든 대항해서든 싸울 가치가 없는 세계"[35]다. 이 점에서 굿맨에 동의하고 있는 퍼트남은 이 세계를 '어찌할 수 없는 세계'(helpless world)로 남겨 두었다고 할 수 있으며, 바로 여기가 내재적 실재론에 대한 실재론자들의 집요한 비판의 출발점을 이루고 있다.

3. 내재론 대 실재론 논쟁

퍼트남의 철학적 입장이 내재적 실재론을 통해 점차 반실재론에 가깝게 접근할수록 실재론 진영으로부터의 반론의 여지는 더욱 확장되는 것으로 보인다. 실재론 진영으로부터 퍼트남에게 제기되는 가장 일반적인 비판은 그의 내재적 실재론이 실재론을 성공적으로 논파하지 못하고 있다는 것이다. 이러한 비판은 내재적 실재론이 이 때문에 이론적 정합성을 결여하고 있다는 주장으로 이어지기도 한다. 그럼에도 불구

---

34) Putnam, *Realism with a Human Face*, ed. James Conant (Cambridge, Mass.: Harvard University Press, 1990), p. 3. 특히 칸트의 영향에 관해서는 같은 책의 James Conant, "Introduction", pp. xvii~xxxiv 참조.

35) Nelson Goodman, *Ways of Worldmaking* (Indianapolis, Ind.: Hackett, 1978), p. 20.

하고 실재론자들의 비판이 궁극적으로 내재적 실재론을 논파하는 데까지 이르지는 못하는 것으로 보이는데, 그 주된 이유는 이들 논쟁의 사이에 '세계 자체', 즉 '개념 이전의 세계'가 하나의 미궁(迷宮)으로 자리잡고 있기 때문이다. 필자는 여기에서 내재적 실재론에 대한 데비트(M. Devitt)의 비판을 실재론 진영을 대변하는 비판의 한 경우로 다루고, 이어서 내재적 실재론이 왜 궁극적으로 논파될 수 없는지를 보여주는 예로 헬러(M. Heller)의 논의를 들어 이러한 난점을 드러내 보이려고 한다.

데비트는 오늘날 퍼트남의 내재적 실재론에 대한 가장 강력하고도 집요한 비판자 중의 한 사람이다.[36] 그의 주장의 핵심은 퍼트남의 (형이상학적) 실재론 비판이 핵심을 벗어나고 있어서 사실상 실재론에 아무런 영향도 미치지 못한다는 것이다. 데비트가 취하는 기본적 입장은

---

36) 데비트는 하버드대학에서 퍼트남의 제자였으며, 퍼트남으로부터 실재론의 철학적 신념들을 배웠다. 데비트는 후일 퍼트남의 실재론 포기를 일종의 변절로 간주하고 그의 저술들에서 퍼트남을 가리켜 '변절자 퍼트남'(renegade Putnam)이라고 부르곤 한다. 실제로 퍼트남은 자신의 철학적 입장을 수차례나 바꾸었기 때문에 패스모어는 퍼트남을 가리켜 '개략적인 현대 철학사'(*Recent Philosophers*, p. 97)라고 부를 정도다. 이것이 퍼트남의 성격적 결함으로부터 비롯된 것이 아닌가 하는 비난에 대해 퍼트남은 자신이 가벼운 마음으로 이 비난에 대처할 때는 "내가 입장을 그렇게 자주 바꾸는 것은 내가 실수를 하는 때문이며, 다른 철학자들이 입장을 바꾸지 않는 것은 그들이 결코 실수를 하지 않기 때문일 것이다"라고 응수한다고 말한다. Putnam, *Representation and Reality*, pp. xi~xii 참조.

물론 퍼트남은 이에 관해 보다 더 신중하고 복합적인 철학적 이유가 있다는 것을 덧붙여 설명하고 있다. 그것은 간단히 말해서 철학적 이론이 거의 본성적으로 갈등적 요소를 갖고 있으며, 자신은 단지 그 갈등 속에서 흔들리고 있는 때문이라는 것이다. 철학적 문제에 대한 퍼트남의 이러한 태도는 『인간의 얼굴을 한 실재론』(*Realism with a Human Face*, p. 19)에서도 선명하게 나타나는데, 그는 여기에서 철학적인 문제들이 궁극적으로 해결 불가능한 성격의 문제들이라는 비트겐슈타인의 생각에 동의하고 있으며 다만 우리는 이 문제들의 탐구를 향한 더 나은 방식을 모색하는 데에서 그 철학적 의미를 찾아야 할 것이라고 언급하고 있다.

형이상학적 이론으로서의 실재론과 인식론적 이론으로서의 진리 대응설이 서로 다른 별개의 이론이기 때문에 그것들을 결합하는 것이 자연스러운 것일 수는 있지만 그것이 어떤 논리적 필연성을 갖지는 않는다는 것이다.[37] 그는 동시에 실재론을 어떠한 인식 이론이나 진리 이론에 의해서도 영향 받지 않는 우선적인 이론으로 간주한다.[38] 이러한 이유에서 데비트는 퍼트남의 실재론 비판이 성공할 수 없다고 주장한다. 말하자면 퍼트남의 실재론 비판은 직접적으로 실재론에 향해진 것이 아니며, 대신에 실재론과 결합되어 있는 진리 대응설을 비판함으로써 실재론의 비정합성을 논증하려는 시도에 불과하다는 것이다. 데비트는 다음과 같이 말한다.

> 퍼트남의 잘 알려진 형이상학적 실재론 비판은 거의가 논점을 벗어나고 있다. 그의 비판은 그 이론의 형이상학적 핵심인 실재론을 다양한 다른 이론들로 에워쌈으로써 전개되고 있는데, 그것들 중 어느 것도 핵심에 기본이 되지 않으며 퍼트남은 이것들을 공격하고 있는 것이다.[39]

데비트가 말하는 주변적 이론이란 물론 진리 대응설이다. 그리고 퍼트남의 논의가 적어도 데비트가 지적하는 전략을 취하고 있는 것도 사실이다. 그러나 여기에서 주목해야 할 것은 데비트가 자신의 좌우명처럼 강조하고 있는 두 종류의 실재론 구분이다. 데비트는 자신이 '무화과 잎 실재론'(Fig-Leaf Realism)이라고 부르는 '소극적 실재론'과, 과

---

37) Devitt, *Realism and Truth*, 2~4장 참조.
38) 같은 책, 특히 12장 참조.
39) 같은 책, p. 229.

학적 실재론이 그 전형이 되는 '적극적 실재론'을 구분한다.[40] 데비트가 여기에서 옹호하려고 하는 것은 바로 이 소극적 실재론이며, 그는 이것을 "무엇이 존재하는가에 대해서는 전혀 규정하지 않으며, 단지 어떤 것이 존재한다는 것만을 요구하는"[41] 입장이라고 정의한다.

그렇다면 퍼트남의 실재론 비판이 성공적이지 않다는 데비트의 주장이 과연 하나의 비판으로서 실질적인 의미를 갖는가 하는 의문이 제기된다. 왜냐하면 여기에서 데비트가 말하고 있는 '소극적 실재론'이 요구하는 실재란 퍼트남이 내재적 실재론을 전개하는 데 있어서 기본적으로 부정해야 할 적극적인 이유가 없는 부분이기 때문이다. 물론 퍼트남이 비판의 표적으로 삼는 형이상학적 실재론에 별개의 두 이론을 결합시키고 있다는 데비트의 지적은 옳은 것으로 보인다. 그러나 여기에서 중요한 문제는 과연 데비트가 생각하는 것처럼 퍼트남이 실제로 진리 대응설 비판을 통해 실재론을 논파할 의도를 갖고 있는지, 또 그것이 사실이라면 퍼트남이 논파하려고 하는 실재론이 어떤 종류의 실재론인지를 밝히는 것이다.

여기에서 우리는 더미트의 구분을 다시 한 번 상기할 필요가 있다. 즉 더미트가 말하는 실재론이란 "한 명제의 진리치는 그 명제가 가리키는 대상에 의해 결정된다"는 것이며, 퍼트남은 일단 이 구분을 적절한 것으로 받아들이고 있다. 따라서 퍼트남이 의미하는 실재론과 데비트가 의미하는 실재론 사이에는 매우 복합적인 거리가 있다. 그러므로 앞서 언급했던 것처럼 실제로 데비트의 '소극적 실재론'이 요구하는 실재

40) 같은 책, 2장 참조. 데비트는 적극적 실재론의 전형으로 과학적 실재론을 "관찰되지 않는 과학적 유형의 표지(token)가 마음에 독립해서 존재한다"(p. 24)는 입장으로 규정한다.

41) 같은 책, p. 17.

는 퍼트남이 부인할 수 없는 '어찌할 수 없는 세계'와 동일한 것으로 보아야 할 것이다. 따라서 만약 데비트가 퍼트남을 이러한 의미에서의 실재론자라고 규정한다 해도 퍼트남은 그것에 대해 이의를 제기하지 않을 것이다.

다만 퍼트남이 내재적 실재론을 통해 주장하려고 하는 것은 이 '어찌할 수 없는 세계'에 관해 우리가 아무것도 의미 있게 말할 수 없다는 것이며, 이것은 지칭 문제를 통해서 본 우리의 언어적 의미 구조가 이 세계에 인과적으로 도달할 방식이 없다는 것이다. 따라서 퍼트남이 내재적 실재론을 통해 실재론의 논파를 기도하고 있다는 데비트의 해석은 자의적인 것으로 보이며, 나아가 그것을 토대로 퍼트남의 내재적 실재론을 비판하려고 한다면 그는 일종의 '허수아비 오류'를 범하고 있는 것이 된다. 이러한 의미에서 데비트의 논의는 퍼트남의 내재적 실재론에 대한 하나의 비판이라기보다는 오히려 그 이론적 구조를 명료하게 밝혀 주는 보완적 해명의 역할을 하고 있는 셈이다.

이처럼 복잡한 논의를 통해 중요하게 지적되어야 할 것은 데비트와 퍼트남이 논의의 핵심적 주제인 실재론에 대해서 근원적으로 합의할 수 없는 상이한 철학적 시각을 갖고 있다는 점이다. 말하자면 데비트가 실재론을 어떤 인식 이론이나 진리 이론에도 영향 받지 않는 순수한 형이상학적 이론으로 다루고 있는 반면, 퍼트남은 실재론을 전적으로 언어철학적인 관심의 대상으로서 의미와 지칭의 문제로 다루고 있는 것이다. 퍼트남의 이러한 태도는 앞서 지적한 것처럼 명백하게 더미트의 언어철학적 영향이라 할 수 있는 것이며, 또한 동시에 로티가 말하는 '비순수 언어철학'[42]에 속하는 문제다. 실제로 퍼트남이 부정하는 실재론은 그 성격에 있어서 더미트가 규정했던 언어철학적 관점에서의 실재론으로 한정되어야 할 것이며, 따라서 데비트의 반론은 실제로 퍼트남의 내재적 실재론에 대한 심각한 반론으로서 받아들이기 어렵다.

한편 헬러는 데비트의 반론과 아주 유사해 보이면서도 실제로는 데비트의 논의가 갖는 개념적 괴리라는 문제를 벗어나는 반론을 시도하고 있다. 헬러는 데비트의 실재론이 존재 문제에 초점을 두고 있다는 점에서 '존재적 실재론'(existential realism)이라고 규정하고,[43] 자신의 논의를 위해서 실재론과 반실재론 사이에 새로운 구분을 제시한다.

> 〔이 구분에 따르면〕 어떤 특정한 대상 또는 대상의 종류에 대해서 실재론자가 된다는 것은 그 대상이나 종류가 존재한다는 것에 대해서 하나의 사실이 있다고 믿는 것이다. 반실재론자가 된다는 것은 …… 그 대상들에 대해서 사실이 있지 않다고 믿는 것이다. 반실재론자는 개념체계나 배경 이론에 상대적인 사실은 받아들일 수도 있겠지만 이것에 비상대적인 사실은 인정하지 않는다.[44]

헬러는 먼저 이러한 자신의 구분에 따라 퍼트남을 반실재론자로 간주하고 퍼트남이 외재론(externalism)[45]을 비판하면서 취하는 전제들

---

42) Richard Rorty, *Philosophy and the Mirror of Nature* (Princeton, N.J.: Princeton University Press, 1979), 6장 참조. 로티는 언어철학을 크게 '순수 언어철학'과 '비순수 언어철학'의 두 갈래로 나누고 있다. 전자는 프레게에 의해 제기되고 비트겐슈타인의 『논리-철학 논고』(*Tractatus Logico-Philosophicus*)나 카르납(R. Carnap)의 『의미와 필연』(*Meaning and Necessity*) 등에서 다루어진 문제들로서 주로 논리와 개념들의 명료화에 관련되어 있다. 후자는 명백하게 인식론적 성격을 띠고 있으며, 흄과 칸트가 다루었던 인식론적 문제들을 언어 분석이라는 방식을 통해 재구성하려는 시도를 가리킨다.

43) Mark Heller, "Putnam, Reference, and Realism," in Peter French, et al., eds., *Realism and Antirealism: Midwest Studies in Philosophy 12* (Minneapolis: University of Minnesota Press, 1988): 113~27 참조.

44) 같은 논문, p. 113.

이 옳지 않다고 주장한다. 퍼트남이 취하는 전제들은 다음과 같다.

① 외재론은 대상 자체에 대한 지칭 능력을 요구한다.

② 우리에게는 그러한 지칭 능력이 없으며, 다만 우리에 의해 이미 개념화된 세계의 조각들만 지칭할 수 있을 뿐이다.[46]

헬러는 전제 ①을 요구하지 않는 '소극적 외재론'을 제시함으로써 전제 ①을 거부하려고 한다. 말하자면 "우리가 세계를 지칭하는 비상대적인 방식을 갖지 못한다 하더라도 여전히 세계가 어떤 것인가에 대한 비상대적인 사실이 존재한다는 것이다. 개념체계에 상대적인 것은 우리의 기술이지 세계 자체는 아니다."[47] 이러한 소극적 외재론이 주장하는 것은 설혹 비상대적인 사실이 존재한다 하더라도 이것이 반드시 비상대적인 기술을 요구하지는 않는다는 것이다.

헬러는 이러한 주장을 바탕으로 우리가 비상대적인 사실을 인정할 수 있다면 왜 이 사실에 관한 비상대적 기술을 불가능한 것으로 부정해야만 하는가라는 의문을 제기한다. 헬러는 퍼트남이 지칭에 관한 이론이 없이는 언어가 아예 지칭할 수 없는 것처럼 가정하고 있다고 지적하고, 퍼트남이 주장하는 것처럼 우리의 지칭이 대상 자체의 세계에 도달하지 못한다고 해서 그것이 사실 자체의 부정으로 가야 할 이유는 없다

45) 여기서 헬러는 '외재론'이라는 말을 퍼트남의 내재론과 구별하려는 의도에서 사용하고 있으며, 이 구분은 실재론과 반실재론의 구분이 존재론적인데 반해 인식론적인 측면에서의 구분 방식이다. 따라서 '외재론'이란 '형이상학적 실재론'이 취하고 있는 인식론적 입장을 가리키는 것이 된다.

46) 같은 논문, p. 114.

47) 같은 논문, p. 118.

고 보는 것이다. 퍼트남이 주장하는 것처럼 하나의 이론 T_1이 어떤 해석 I_1 안에서, 그리고 이론 T_2를 해석 I_2 안에서만 옳은 것으로 받아들일 수 있다고 해서 그 이론들이 반드시 서로 상호 양립 불가능한 것은 아니며, 더구나 사실과 일치하는 하나의 옳은 해석, 따라서 옳은 이론이 있을 수 없다는 결론을 내릴 수는 없다는 것이다. 그래서 헬러는 "우리가 소극적 외재론을 허용한다면 적극적 외재론을 포기해야 할 아무런 이유도 없다"[48]고 결론짓는다.

데비트와 헬러의 논의는 그 전개 방식의 차이에도 불구하고 기본적으로는 형이상학적 신념으로서의 실재론을 바탕으로 삼고 있다. 데비트의 퍼트남 비판이 관점의 불일치라는 문제를 안고 있는데 반해 헬러의 퍼트남 비판은 이 문제를 넘어서고 있을 뿐만 아니라 논의 자체도 더 정교한 방식으로 전개되고 있다. 이 때문에 헬러의 논의는 적어도 퍼트남의 실재론 비판이 실재론을 결정적으로 무너뜨릴 수 없다는 사실을 보여 주는 데 성공적인 것으로 보인다.

그러나 그렇다고 해서 헬러의 비판이 거꾸로 퍼트남의 내재적 실재론을 논파할 수 있는 것은 물론 아니다. 왜냐하면 이 논란의 핵심적 요지는 퍼트남의 주장이 알 수 없는 것에 대해서는 침묵해야 한다는 것인데 반해, 헬러는 그것에 관해 무엇인가 이야기할 수 있는 가능성이 있다고 말하는 것뿐이기 때문이다. 즉 퍼트남은 우리가 갖고 있는 지칭 이론이 그러한 가능성을 허용하지 않는다고 주장하는 반면, 헬러는 어떻게 우리가 그렇게 확언할 수 있는가를 반문하는 것이다. 말하자면 헬러의 주장은 지금은 우리에게 알려지지 않은 어떤 방식으로 세계에 대한 비상대적인 기술이 가능할 수도 있다는 것이다. 헬러는 우리가 모르

48) 같은 논문, p. 126.

는 것에 대한 이야기의 가능성을 말하고 있으며, 퍼트남은 우리가 모르는 것에 대한 이야기의 불가능성을 말하고 있다. 결론적으로 퍼트남과 실재론자들은 우리가 지금 알 수 없는 세계, 즉 '어찌할 수 없는 세계'에 관해 공방을 계속하고 있는 셈이다. 이것이 실재론자들의 논의가 퍼트남의 내재적 실재론의 난점을 정확히 지적하고 있으면서도 그것을 논파하지는 못하는 이유이기도 하다.

복합적인 논란 속에서 다른 실재론자들과 퍼트남을 구별해 주는 가장 선명한 징표는 퍼트남이 제안하는 '인간의 얼굴을 한 실재론'(realism with a human face)일 것이다. 먼저 더미트의 구분에 따라 퍼트남을 분류한다면 그는 명백한 반실재론자다. 퍼트남은 적어도 자신의 내재적 실재론을 통해 진리 대응설을 거부하고, 따라서 어떤 명제의 진리치가 우리와 독립된 비언어적인 대상에 의존하고 있다는 사실을 부인하기 때문이다. 그럼에도 불구하고 그는 여전히 일종의 실재론자다. 우선 그는 데비트가 말하는 형이상학적 이론의 관점에서 볼 때 일종의 (소극적) 실재론자다. 그러나 이러한 실재론은 퍼트남의 관점에서는 아무런 적극적 의미도 없는, 즉 그것에 관한 어떠한 언명도 무의미한 공허한 실재론이다. 따라서 우리가 퍼트남을 실재론자라고 의미 있게 말할 수 있는 것은 퍼트남 자신이 설정한 지칭 문제라는 구도 안에서 볼 때 개념체계 안에서의 실재론자, 즉 내재적 실재론자라는 것이다. 이러한 실재론은 신의 관점이 아닌 인간의 한계 내에서의 실재론이다.

4. 맺는 말

퍼트남은 오늘날 우리가 극복해야 할 가장 중요한 철학적 난제의 하나로 진리와 이성 문제에 있어서 이분법적 사고를 들고 있다. 그의 내재적 실재론은 이러한 문제의식을 바탕으로 제시되고 있는 대안적 처방이라고 할 수 있다. 그러나 지금까지의 논의를 통해 드러난 것처럼 내재적 실재론은 그 통찰력 있는 의도에도 불구하고 '세계 자체'라는 풀 수 없는 딜레마에 부딪히게 된다.

이러한 딜레마의 근원은 퍼트남이 내재적 실재론을 제3의 관점으로 설정하면서 의존하고 있는 모종의 가정들이다. 그 가정의 하나는 객관주의와 상대주의가 각각 더미트가 구분하는 실재론과 반실재론적 믿음에 근거하고 있다는 것이다. 이러한 가정은 다시 실재론과 반실재론이 각각 세계와 마음을 인식의 준거로 삼고 있다고 본다. 말하자면 퍼트남의 가정은 객관주의-실재론이 '세계'에서 인식의 준거를 설정하고 있으며, 상대주의-반실재론이 우리의 '마음'에서 그 준거를 설정하고 있다고 가정한다.

이러한 구도에서 퍼트남이 제3의 관점으로서 추구하는 내재적 실재론은 이 양면을 포괄적으로 결합하려는 시도이며, 그렇게 해서 퍼트남이 제안하는 것은 "마음과 세계가 공동으로 마음과 세계를 구성한다"는 것이다. 그러나 여기에서 퍼트남은 세계의 역할을 설명하면서 하나의 딜레마에 빠지게 된다. 왜냐하면 그의 내재적 실재론은 이 개념체계 이전의 세계는 기술되지도, 또 기술될 수도 없는 세계라고 전제하고 있기 때문이다. 바로 이 '개념체계 이전의 세계'가 실재론과 내재적 실재론 사이에 끊임없는 논쟁의 핵을 이루고 있으며, 동시에 서로를 논파할 수 없게 만드는 수수께끼의 영역으로 남아 있다.

이러한 딜레마는 그 성격에 있어서 다분히 칸트적이다. 퍼트남은 언어철학이라는 길을 통해 칸트의 문제로 되돌아온 것이다. 그래서 이제 우리는 퍼트남의 문제를 이야기하기 위해서 퍼트남의 철학을 훨씬 더 거슬러 올라가야 할 이유를 갖게 된다. 말하자면 그의 철학의 배후에 더 깊숙이 자리 잡고 있는, 또 의식적이든 무의식적이든 퍼트남이 수용하고 있는 인식론적 근거에 의문을 제기해야 할 필요가 있는 것이다.

이러한 관점에서 로티는 하나의 중요한 지적을 하고 있다. 그것은 데카르트 이래로 근세철학을 그릇된 길로 이끌어 간 하나의 은유가 있다는 것이다. 그것은 데카르트가 만들어 낸 하나의 은유, 즉 '거울로서의 마음'(Mind as a Mirror) 은유다.[49] 이 은유 안에서는 세계와 마음은 서로 분리되어 있으며, 마음은 세계를 표상(representation)하는 것으로 가정된다. 이러한 구도 안에서 인식론의 궁극적 관심사는 마음이 이 세계를 얼마나 정확하게 표상하는지의 문제다. 로티는 세계에 대한 마음의 정확한 표상에 대한 이 관심사 자체가 데카르트 이래로 근세철학을 사로잡아 온 철학적 불안, 즉 상대주의와 회의주의에 대한 우려의 원천이라고 단정하며, 그것을 "인식론의 원죄"[50]라고 선언한다. 로티는 오늘날 가열되고 있는 실재론/반실재론 논쟁이 여전히 이 인식론적 관심에 얽혀 있는 것으로 보고, 이 데카르트적 은유를 폐기함으로써 실재론과 반실재론의 갈등을 넘어설 수 있다고 주장한다.[51]

내재적 실재론과 실재론 사이의 논쟁을 통해서 드러난 딜레마를 되돌아 볼 때 로티의 주장은 강한 설득력을 얻는다. 적어도 로티의 방식을 따르면 우리는 '어찌할 수 없는 세계'라는 미궁으로부터 벗어날 수 있는 하나의 길을 갖게 되는 것이다. 즉 어찌할 수 없는 세계는 그것이 불가피하게 갖게 되는 존재론적 성격에도 불구하고 그 근원에 있어서

49) Rorty, *Philosophy and the Mirror of Nature*, 특히 "Introduction" 참조.

50) 같은 책, p. 60.

51) Rorty, *Consequences of Pragmatism: Essays 1972~1980* (Minneapolis: University of Minnesota Press, 1982), 1장 및 *Philosophy and the Mirror of Nature*, 6장 참조.

는 인식론의 부산물이기 때문이다. 따라서 우리가 그 바탕에 있어서 인식론에 편향된 전통 철학 자체를 폐기해야 한다는 로티의 급진적인 주장을 취한다면 이 문제는 근원적으로 해소된다는 것이다.

그러나 여기에서 우리는 다시 퍼트남의 본래의 관심사였던 상대주의의 극복이 과연 로티의 방식을 통해서 가능한가라는 물음으로 되돌아오게 된다. 로티는 이 상대주의에의 불안이 인식론의 포기와 함께 데카르트적 확실성이 포기됨으로써 제거되었으며, 따라서 자신의 '철학 이후의 철학'(post-Philosophical philosophy)은 이미 객관주의/상대주의 등의 낡은 구분을 넘어서 있다는 주장으로 맞선다.[52] 그러나 로티의 이러한 주장은 성공적인 것으로 보이지 않는다. 왜냐하면 로티의 주장을 따라 전통적 인식론의 관심을 폐기한다고 해도 여전히 그가 암암리에 취하고 있는 어떤 입장—자신은 아무런 입장도 적극적으로 취하지 않는다는 그의 주장에도 불구하고—에 대한 상대주의적 우려는 집요하게 지속될 수 있기 때문이다. 이를테면 퍼트남은 여전히 로티를 '문화적 상대주의 겸 위험한 제국주의자'라고 규정하고 있으며, 이것은 오히려 로티가 인식론을 제거하려고 시도하는 데에서 비롯되는 귀결이라고 주장한다.[53]

이러한 논란을 통해 중요하게 드러나는 것은 객관주의와 상대주의의 긴장이 퍼트남이 가정했던 것처럼 실재론과 반실재론 사이의 갈등, 즉 마음과 세계 사이의 문제로 도식화되어 맞물려 있지 않다는 사실이다. 말하자면 객관주의가 실재론적 신념과, 그리고 상대주의가 반실재론적

52) Rorty, *Contingency, Irony, and Solidarity* (Cambridge: Cambridge University Press, 1989), p. 44; *Consequences of Pragmatism*, pp. 167~68 참조.

53) Putnam, *Realism and Reason*, pp. 234~40 참조.

신념과 자연스럽게 결합되는 경향을 보인다고 할지라도 이 결합 관계가 어떤 필연성을 갖는 것은 아니라는 것이다. 로티의 주장을 따라 실재론과 반실재론이라는 구도 자체를 폐기해도 여전히 상대주의에 대한 우려가 해소되지 않는다는 것이 이 점을 보여 준다.

객관주의와 상대주의의 이분법적 딜레마를 해체하려는 시도로서 퍼트남의 내재적 실재론은 예기치 않은 문제 앞에서 멈출 수밖에 없어 보인다. 그러나 퍼트남의 내재적 실재론이 실패했다고 해서 그가 제기했던 문제 자체가 처음부터 잘못된 것이라는 결론에 이를 수는 없다. 우리는 다만 이 문제를 극복하기 위해 이 문제에 관한 새로운 접근이 필요하다는 것을 제안할 수 있을 것이다.

제3장 퍼트남과 철학의 재건*

오늘날 철학은 길을 잃었는가? 퍼트남(H. Putnam)은 그렇다고 대답한다. 철학이 길을 잃었다는 것은 철학이 본래 가야 할 길이 어떤 형태로든 있다는 것을 암시한다. 퍼트남에 따르면 객관주의자들은 있지도 않은 외길만을 고집하는 반면, 극단적인 상대주의자들과 회의주의자들은 어떤 길로 가든 상관없다고 주장한다. 퍼트남은 이 두 견해 모두 피할 수 없는 난점을 불러온다고 보며, 이 두 견해 사이의 이분법적 대립이라는 딜레마를 극복하려고 한다. 이것이 오늘날 철학의 방향성과 관련해서 퍼트남이 지적하는 문제 상황이며, 동시에 그의 '내재적 실재론'이 해결하려는 핵심적 과제이기도 하다.

객관주의(objectivism)[1]는 플라톤 이래로 여러 가지 변형을 통해 서구 지성사의 지배적 주류를 이루어 왔으며, 20세기의 현상학과 논리실증주의도 이 객관주의의 또 하나의 전형적 표현이다. 그러나 1960년대를 전후한 논리실증주의의 붕괴는 철학적 논의의 장에 일종의 분기 현

---

* 이 글은 1996년도 철학연구회 추계발표회에서 처음 발표되었다. 이 글에 대해 논평해 주신 김선희 박사님과 추가적 논의의 방향을 보완해 주신 엄정식 교수님께 감사드린다.

1) 번스타인은 객관주의를 "합리성, 지식, 진리, 실재, 선, 또는 옳음의 본질을 결정하는 데 우리가 궁극적으로 의지해야 할 항구적이고 초역사적인 모형 또는 틀이 있으며, 또 있어야만 한다는 기본적 신념"이라고 정의한다. Richard Bernstein, *Beyond Objectivism and Relativism: Science, Hermeneutics, and Praxis* (Philadelphia: University of Pennsylvania Press, 1983), p. 8.

상을 불러왔다. 논리실증주의의 붕괴 이후에 주류라고 합의할 만한 대안적 논의가 제시되지 않고 있으며, 여기에 상대주의적 논의의 급속한 확산은 이러한 분기 상황을 첨예화시키고 있다.

그러나 객관주의의 붕괴와 함께 제기되는 새로운 난제는 상대주의가 극단적 형태로 나타날 경우, 그 자체로 자가당착적이 되며, 나아가 허무주의를 초래한다는 사실이다. 실제로 한 이론이 객관주의에 대한 강력한 비판일수록 그만큼 강한 상대주의적 성격을 띠게 된다. 이러한 상황에서 객관주의 아니면 상대주의라는 이분법적 대립은 마치 피할 수 없는 이론적 딜레마처럼 보이게 된다. 퍼트남은 자신이 객관주의의 거부와 함께 상대주의적 전향에 일정한 몫을 담당하고 있지만 그가 여전히 경계하는 것은 '극단적 또는 허무주의적 상대주의'에로의 전락이다. 그는 이러한 유형의 상대주의가 '정신적 자살'이라고 단언한다.[2)]

퍼트남의 내재적 실재론은 객관주의와 상대주의라는 이 두 극단 사이의 중간 지대를 제시함으로써 이분법적 사고를 해체하려는 시도이며, 최근까지 그의 지속적인 작업은 이 기본적 틀 안에서 오늘날 성행하는 양극단의 이론들에 대한 비판적 검토에 초점이 맞추어지고 있다.[3)] 퍼트남의 이러한 작업을 통해 중요하게 부각되는 두 철학자는 듀

---

2) Hilary Putnam, *Reason, Truth and History* (Cambridge: Cambridge University Press, 1981), p. 122.

3) *Reason, Truth and History* 이후에도 퍼트남은 지속적인 탐구를 통해 *The Many Faces of Realism* (La Salle, Ill.: Open Court, 1987); *Representation and Reality* (Cambridge, Mass.: MIT Press, 1988); *Realism with a Human Face*, ed. James Connant (Cambridge, Mass.: Harvard University Press, 1990); *Renewing Philosophy* (Cambridge, Mass.: Harvard University Press, 1992); *Words and Life*, ed. James Connant (Cambridge, Mass.: Harvard University Press, 1994); *Pragmatism: An Open Question* (Oxford: Blackwell, 1994) 등을 출간했다. 그러나 부분적인 수정—특히 진리

이(J. Dewey)와 후기 비트겐슈타인(L. Wittgenstein)인데, 우리는 이들의 철학적 성향을 한데 묶어 '실용주의적'이라고 말할 수 있을 것이다. 오늘날 철학적 논의의 난맥상에 비추어 볼 때 기본적으로 퍼트남이 제안하는 실용주의적 방향성은 그 자체로 설득력 있는 제안이라고 할 수 있다. 그러나 퍼트남이 유지하고 있는 내재적 실재론은 그러한 방향성에 적절하게 화해될 수 없는 몇몇 난점들을 안고 있다는 사실이 여전히 중요하게 지적되어야 할 것이다. 한편 이러한 퍼트남의 작업은 전통적 의미에서 새로운 철학적 이론을 구성하려는 것이 아니라 하나의 '철학적 그림'을 제시하려는 것이다. 그는 이러한 그림의 제시를 통해 대안적 이론 구성이라는 실질적 과제를 우리에게 남겨 두고 있는 것이다.

1. 철학의 이중적 본성과 객관주의적 유혹

"개략적인 현대 철학사"[4]라고 불릴 만큼 자신의 입장을 자주 바꾸어

개념의 변화와 인과적 지칭 이론의 후퇴—에도 불구하고 그의 입장은 '내재적 실재론'이라는 기본적 틀을 벗어나지 않고 있다.

4) John Passmore, *Recent Philosophers* (La Salle, Ill.: Open Court, 1985), p. 97. 퍼트남은 자신의 초기에 '기능주의'(functionalism)를 제창했지만, 후일 스스로 기능주의에 대한 강력한 비판자가 되었으며, 초기의 과학적 실재론에 대해서도 유사한 태도를 보인다. 철학사를 통해 위대한 철학자들의 전환에 가까운 입장 변화를 찾아보기는 쉽지만 퍼트남의 경우는 그 빈도에 있어서 특별하다고 말할 만하다. 퍼트남의 이러한 빈번한 입장 변화 때문에 오늘날에는 그의 이름인 '힐러리'(Hilary)를 '뛰어난 철학자의 지적 경력 중 짧지만 중요한 기간'이라는 의미의 보통 명사처럼 사용해서 "그것은 서너 힐러리 전의 나의 입장"(That is what I thought three or four hilaries ago)이라는 희화적 표현이 가능하게 되었다고 한다. Daniel Dennett, *The Philosophical Lexicon* (American Philosophical Association, 1987), p. 11. James Connant, "Introduction," *Realism with a Human Face*, p. xxxviii의 각주 65 재인용.

왔던 퍼트남의 철학자로서의 고뇌는 무엇일까? 그는 자신의 빈번한 입장 변화가 단순히 하나의 이론에서 다른 이론으로의 전향이 아니라 "철학의 본성에 관한 대립적 견해들" 사이에서의 갈등 때문이라고 말한다[5)]아마도 퍼트남의 이러한 방황은 비트겐슈타인의 말처럼 "나는 길을 알지 못한다"는 철학적 덫에 사로잡힌 철학자의 모습인지도 모른다.[6)]

퍼트남은 본성상 철학적 문제에 근원적 해결이 있을 수 없다고 생각한다. 그는 철학적 문제들이 인간의 본래적 조건에 의해 불가피하게 발생하는 것이라고 본다. 역설적으로 말하면 철학적 문제는 본성적으로 해결되지 않으리라는 이유 때문에 성립한다. 그럼에도 우리는 왜 여전히 철학적 문제들을 중요하게 다루어야 하는 것일까?

> 나는 철학의 과제가 형이상학을 극복하는 것이라는 생각과 함께 철학의 과제가 형이상학적 논의를 계속하는 것이라는 생각이 공존한다는 것을 삶에 있어서 하나의 사실로 받아들인다. …… 물론 철학적 문제들은 해결 불가능하다. 그러나 카벨(S. Cavell)의 말처럼 "그것들에 관해 생각하는 더 좋은 방식과 더 나쁜 방식이 있다."[7)]

스스로 대립적 견해들 사이에 방황했던 퍼트남은 이제 철학적 문제들에 대한 명료한 해결이 아니라 이 문제들에 대한 더 나은 이해의 방

---

5) Putnam, *Representation and Reality*, p. xii.

6) 루드비히 비트겐슈타인, 『철학적 탐구』, 이영철 역 (서울: 책세상, 2006), 123절 참조.

7) Putnam, *Realism with a Human Face*, p. 19. 또한 같은 맥락에서 퍼트남은 다음과 같이 말한다. "철학은 궁극적 해결로 귀결되는 주제가 아니다. 최근의 견해 …… 가 여전히 수수께끼를 명료하게 해소시키지 못한다는 것을 알게 되는 것은 어떤 노력이 잘 수행되었을 때 그 노력의 특성이다." Putnam, *Representation and Reality*, p. xii.

식들을 진지하게 탐구하는 것이 철학의 과제라고 간주한다. 이러한 관점에서 그가 나쁜 방식들로 간주하는 것이 객관주의적 이론들과 극단적인 상대주의적 이론들이다.

퍼트남은 이러한 관점에서 오늘날 성행하는 여러 형태의 이론들을 두 갈래의 극단으로 나누어 비판한다. 그가 비판하는 극단의 한편에는 형이상학적 실재론, 유물론, 기능주의, 인과주의 등의 과학주의적 또는 환원주의적 이론들이 있으며, 다른 한편에는 극단적인 '해체론', '상대주의', '회의주의' 등으로 불리는 견해들이 자리 잡고 있다. 퍼트남은 이 두 집단에 대해 전자를 우익, 후자를 좌익이라고 부르기도 한다. 퍼트남 자신의 반복적인 입장 변화는 대체적으로 우익에서 좌익 방향으로의 점진적 이행이라고 할 수 있지만, 현재의 그는 이 두 극단의 중간 지대의 어디인가에서 멈추기를 원한다. 그가 추구하는 이러한 중간 지대는 하나의 철학적 이론이라기보다는 일종의 '메타 철학적 관점'이라고 말할 수 있으며, 그는 이러한 관점의 확립을 통해 이 두 극단을 이분법적으로 이해하려는 사고의 틀을 깨뜨릴 수 있다고 생각한다.

먼저 퍼트남이 비판하려는 객관주의적 이론들은 오늘날 과학주의적 환원주의라는 형태로 성행한다. 세계에 대한 단일한 객관적 해명에 대한 희망은 오랜 역사를 갖지만, 특히 근대 과학의 성립과 함께 커다란 진전을 본 물리학은 세계의 구조와 관계의 포괄적인 설명에 대해 더 큰 희망을 불러왔다. 이러한 믿음은 20세기의 급속한 과학적 성과에 힘입어 '과학주의'(scientism)라는 믿음으로 나타난다. 이들이 공유하는 것은 세계에 관한 다양한 설명들이 단일하고 체계적인 과학적 법칙으로 수렴될 수 있다는 생각이다. 이러한 과학주의의 바탕에는 환원주의가 자리 잡고 있으며 동시에 그것은 유물론적 성향을 갖는다.[8)]

이러한 성향은 오늘날 인공지능 문제를 다루는 철학자들에게서 흔히 드러난다. 인공지능 분야에서 오늘날 가장 성행하는 이론은 퍼트남이 과거에 주도했던 '계산적 기능주의'라고 할 수 있는데, 이 입장은 인간의 마음을 마치 컴퓨터 작동과 같은 것으로 가정한다. 이들은 현재의 기술적 제약에도 불구하고 기술의 발달과 함께 인공지능의 건설이 가능할 것이라는 낙관적 신념을 공유한다.

계산적 모형에 의거한 인공지능의 건설이 결코 성공할 수 없다는 퍼트남의 논변은 크게 두 가지로 요약될 수 있다. 먼저 귀납적 사고는 우리 사고의 중요한 부분을 차지하며, 이러한 사고에는 관련된 사례들 사이의 유사성 식별이 필수적이다. 퍼트남은 비트겐슈타인의 '가족유사성'(family resemblance) 개념을 빌어 이러한 유사성이 필요충분조건에 의해 결정되지 않는다는 사실을 지적하고, 이 때문에 인공지능이 귀납적 유형의 사고를 구성할 수 없다고 주장한다.[9)]

한편 퍼트남은 언어 사용의 문제를 제기한다. 즉 성공적인 인공지능의 건설은 총체적 인간의 지적 능력의 시뮬레이션을 필요로 한다. 그러나 언어 사용은 언어와 관련된 모든 비언어적 행동 방식까지도 포함해야 한다는 점에서 인공지능의 건설은 근원적으로 불가능하다는 것이다.[10)] 그러나 퍼트남은 인공지능 건설에 대한 비관론이 인간의 두뇌에 대한 이해와 기술의 가능성을 전적으로 부정하는 것은 아니라고 보며, 인간의 마음에 대해 이러한 환원주의적 가정을 넘어선 이해의 가능성

---

8) 퍼트남은 '과학적'이라고 자처하는 철학자들의 편견을 지적하고 이러한 편견이 과학에 대한 경외와 유물론적 이데올로기를 혼동한 결과일 뿐이라고 지적한다. Putnam, *Words and Life*, p. vi.

9) Putnam, *Renewing Philosophy*, pp. 10~11.

10) 같은 책, pp. 16~18 참조. 퍼트남은 이러한 논변이 촘스키(N. Chomsky)와의 대화에서 비롯된 것이라고 밝히고 있지만 아마도 우리는 비트겐슈타인에게서도 동일한 논변을 끌어올 수 있을 것이다.

은 여전히 열려 있음을 강조한다.

퍼트남은 또 하나의 유물론적 설명의 유형으로 포더(J. Fodor)의 지칭에 대한 인과론적 설명을 비판한다.[11] 포더는 표상과 세계의 관계를 '인과적 접촉'(causal attachment)으로 설명하려고 한다. 즉 포더의 논의는 "고양이는 '고양이' 표지(tokening)의 원인이다"라는 명제를 하나의 인과적 법칙으로 옹호하려는 것이다.

퍼트남이 포더의 이론에 대해 제기하는 문제는 다만 고양이만이 '고양이' 표지의 원인이 되는 것이 아니라 고양이 그림, 고양이 동상, 고양이 울음소리 등도 '고양이' 표지의 원인이 될 수 있다는 것이다. 이 문제에 대한 포더의 대답은 "고양이가 '고양이' 표지의 원인(①)이 아니라면 고양이 울음이 '고양이' 표지의 원인(②)일 수 없다"는 것이다. 즉 ①과 ②는 비대칭적 의존 관계에 있으며, 따라서 ②는 ①이 없이는 성립하지 않는다는 것이다. 따라서 포더는 고양이가 '고양이' 표지의 원인이 아니라면 그것은 '고양이'라는 단어가 고양이를 지칭하지 않기 때문일 공산이 크다고 주장한다. 그러나 퍼트남은 다시 포더가 이 의존 관계의 비대칭성—즉 고양이가 고양이 울음보다 인과적인 우선성을 갖는다는—을 증명하기보다는 당연한 것으로 간주하고 있다고 비판한다. 퍼트남은 포더를 전면적인 환원주의자라고 간주하지는 않지만 적어도 의도적 · 정신적인 것을 물리적인 것으로 환원하려고 시도한다는 점에서 환원주의적 태도를 드러낸다고 본다. 그리고 이 환원주의적 시도가 결코 성공할 수 없다는 것이 퍼트남의 결론적 주장이다.[12]

---

11) 같은 책, 3장 참조.

12) 퍼트남은 자신과 크립키(S. Kripke)가 제시했던 '인과적 지칭 이론'이 포더의 이론과 다른 점은 포더와는 달리 지칭 문제를 인과 개념으로 환원시키려고 시도하지 않았다는 점이라고 지적한다. 같은 책, p. 160, 각주 5 참조. 그러나 필자의 생각으로는 퍼트남이 일

퍼트남의 시각에서 이러한 이론들은 공통적으로 해당 주제들에 대해 단일한 법칙적 해명을 목표로 한다. 그러나 '법칙적인 것'을 우리의 정당한 지식의 기준으로 설정할 경우에 '의도적인 것'에 대한 해명은 심각한 어려움에 직면하게 된다. '의도적인 것'의 특징은 우선 그것이 물리 법칙의 적용을 정면으로 거부한다는 점이다. 이 때문에 의도적인 것은 비법칙적인 것으로 간주되어 지식의 영역을 벗어나거나, 아니면 법칙적인 어떤 것으로 환원됨으로써 정당한 지식의 범주에 포함되어야 하는 이분법적 딜레마에 처하게 된다. 여기에서 우리는 다시 서구 지적 전통의 바탕을 이루는 강력한 '인식주의적 요구'를 보게 된다. 즉 정당한 인식은 법칙적인 것이며, 다시 법칙적인 것은 정당하게 인식적이다.

이러한 난점을 극복하는 하나의 방식은 법칙적인 것과 비법칙적인 것에 대한 해명에 각각 고유한 정당성을 인정하는 다원주의(pluralism)를 수용하는 것이다. 그리고 퍼트남은 이러한 다원주의가 가능한 동시에 필요하다고 보며, 그 모범을 멀리는 칸트에게서, 가깝게는 비트겐슈타인에게서 찾는다. 그러나 퍼트남이 수용하는 다원주의는 허무주의적 상대주의를 어떻게 극복할 수 있을까? 다음 절에서는 로티의 철학에 대한 퍼트남의 견해를 살펴봄으로써 퍼트남이 다원주의와 극단적 상대주의 사이에 어떤 방식으로 차별성을 제시하는지를 살펴볼 것이다.

관성 있게 후기 비트겐슈타인적 시각에 근접하기 위해서는 자신의 인과적 지칭 이론을 근원적으로 포기해야 할 것으로 본다.

2. 로티와 철학의 가능성

단일한 객관적 진리에 대한 믿음은 논리실증주의의 붕괴와 함께 적어도 오늘날 철학적 논의에서 주류로서의 위치를 잃은 것으로 보인다. 그리고 철학계의 이러한 변화에 중요한 역할을 했던 하나의 흐름은 프랑스를 중심으로 확산된 '포스트모던'이라고 불리는 일련의 급진적 이론들이다. 영어권 안에서 이러한 흐름에 주도적인 기여를 하고 있는 철학자는 로티(R. Rorty)이다. 퍼트남은 몇몇 중요한 문제, 특히 객관주의적 진리 개념의 거부에 있어서 로티의 시각에 동조하지만 동시에 그는 로티의 전반적 철학 개념에 대한 가장 강력한 비판자의 한 사람이기도 하다.

『철학과 자연의 거울』[13]에서 제기된 로티의 급진적 철학 비판은 철학의 정체성과 관련해서 가열된 논란을 불러왔다. 로티는 로크-데카르트-칸트로 이어지는 전통적 인식론의 기본적 가정에 대한 전면적이고 근원적인 비판을 통해 인식론이라는 프로그램 자체를 철학적 논의에서 추방하려고 시도한다. 그는 근세철학을 사로잡았던 '회의주의에 대한 우려'의 뿌리가 바로 이 인식론적 구도에 있다고 본다. 로티는 철학을 이러한 회의주의적 우려로부터 해방시키려고 하며, 그것이 인식론의 해체를 통해서 가능하다고 본다.

로티는 전통적인 토대주의적 인식론이 '표상'(representation)이라는 관념에 근거하고 있다고 생각하며, 따라서 이 관념의 해체를 통해 전통적인 인식론 자체를 무너뜨릴 수 있다고 본다. 즉 전통적인 인식론은

---

13) Richard Rorty, *Philosophy and the Mirror of Nature* (Princeton, N.J.: Princeton University Press, 1979).

우리의 마음을 마치 거울처럼 이 세계를 반영하는 도구로 간주하며, 이 정확한 반영이 인식론의 핵심적 주제가 되었다. 표상 개념의 거부는 진리 대응설의 거부로 이어지며, 이것은 다시 진리 대응설에 근거한 단일한 진리 개념의 거부를 의미한다.

로티의 급진적 비판이 단일한 객관적 진리에 대한 희망을 포기하도록 설득하는 데 중요한 기여를 한 것은 사실이다. 그러나 우리에게 새로운 쟁점으로 제기되는 것은 로티가 이러한 비판을 토대로 제시하는 새로운 철학 개념이다. 로티는 근원적으로 철학이 모든 이론화나 체계화를 거부하고 다만 '치유적 활동'으로 만족해야 한다고 주장한다. 사실상 치유로서의 철학 개념 자체가 전적으로 새로운 것은 아니다. 그것은 이미 듀이에게서도, 비트겐슈타인에게서도, 나아가 넓게는 거의 모든 철학자들에게서도 중요한 주제로 드러난다. 그러나 로티의 주장의 급진성은 단순히 치유로서의 철학 개념을 수용한다는 사실이 아니라 동시에 이론화나 체계화라는 철학의 체계 건설적 역할을 근원적으로 부정한다는 데 있다. 이 때문에 많은 비평가들은 이러한 로티의 철학을 '대안 없는 해체'라고 비판한다.

로티의 이러한 급진적 견해는 그 동안 몇 차례에 걸쳐 퍼트남과의 논쟁을 불러왔다. 논쟁의 핵심은 로티의 '철학 이후의 철학'(post-Philosophical philosophy) 또는 '교화철학'(edifying philosophy)이 제시하는 진리 개념이 과연 허무주의적 상대주의에로의 이행을 막을 수 있는지의 문제다. 로티는 이 문제에 있어서 자신의 입장이 퍼트남의 내재적 실재론을 좀 더 극단화시킨 것일 뿐이라고 주장하겠지만,[14] 퍼트남은

14) Rorty, *Objectivity, Relativism, and Truth: Philosophical Papers 1* (Cambridge: Cambridge University Press, 1991), pp. 24~25 참조.

로티에게 허무주의적 상대주의에 대한 제약의 가능성이 없다고 본다. 퍼트남은 이렇게 말한다.

> 로티의 현재의 '입장'은 그것이 하나의 입장이라기보다는 어떤 입장의 환상이나 환영(mirage)이라 할 수 있다. 이러한 점에서 그것은 마치 유아론과 흡사한데, 이는 멀리서 볼 때에는 (믿을 수 없는 것이기는 하지만) 가능해 보이지만 좀 더 면밀히 검토해 보면 허공으로 사라져 버린다. 사실상 로티의 견해는 '나' 대신에 '우리'를 사용하는 유아론이다.[15)]

예를 들면, 로티는 진리를 전적으로 '사회 구성원의 합의'의 문제라고 본다. 그러나 이러한 진리관의 문제는 그것이 전혀 규범성을 갖지 못한다는 점이다. 따라서 이러한 진리는 극도로 분기되어 나타날 수 있으며, 퍼트남은 로티가 그러한 허무주의적 분기를 막는 어떠한 제약도 제시하지 못한다고 비판한다. 말하자면 사회의 단위가 점차 작아져서 한 사람으로 구성된 사회는 그 사람만의 진리를 갖게 될 것이다. 이러한 입장은 그 자체로서 자가당착적이다. 퍼트남의 말처럼 만약 "나의 문화적 동료들 대부분은 상대주의가 옳다는 데 동의하지 않을 것이다"라는 진술이 참이라면 상대주의자 자신의 기준에 의해 상대주의는 참이 아니다.[16)]

그렇다면 퍼트남 자신이 제시하는 제약은 무엇일까? 퍼트남은 로티와 함께 진리가 우리의 개념체계 또는 상이한 관심들에 상대적이라는 점에 동의한다. 그러나 퍼트남은 그러한 주장이 "모든 관심이 동등하게

---

15) Putnam, *Realism with a Human Face*, p. ix.

16) Putnam, *Renewing Philosophy*, p. 71.

합리적"이라는 결론으로 나아가지는 않는다고 말한다. 즉 진리가 전적으로 우리의 개념체계에만 의존하는 것은 아니라는 것이다. 내재적 실재론에서 퍼트남이 제시하는 제약은 '세계로부터의 입력'이다. 즉 우리의 인식, 그리고 진리가 우리의 관심과 개념체계에 의해서만 결정되지 않는다는 것이다. 그래서 그는 "마음과 세계가 공동으로 마음과 세계를 구성한다"[17]고 말한다.

퍼트남이 말하는 '세계로부터의 입력'이란 무엇인가? 세계와 마음의 역할이 각각 무엇인지에 대한 물음에 대해 퍼트남은 그것을 명확히 구분하려는 시도는 '구분의 오류'를 범하는 것이며, 그러한 낡은 유혹에 빠지는 것은 항상 재앙을 불러올 뿐이라고 답변한다.[18] 그러나 이것은 우리의 물음에 대한 진정한 답변이 아니라 우리의 물음을 피하는 하나의 임기응변일 뿐이다. 퍼트남은 이 문제에 대해 명확한 답변을 제시하지 않고 있으며, 또한 그럴 수도 없을 것이다. 왜냐하면 내재적 실재론에 따르면 우리에게 입력으로서 주어지는 그 세계는 반드시 존재해야 하면서도 결코 지칭되는 방식이 주어지지 않은 미지의 세계이기 때문이다. 여기에서 퍼트남의 '개념에 오염되지 않은 세계'는 칸트의 '물 자체'와 동일한 딜레마를 불러온다. 적어도 이 문제에 관한 한 퍼트남은 칸트에 너무 근접하고 있는 것으로 보인다. 말하자면 퍼트남은 내재적 실재론을 통해 칸트적 '인식'의 문제를 '지칭'이라는 말로 재구성하고 있으며 이 때문에 물 자체라는 딜레마로 되돌아오게 된 것이다.[19]

---

17) Putnam, *Reason, Truth and History*, p. xi.

18) Putnam, *Renewing Philosophy*, p. 58. 여기에서 퍼트남은 "우리가 세계에 대해서 말하는 것은 우리의 개념적 선택과 관심을 반영하지만, 그것의 참이나 거짓은 단순히 우리의 개념적 선택이나 관심에 의해 결정되지는 않는다"고 말한다.

19) R. C. S. Walker, *The Coherence Theory of Truth: Realism, Anti-Realism, Idealism*

이러한 난점에도 불구하고 퍼트남은 우리의 기술과 독립된 세계의 존재를 인정하고 인식에서 그 세계의 역할을 인정함으로써 우리의 철학이 "근거 없는 수사학"(ungrounded rhetoric)[20]으로 나아가는 것을 막을 수 있다고 본다. 퍼트남은 다음과 같이 말한다.

> 내가 생각할 때 철학에서 중요한 것은 "나는 실재론/반실재론 논쟁을 거부한다"고 말하는 것이 아니라 어떻게 그 양편이 개념과 함께 살아가는 우리의 삶을 잘못 표상하는지를 보여 주는 일이다. 어떤 논쟁이 '공허하다'는 것은 그 경쟁적 구도들이 중요하지 않다는 것을 뜻하지 않는다. …… 나는 철학이 로티가 생각하는 것보다 더 중요하며 동시에 덜 중요하다고 생각한다.[21]

로티에게 철학은 그릇된 문제를 해소하는 작업일 뿐이다. 그래서 그에게는 대안적인 이론화나 체계화는 불필요한 어떤 것이다. 그러나 우리는 여전히 그릇된 문제가 왜 그릇되었는지를 이론적으로 말하며, 또 그러한 비판을 체계화할 수도 있다. 우리는 퍼트남의 비판이 아니라 하더라도 왜 그러한 작업이 철학에서 가능하지 않은지를 여전히 로티에게 물을 수 있을 것이다.

유사한 맥락에서 퍼트남은 데리다의 해체에 대해서도 더욱 강한 우려를 표명한다. 그는 데리다가 전통적인 형이상학을 우리의 언어나 문화와 동일시함으로써 형이상학의 해체를 통해 우리의 언어나 문화도 함께 해체된 것으로 간주한다고 비판한다.[22] 데리다에 의하면 형이상

(London: Routledge & Kegan Paul, 1989), p. 186 참조.

20) 김동식은 궁극적 지반이 결여된 로티의 철학을 이렇게 부른다. 김동식, 『로티의 신실용주의』(서울: 철학과 현실, 1994), p. 471 참조.

21) Putnam, *Realism with a Human Face*, p. 20.

학은 우리의 전 문화를 지탱하는 토대의 역할을 하고 있으며, 따라서 형이상학의 붕괴가 전 문화의 붕괴를 의미하는 것으로 본다. 그러나 퍼트남은 특정한 형이상학이 제공하는 특정한 실재, 그리고 그것에 관한 특정한 기술 또는 유일한 기술의 가능성이 거부된다고 하더라도 여전히 "우리가 만들지 않은 실재를 이해하고 또 이해할 수 있다"[23]고 말한다. 그는 여전히 우리의 개념 또는 기술에 앞서 존재하는 '개념 이전의 세계'에 대한 확고한 믿음을 갖고 있는 것이다.

퍼트남은 모든 기술이 우리의 관심에 상대적이라는 사실을 인정한다 하더라도 여전히 그 기술이 어떤 형태로든 존재하고 있는 '기술 이전의 세계에 관한 것'이라고 생각한다. 따라서 퍼트남에게는 우리의 모든 기술을 폐기한다 하더라도 여전히 남게 될 '세계 자체'가 있다. 이러한 퍼트남의 관점에서 본다면 진리 문제를 전적으로 언어의 문제로 간주하는 로티의 주장은 허무주의적 상대주의를 향한 위험한 시도다. 한편 이러한 퍼트남에게 데리다의 진리 개념 자체의 해체는 더욱더 위험스러운 작업이다. 따라서 퍼트남은 우리가 다루어야 할 아무것도 남겨 주지 않는 데리다의 해체가 철학의 가능성을 거부하고 "허무주의로 이행해 가는 극단적인 선택"[24]이며, 재건을 예기하지 않는 "철학적 무책임"일 뿐이라고 단정한다.[25]

---

22) Putnam, *Renewing Philosophy*, p. 124.

23) 같은 곳.

24) 같은 책, p. 72. 데리다의 해체가 철학의 가능성을 봉쇄한다는 퍼트남의 주장은 다소 성급해 보인다. 해체는 그 자체로 철학의 재건에 대한 부정도 긍정도 아니다. 데리다가 해체하려는 것은 존재, 진리, 선 등의 전통적인 철학적 개념들의 근원적 개념화 방식이지만 이러한 작업이 철학적 작업 자체를 부정을 의미하는지는 또 다른 차원의 문제라고 생각된다.

25) 같은 책, p. 133.

3. 실용주의적 전환: 듀이와 비트겐슈타인

퍼트남은 오늘날 많은 철학자들과 함께 단일하고 객관적인 세계 기술이 가능하지 않다는 믿음을 공유한다. 그러나 퍼트남이 우려하는 것은 이러한 신념이 종종 자가당착적 상대주의나 극단적인 회의주의로 나아간다는 사실이다. 퍼트남의 생각으로는 로티와 데리다가 그러한 극단을 향하고 있다. 대신에 퍼트남은 이러한 이중적 난점을 피하는 중간적이고 건설적인 철학적 논의의 가능성을 추구한다. 이러한 과정에서 퍼트남에 의해 중요하게 부각되는 두 철학자가 바로 듀이와 비트겐슈타인이다. 우리는 이러한 퍼트남의 방향성을 포괄적으로 '실용주의적'이라고 요약할 수 있을 것이다.

그렇다면 듀이나 비트겐슈타인의 사유에는 어떤 건설적인 철학적 논의의 가능성이 남아 있는 것일까? 퍼트남은 비트겐슈타인이 진실성과 정열, 그리고 타인의 삶의 형식을 이해하려는 지속적 노력을 통해 객관주의와 상대주의의 이중적 유혹을 극복하고 있다고 본다. 한편 그는 민주주의에 대한 듀이의 성찰이 현 상태에 대한 선전으로 전락하지 않는다는 점에서 하나의 철학적 모범이 될 수 있다고 본다.[26] 그리고 퍼트남은 이 두 철학자가 진지하고 솔직한 철학적 사색을 통해 '해체'라는 화려한 구호 없이도 우리의 편견, 편벽 그리고 맹점 등을 일깨워 준다는 점에서 공통성을 찾는다.[27]

퍼트남이 특히 듀이를 비롯한 실용주의자들에게서 관심을 갖는 중요한 주제들은 '반회의주의', '오류주의'(fallibilism), '사실/가치 이분법

---

26) Putnam, *Renewing Philosophy*, p. 198 참조.
27) 같은 책, p. 200 참조.

의 거부', '철학에서 실천의 우선성' 등이다[28] 일견 반회의주의와 오류주의는 양립 불가능한 입장처럼 보인다. 그러나 이 문제에 대해 퍼트남은 다음과 같이 설명한다.

> 이 문제는 미묘한 (어떤 사람은 불가능하다고 말한다) 균형 잡기처럼 보이겠지만 그것은 우리가 살아가는 상황을 대변한다. 우리가 일상적 실재에의 접근이 오류 불가능성을 요구하지 않는다는 것을 깨닫는다면—우리로 하여금 그것을 깨닫게 하기 위해 퍼스, 제임스, 듀이 모두가 노력했던 것처럼—불가능이라는 분위기는 어느 정도 사라질 것이다. 오류주의는 모든 것을 의심하도록 요구하지 않는 만큼 다만 그래야 할 타당한 이유가 있을 때 어떤 것이든 기꺼이 의심할 것을 요구한다! 지각이 때로 틀린다는 사실이 틀리지 않는 지각이 '현상'의 참된 지각이라는 것을 보여 주지는 않는다.[29]

퍼트남은 실용주의자들이 이 문제에 대해 명료한 답을 제시하기보다는 이 두 입장을 이분법적으로 이해하려는 전통적 관점을 벗어나려는 시도라는 측면에서 주목한다. 여기에서 우리는 퍼트남이 읽어낸 실용주의자들과 치유를 통한 철학적 문제들의 '해소'라는 비트겐슈타인의 시각이 마주치는 것을 알 수 있다.

한편 퍼트남은 '일상성'에 복귀함으로써 철학적 관점들의 혼란과 분규를 잠재우려 했던 비트겐슈타인의 태도를 높이 평가한다. 퍼트남이 비트겐슈타인을 따라 우려하는 것은 과도한 철학적 이론화에 의한 관점들의 혼란과 분규이며 그것들이 일상성에로의 복귀를 통해 제거되어

28) Putnam, *Words and Life*, p. 152.

29) Putnam, *Pragmatism*, p. 21.

야 한다고 본다. 이러한 맥락에서 그는 우리가 '의도적 순수성'(deliberate naiveté)으로 되돌아가야 한다고 주장한다.[30] 그렇지만 현재의 퍼트남에게 이 일상성으로의 복귀는 아직 머나먼 길로 보인다. 예를 들어, 퍼트남이 진정으로 비트겐슈타인의 일상성을 지향한다면 '개념에 오염되지 않은 세계'라는 개념을 포기해야만 하며, 이 개념의 포기는 적어도 내재적 실재론의 핵심적 구도를 근원적으로 수정해야 한다는 것을 의미한다.

그렇다면 일상성에로의 복귀는 무엇을 말하는가? 예를 들면, 회의주의에 대한 비트겐슈타인의 대처 방식은 일상성을 넘어선 과도한 회의주의적 태도에 대해 그 유용성을 되묻는 것이다. 그리고 이때 비트겐슈타인이 의지하는 유용성은 이 세계 안에서의 우리의 실제적 삶에 의거한 유용성이다. 이 세계는 개념체계 저편에 놓여 있는 미지의 실재가 아니라 우리의 삶의 현장으로서의 세계다. 여기에서 퍼트남의 세계와 비트겐슈타인의 세계는 너무나 큰 거리를 갖고 있다.

필자는 '세계'라는 개념에 관한 한 퍼트남의 내재적 실재론이 기본적으로 로티가 지적하는 것처럼 전통적인 인식론의 구도에서 벗어나지 못하고 있다고 본다. 말하자면 퍼트남은 객관주의가 객관성의 근거를 '개념 이전의 세계'에서 찾는 반면 상대주의가 상대성의 근원을 '마음'(또는 개념체계)에서 찾고 있다고 가정하는 것이다. 이러한 구도 안에서 퍼트남의 내재적 실재론은 이 양측 사이의 미묘한 샛길을 찾으려고 한다. 그러나 앞장에서 상세하게 논의했던 것처럼 이러한 시도는 여전히 전통적인 세계/관찰자의 분리 구도를 부분적으로 수정하는 형태일 뿐이며, 이 때문에 그는 '세계 자체'라는 딜레마를 벗어나지 못한다.

---

30) Putnam, *Words and Life*, p. 284.

이 문제로부터 근원적으로 벗어나려는 실마리는 이미 듀이에 의해 제시되고 있다.[31] 필자는 퍼트남이 진정으로 듀이적 실용주의에 접근하려고 한다면 전통적 이원론에 대한 듀이의 비판에 좀 더 신중하게 귀 기울일 필요가 있다고 본다. 즉 듀이는 전통적 인식론의 근원적 문제는 세계와 관찰자를 구분하는 이원론에 있으며, 그것이 불러오는 부정적 귀결로 '방관자적 지식 이론'을 지적한다.[32] 이러한 이원론의 극복을 위한 핵심적인 열쇠는 인간이 몸을 가진 유기체로서 이 세계에 직접 접촉하고 있다는 사실에 주목하는 데 있다. 즉 인간은 다만 인식 주체인 순수한 마음의 존재로서 단순히 세계의 관찰자가 아니라 이미 몸을 통해 이 세계 안에 존재하며, 세계와 끊임없이 상호작용하는 유기체적 존재다. 말하자면 우리는 처음부터 끝까지 신체화된 존재다. 퍼트남의 내재적 실재론은 여전히 문제의 소재를 마음과 세계의 관계에서 찾고 있지만, 마음과 세계의 관계라는 생각 자체는 이미 듀이가 거부하는 '세계와 관찰자'의 분리를 전제하고 있는 것이다.

한편 필자는 퍼트남이 건설적 철학적 논의의 가능성을 연속성의 원리에 토대를 둔 듀이의 '자연주의적 형이상학'(naturalistic metaphysics)에서 찾아야 한다고 본다. 로티는 듀이가 체계 건설과 치유라는 양립 불가능한 목표를 추구한다고 비판하지만,[33] 듀이는 그것들이 병행될 수 있다고 보았다. 그러나 듀이가 추구했던 체계 건설이란 절대주의적이거나 초월적인 어떤 것이 아니다. 듀이에게 있어서 구체적인

---

31) 이 문제에 관해서는 이 책 6장 「로티의 듀이 해석」에서 좀 더 상세하게 다루고 있다.

32) John Dewey, *The Quest for Certainty: The Later Works, 1925~1953*, Vol. 4, ed. Jo Ann Boydston (Carbondale, Ill.: Southern Illinois University Press, 1988), p. 19.

33) Rorty, "Dewey's Metaphysics," in his *Consequences of Pragmatism: Essays 1972~1980* (Minneapolis: University of Minnesota Press, 1980), p. 73.

논의는 경험과학에 대한 관심으로 나타난다. 그는 경험적 탐구에 토대를 두고 있으면서도 보다 더 일반적인 층위의 탐구가 가능하다고 보았으며, 그것을 철학의 과제라고 생각했다.[34] 우리가 '완결된 체계'라는 희망을 포기한다 하더라도 그것이 보다 더 일반적인 차원의 해명의 가능성을 부인하는 것은 아니기 때문이다. 이러한 맥락에서 존슨(M. Johnson)은 듀이가 좀 더 오래 살았더라면 오늘날의 경험과학적 성과를 유용하게 수용함으로써 자신의 주장을 훨씬 더 설득력 있게 전개할 수 있었을 것이라고 지적한다.[35]

이러한 맥락에서 퍼트남은 듀이의 결론적 주장에 동의하겠지만 이 결론을 지탱하는 두 사람의 기본적 가정들 사이에는 앞서 지적했던 것처럼 중요한 괴리가 있다. 요약하면 듀이에게는 퍼트남의 내재적 실재론이 안고 있는 '개념 이전의 세계'라는 딜레마도 없을 뿐만 아니라 듀이가 제안하는 자연주의적 태도가 환원주의를 함축하는 것도 아니다.

그러나 퍼트남의 대안적 구도가 난점을 안고 있다고 해서 그의 모든 제안이 전적으로 공허하게 되는 것은 아니다. 우리는 여전히 그가 진단하는 오늘날 철학의 문제 상황과 그것을 토대로 그가 제시하는 철학적 논의의 방향성을 긍정적으로 받아들일 수 있을 것이다. 이제 퍼트남은 내일의 철학의 모습을 다음과 같이 조망한다.

> 나는 철학의 더 나은 방식의 윤곽을 그리려고 한다. 나는 이것을 새로운

---

34) Dewey, *Experiences and Nature: The Later Works 1925~1953*, Volume 1, ed. Jo Ann Boydston (Carbondale, Ill.: Southern Illinois University Press, 1988), p. 308 참조.

35) Mark Johnson, "Good Rorty, Bad Rorty: Toward a Richer Conception of Philosophical Inquiry" (Unpublished typescript, Department of Philosophy, Southern Illinois University at Carbondale, 1989), p. 43.

> 철학의 청사진이나 선언문을 제시하는 방법으로 하지는 않을 것이다. 기껏해야 청사진이나 선언문은 항상 많은 환상을 포함하며, 우리는 최근의 철학에서 충분한 환상—과학적인 것이 되려는 환상과 진리와 이성의 주장을 종식시키려는 환상—을 보았다. 더 나은 철학적 방법의 지향에 관해 내가 아는 한 유일한 방식은 특정한 방식의 읽기—오류와 결함에도 불구하고 우리의 삶과 언어에 대한 철학적 성찰의 가능성을 예시하고 그것의 방향성을 제시하는 철학자들의 작품 읽기—를 행하는 것이다. 그리고 그 성찰은 경망스럽게 회의주의적이지도 않고 어리석게 형이상학적이지도 않은, 환상적인 유사 과학도 아니고 환상적인 유사 정치학도 아닌, 가장 어려운 종류의 진지하고 근원적으로 진실한 성찰이다.[36)]

퍼트남에게 있어서 철학은 철학적 문제들에 대해 궁극적인 해결을 추구하는 것이 아니라 인간이 처한 철학적 상황에 대해 보다 나은 자기 이해를 위한 지속적 탐구의 한 형태다. 퍼트남은 철학적 문제라는 상황이 인간의 본래적 조건이라고 보며, 이러한 조건에 대한 보다 나은 이해를 위해 철학적 논의가 계속되어야 한다고 본다. 이러한 관점에서 퍼트남은 철학적 탐구를 완결하려는 모든 가정을 거부하지만, 이러한 거부가 철학적 탐구의 종말을 의미하지도 않는다고 본다.

4. 앎의 세계에서 삶의 세계로

퍼트남의 지속적인 최근 작업은 하나의 철학적 이론을 구성하려는

---

36) Putnam, *Renewing Philosophy*, p. 141.

것이 아니라 하나의 새로운 철학적 그림을 제안하려는 것이다. 이러한 그림은 고양된 철학적 이상을 적극적으로 제시한다기보다는 우리에게 이미 주어진 그림들의 부정적인 측면—아마도 공통적으로 '과도한 이론화'라고 말할 수 있는—을 비판적으로 검토함으로써 우리 앞에 열려 있는 출구의 윤곽을 소극적인 방식으로 드러내 준다.

물론 해체라는 철학적 전략은 우리를 넘어선 초월적 경향이 구축해 왔던 완고한 전통의 이론적 과도성을 드러내고 무너뜨리는 데 깊은 통찰을 준다. 그러나 해체 자체가 우리가 지향하는 궁극적인 귀결이 아니라면 해체 이후에 우리에게 남겨진 작업이 무엇이 될 것인지에 대해 좀 더 신중한 성찰이 필요하다. 그러한 성찰이 주제로 삼아야 하는 것은 아마도 '철학적 사변'이라고 불리는 끊임없는 유혹을 피할 수 없는 인간의 본원적 조건에 대한 편견 없는 탐구일 것이다. 듀이의 자연주의적 형이상학과 비트겐슈타인의 일상성은 이러한 측면에서 한 줄기로 수렴되어 가는 것으로 보인다.

이러한 관점에서 퍼트남의 제안을 따라 우리가 듀이와 비트겐슈타인에게서 주목해야 할 것은 그들이 암시하고 있는 '우리가 직접 접촉하는 세계'다. 이들은 공통적으로 우리와 세계가 분리되어 있지 않다는 사실을 사유의 출발점으로 삼고 있는데, 이러한 분리를 막아 주는 것은 인간이 신체화된 존재로서 물리적 세계의 일부를 이루고 있으며, 동시에 그 세계와 직접 상호작용하고 있다는 사실이다. 듀이와 비트겐슈타인의 철학적 제안을 갈등 없이 수용하기 위해서 퍼트남은 훨씬 더 '실용주의적'으로 되어야 필요가 있어 보인다. 그리고 그 중심적 과제는 바로 듀이와 비트겐슈타인이 제시하는 평이한 세계 개념을 수용하는 일이다. 그러한 이행은 세계가 알려지는 방식에 대한 관심에서 세계를 살아가는 방식에 대한 관심으로의 이행이라고 할 수 있다.

제4장 굿맨의 세계 만들기

굿맨(N. Goodman)이 『세계 만들기 방식들』[1])을 중심으로 전개하는 '비실재론'(irrealism)은 다원주의(pluralism)의 적극적 표현이다. 굿맨에 따르면 우리는 하나의 세계 대신에 다수의 세계를 가지며, 이러한 세계들은 라이프니츠가 말하는 가능 세계들이 아니라 실제의 세계들이다. 굿맨은 이러한 세계를 '버전'(version)이라고 부른다. 이러한 버전들은 우리의 '세계 만들기'(worldmaking) 방식을 따라 주어진 세계들이며, 그것이 세계와 관련해서 우리가 가질 수 있는 모든 것이다. 따라서 우리는 다수의 버전, 즉 다수의 세계를 갖는다. 이것은 다원주의적 주장이며 동시에 강력한 상대주의를 수반한다.

우리의 기술(記述)에 앞서서 존재하는 단일한 세계를 거부하는 굿맨의 다원주의적 견해는 특히 진리 문제에 중요한 귀결을 가져오는데, 그것은 전통적으로 유지되어 온 '진리 대응설'의 거부로 나타난다. 진리 대응설에 따르면 우리의 모든 기술은 우리와 독립적으로 실재하는 세계에 관한 것이며, 따라서 이 기술과 기술된 세계의 대응 관계가 진리성의 척도가 된다. 그러나 굿맨의 비실재론은 우리의 기술을 비교해야 할 단일한 중립적인 세계가 우리에게 주어지지 않는다고 주장한다. 그

---

1) Nelson Goodman, *Ways of Worldmaking* (Indianapolis, Ind.: Hackett, 1978). 이하 이 책은 『세계 만들기』로 약함.

러나 이러한 단일한 진리의 거부가 불러오는 귀결은 결코 우호적인 것만은 아니다. 즉 이제 우리는 하나의 진리 대신에 다수의 진리가 있다고 말하거나 아무런 진리도 없다고 말하게 되는데, 이 때 우리가 궁극적으로 마주치는 문제는 '극단적 상대주의' 아니면 '허무주의'처럼 보인다. 비실재론은 물론 전자의 견해를 취하는데, 따라서 비실재론이 직면하는 핵심적 과제는 이 상대주의적 분기를 막아 주는 '제약'(constraint)을 설정하는 문제가 된다.

필자는 필연적인 것은 아니라 하더라도 우리의 인식이 대상에 의존한다는 실재론적 견해가 객관주의적 성향을 보이는 반면, 우리의 인식이 마음에 의존한다는 반실재론적 견해가 상대주의적 성향을 보인다는 구도 안에서 비실재론의 위치를 설정하려고 한다. 이러한 구도는 이 문제와 밀접하게 관련된 오늘날 영어권의 몇몇 주요 철학자들의 논의를 통해서 특징적으로 드러나는데, 이러한 구도에서 본다면 물론 굿맨의 비실재론은 강한 반실재론적 특성을 드러낸다.

필자는 이 글에서 비실재론이 함축하는 상대주의가 강력한 제약을 수반한다는 굿맨 자신의 주장에도 불구하고 스스로 이 제약의 소재를 명료하게 제시하지 못하고 있다는 점을 보이려고 한다. 나아가 이러한 굿맨의 난점을 상대주의 문제와 관련된 퍼트남(H. Putnam)과 로티(R. Rorty)의 견해와의 연관성 속에서 검토함으로써 이들이 공유하고 있는 문제의 구도 자체가 이들의 시도를 좌절시키고 있다는 점을 지적할 것이다. 이러한 지적을 바탕으로 이 문제에 대한 철학적 탐구의 가능성이 무엇인지를 제안할 것이다.

1. 버전과 진리

굿맨의 비실재론의 핵심적 의도의 하나는 경험주의와 합리주의, 실재론과 관념론 등 철학적 이론들의 대립적 구도를 극복하는 것이다. 이러한 시각에서 20세기에 철학적 합의의 장을 제공했던 논리실증주의의 실재론적 신념은 비실재론의 일차적 표적이 된다. 굿맨은 환원주의적 특성을 드러내는 논리실증주의의 단일한 세계에 대한 단일한 진리 추구를 거부하고 '우리가 만드는 다수의 세계'라는 생각을 통해 다원주의적 세계관을 제시한다. 이러한 굿맨의 철학은 콰인, 퍼트남 등과 함께 20세기의 경험주의적 전통을 극복하는 새로운 철학적 기류를 형성하는 데 선도적 역할을 했지만 콰인이나 퍼트남처럼 광범위한 논의를 이끌어내지는 못한 것으로 보인다. 아마도 이것은 그의 철학적 시각을 체계화시키려는 후속적 논의가 충분치 않았기 때문일 것이다.

굿맨에 따르면 우리가 다수의 세계를 만들며, 그것들이 세계와 관련해서 우리가 가질 수 있는 전부다. 그는 "다수의 세계-버전들이 단일한 기반으로의 환원 가능성이라는 요구나 가정 없이 독립적인 관심과 중요성을 갖는다"(『세계 만들기』, 4)고 말한다. 따라서 굿맨은 이 모든 버전들이 기술하고 있는 하나의 중립적 세계가 존재한다는 생각이 공허한 것이라고 주장한다. 마치 "양파를 끝까지 벗겨 보면 핵심은 공허한 어떤 것"(『세계 만들기』, 118)이듯이 버전들을 제외하고 나면 우리에게는 아무것도 남지 않는다는 것이다. 그래서 우리는 우리의 준거 틀을 따라 세계를 만들지만, 그 만들기는 항상 이미 주어진 세계들의 '다시 만들기'다(『세계 만들기』, 6). 굿맨은 '세계 만들기'의 과정을 다음과 같이 설명한다.

> 모든 경우에 우리는 우리가 이미 갖고 있는, 그리고 우리가 새로운 것으로 다시 만들어 내는 결단과 기술을 갖게 될 때까지 유지하는 몇몇 낡은 버전 또는 세계로부터 출발한다. 사실에서 느끼는 완고성의 일부는 습관의 고착이다. 우리의 확고한 기초는 사실상 둔탁하다. 세계 만들기는 한 버전에서 시작해서 다른 버전으로 끝난다(『세계 만들기』, 97).

그러나 그렇다고 해서 모든 버전이 그 이전의 버전으로부터 시작된다는 그의 말이 모든 버전의 원초적 재료인 어떤 것의 존재를 전적으로 부인하는 것은 아니며, 또한 그것이 가능해 보이지도 않는다. 굿맨이 주장하는 것은 모든 버전이 기술하고 있는 중립적 어떤 것이 우리에게 직접 주어질 수 없으며, 따라서 현재 우리의 버전을 대비시켜야 할 원본이 존재하지 않는다는 것이다. 그러나 굿맨의 이러한 부정적인 주장을 우호적으로 받아들인다고 하더라도 우리가 무엇을 자료로 이 무수한 세계들—버전들—을 만들어 내는가 하는 실재론적 물음은 여전히 남는다. 굿맨이 애당초에 우리 안에 있는 것만으로 이 세계들을 만든다고 주장하는 것은 아니기 때문이다.

굿맨은 이 물음에 대해 직접적인 대답 대신에 그러한 세계 개념 자체를 와해시키려고 한다. 즉 그러한 세계 개념이 우리의 논의에서 아무런 기여도 하지 못한다는 것이며, 따라서 "우리는 세계들보다도 버전들에 초점을 맞추어야 한다"(『세계 만들기』, 9)고 주장한다. 그래서 굿맨은 그 세계를 가리켜 "구분도 질서도 운동도 정지도 형식도 없는, 즉 그것을 위해서든 대항해서든 싸울 가치가 없는 세계"(『세계 만들기』, 20)라고 말한다. 그렇지만 "이러한 세계는 그것을 좋아하는 사람들에게는 반드시 거부되어야 하는 것은 아니지만, 아마도 전체적으로 보아서는 잘 없어진 세계"(『세계 만들기』, 4)[2]이다. 물론 굿맨이 여기에서 말하는 세계는 칸트의 '물 자체'와 같은 것이다. 따라서 굿맨에 따르면 이러한 세계는 어떤 버전의 부분도 아니며, 또한 그 자체로 어떤 버전도 아니다. 따라서 그것은 우리에게 주어지지 않지만, 그럼에도 불구하고 여전히 존재한다고 인정할 수밖에 없는 세계다.

우선 단일한 세계에 대한 굿맨의 거부는 전통적으로 유지되어 온 '진리 대응설'의 폐기를 요구한다. 말하자면 세계에 대한 정확한 기술로서의 단일한 진리가 불가능하다는 것이며, 이것은 다만 세계에 대한 우리의 기술을 객관적으로 측정할 만한 제3의 관점이 없다는 것일 뿐만 아니라, 더 근원적으로는 기술되어야 할, 기술을 기다리는 '완성된 세계'(ready-made world)가 존재하지 않는다는 것이다. 따라서 우리는 "어떤 버전을 기술되지도 묘사되지도 지각되지도 않은 세계와 비교함으로써 시험할 수 없다"(『세계 만들기』, 4). 우리가 세계에 관해 알게 되는 모든 것은 다만 이 버전들을 통해서만 주어진다. 즉 우리에게는 우리의 기술, 즉 버전을 벗어나서 '세계 자체'에 도달할 방식이 주어져 있지 않으며, 우리가 세계에 관해서 말하는 모든 것은 사실상 이미 우리 자신에 의해서 만들어진 세계이며, 그것은 그 자체로 또 하나의 버전일 뿐이다.

그래서 굿맨은 진리를 결정해 주는 기준을 버전과 세계 사이의 '대응' 대신에 버전들 사이의 '정합성'(coherence)에서 찾는다. 그러나 물론 굿맨은 정합성만을 진리의 유일한 기준이라고 간주하지는 않는다. 그는 '유용성'(utility)이나 '신뢰성'(credibility) 등이 진리를 시험하는

---

2) 각주에서 표시하고 있는 것처럼 '잘 없어진 세계'라는 표현은 로티의 "The World Well Lost," *Journal of Philosophy*, vol. 69 (1972): 649~65에서 빌려온 것이다. 로티의 이 논문은 Richard Rorty, *Consequences of Pragmatism: Essays 1972~1980* (Minneapolis: University of Minnesota Press, 1982)에 재수록되어 있다.

기준으로 사용될 수 있는 가능성을 부인하지는 않지만 "진리를 결정해 주는 것으로서 정합성—다양한 방식으로 해석될 수 있으면서도 항상 무모순성(consistency)을 요구하는—이 유용성이나 신뢰성보다도 더 고귀하다"(『세계 만들기』, 124)고 말한다. 아무튼 굿맨 자신이 예상하는 것처럼 진리가 정합성에 의해서 가늠되는 것이라면 동일하게 정합적이면서도 서로 불일치하는 버전들이 있을 수 있다. 굿맨은 여기에서 명백하게 다원주의를 취함으로서 동등하게 옳은 양립 불가능한 다수의 버전들이 존재한다는 것을 인정한다. 말하자면 상호 불일치하는 버전들이 동시에 참일 수 있다는 것이다. 그러나 여기에서 부연해 둘 것은 그의 다원주의는 다만 '정합적인' 버전들 사이에만 적용되는 것이 아니라 다른 여러 기준을 충족하는 버전들 사이에서도 적용될 수 있다는 점이다. 말하자면 굿맨이 의미하는 정합성은 진리를 결정하는 유일한 기준은 아니다.

굿맨의 비실재론은 논리실증주의자들에 의해 극단적으로 표현된 '환원주의'에 대한 전면적 도전이다. 논리실증주의에 의하면 굿맨이 말하는 다양한 버전들은 단일한 방식을 따라 객관적이고 단순한 형태의 버전들로 환원될 수 있다. 즉 우리의 지식에 기여하는 모든 주장은 경험적으로 검증 가능한 명제들이거나, 아니면 그러한 명제들로 환원될 수 있어야 한다는 것이다. 그러나 굿맨은 콘스타블이나 제임스 조이스의 문학적 세계관이 어떻게 물리학으로 환원될 수 있는지를 묻는다. 굿맨은 이러한 유형의 환원이 전혀 불가능한 것은 아니지만 지극히 드물 뿐만 아니라 거의 항상 부분적이며, 따라서 유일한 환원의 경우는 거의 없다고 보는 것이다(『세계 만들기』, 5).

2. 제약된 상대주의

오늘날 많은 철학자들은 진리 대응설에 의거한 단일한 진리 개념의 거부를 옳은 것으로 지지한다. 그러나 이러한 진리 대응설의 포기는 그 대안 모색이라는 측면에서 대단히 복합적인 논의를 불러온다. 굿맨이 단일한 진리, 즉 신적 관점을 포기하고 다수의 진리가 존재한다는 '다원주의적' 입장을 선택하게 되면, 이제 다수의 진리들의 관계에 대한 부가적 해명이 요청되는 것이다. 동시에 여기에서 뒤따르는 위협은 '허무주의적 상대주의'라는 망령이다. 말하자면 다수의 진리가 가능하다고 말하는 것은 진리들이 무엇인가에 상대적이라는 주장을 함축하며, 그러한 주장에 아무런 제약이 주어지지 않을 때 진리들은 극도로 분기되어 궁극적으로 허무주의에 이를 수 있기 때문이다. 비실재론이 단일한 진리 개념을 거부하는 한 이 문제에 어떤 형태로든 대처해야 하며, 굿맨 자신도 물론 이 난점을 명백하게 의식하고 있다.

> 내가 지금까지 말한 것은 명백하게 급진적인 상대주의를 향하고 있다. 그러나 거기에는 강력한 제약이 부과된다. 무수히 많은 참되고 옳은 세계의 버전을 받아들인다는 것이 무엇이든 된다, 또는 긴 이야기는 짧은 이야기와 마찬가지로 좋은 것이다, 참은 더 이상 거짓과 구별되지 않는다는 것을 의미하는 것이 아니라, **다만 진리가 주어진 세계와의 대응 이외의 방식으로 받아들여져야** 한다는 것을 의미할 뿐이다(『세계 만들기』, 94, 고딕은 필자의 강조).

여기에서 주목할 만한 것은 진리에 대한 굿맨의 새로운 이해 방식이다. 그는 '진리' 개념 자체를 거부하지는 않지만, 진리가 우리의 기술 또는 이론 선택에서 최종적인 역할을 하기에는 충분하지 않은 협소한 개념이라는 것이다. 이러한 생각은 굿맨이 제기했던 '귀납추론의 새로운 수수께끼'를 통해서 이미 강하게 암시되었던 것이기도 하다. 그는 이 수수께끼를 통해 귀납 추론에 있어서 논리적으로 동등한 양립 불가능한 가설들이 제시될 수 있음을 보이고, 그중 실제로 어떤 것이 투사되고 선택되는지를 설명하는 것이 귀납추론의 진정한 문제라고 주장한다.[3)] 다수의 양립 불가능한 참인 가설들이 가능하다면 그 선택을 결정해 주는 것은 진리 이상의 무엇이라는 것이 분명하다. 여기에서 특정한 가설을 투사하고 고착시켜 주는 주된 요인으로 굿맨 자신이 제안하는 것은 '습관'(habit)이다(『세계 만들기』: 128).

굿맨은 습관에 대해 상세한 논의를 제시하고 있지는 않지만 적어도 이러한 제안은 주어진 가설과 확증 사례의 내적 관계를 논리적 분석을 통해 해명하려고 했던 논리실증주의자들의 시도를 정면으로 거부하는 것이다. 그는 논리실증주의의 진리 개념이 명제적 진술들에 제한되어 있다는 점에 주목하고, 명제 이외의 기호 행위를 포괄하는 기호 행위 일반에 관한 좀 더 포괄적인 해명을 추구하고 있다. 따라서 우리의 다양한 기호 행위를 적절하게 설명하기 위해서는 '진리'보다 더 넓은 개념이 필요하며, 여기에서 굿맨이 대안적으로 제시하는 것이 '옳음'(rightness)이다.

> 진술들만이 참이나 거짓이지만 버전은 옳거나 그른 것일 수 있기 때문에, 말해진 것의 옳음으로서 참은 옳음의 협소한 종(species)이다. 더구나 그것은 옳음의 한 종이면서도 동시에 옳음의 한 측면이다. 왜냐하면 언어적이든

---

3) Goodman, *Fact, Fiction, and Forecast*, 2nd ed. (Indianapolis, Ind.: Bobbs-Merrill, 1965) 특히 3장 참조.

아니든 기호는 지시(denotation)에 의해서만 지칭하는 것이 아니라 예화나 표현에 의해서, 또는 동일하거나 상이한 지칭적 단계들로 구성된 복합적 사슬에 의해서, 또는 그것들 중 몇몇 방식들에 의해서 지칭할 수 있기 때문이다.[4)]

그렇다면 그 옳음은 무엇을 그 평가의 내용으로 삼는가? 굿맨은 여기에서 다시 '맞음'(fit)이라는 개념을 도입한다.

진술은 그것이 맞는 세계에 대해 참이며, 기술 또는 재현은 그것이 맞는 세계에 대해서 옳다. …… 기술적이고 표상적인 옳음을 진리에 포섭시키기보다는 내 생각으로는 진리를 그것들과 함께 맞음의 옳음(rightness of fit)이라는 일반적 개념으로 포섭시키는 것이 나을 것이다(『세계 만들기』, 132, 고딕은 필자의 강조).

진술의 참과 기술, 재현, 예화, 표현―디자인, 그림, 어법, 리듬―의 옳음은 기본적으로 맞음(fit)의 문제다. 즉 언급된 어떤 것에, 또는 다른 해석들에, 또는 조직의 양식과 방법들에 이런저런 방식으로 맞는 것이다(『세계 만들기』, 138).

여기에서 굿맨은 진리를 '맞음' 개념에 포섭시키고 있음을 알 수 있다.[5)] 그러나 그러한 맞음은 주어진 버전 안에서의 맞음이거나 대안적

---

4) Goodman, "Notes on the Well-Made World," in Peter McCormick, ed., *Starmaking: Realism, Anti-Realism, and Irrealism* (Cambridge, Mass.: MIT Press, 1996), p. 158.

5) '맞음'은 정대현 교수의 번역어다. 정대현 교수는 굿맨이 '맞음' 개념의 세 가지 해석 가능성 중에 '언어적 맞음'을 수용하고 있다고 지적하고 굿맨의 맞음 개념이 충분히 내재화되

버전들과의 맞음일 것이다. 일단 다양한 버전들 자체가 우리에게 주어진 세계들이라는 관점을 받아들이면 이러한 주장은 거의 불가피한 것으로 보인다. 우리의 버전들과 비교할 수 있는 별도의 '중립적 세계'가 존재하지 않기 때문에 중립적 세계와의 맞음에 근거한 단일한 진리는 불가능하기 때문이다.

이러한 굿맨의 비실재론에서 특징적으로 드러나는 것은 과학의 세계와 예술의 세계가 대립적으로 구분되지도 않으며, 동시에 그 어느 쪽으로도 환원되지 않는다는 다원주의적 생각이다. 그러나 일단 이 두 세계를 동등한 것으로 인정할 때 각각의 세계에는 '맞음'의 고유한 방식이 존재할 것이며, 적어도 그것은 그 세계에 상대적이다. 이러한 관점에서 해리스(J. Harris)는 굿맨의 난점을 다음과 같이 말한다.

> 만약 굿맨의 옳음의 기준이 메타 이론 차원에서 전적으로 상대적이라면 세계 만들기라는 그의 메타 이론이 말하는 다른 모든 것들—세계들이 세계 만들기 과정을 통해 건설된다는 핵심적 주장을 포함해서—도 상대적이다.[6)]

따라서 해리스는 굿맨이 제시하는 옳음의 기준이 옳은 버전과 그릇된 버전을 구분하는 기준으로 작용할 수 없을 뿐만 아니라 전통적 과학에 대한 실재론자들의 해명에 비해 더 나은 것도 더 나쁜 것도 될 수 없

지 않았을 뿐만 아니라 원리적 시각을 주는 원초적 개념으로 확장되지 않았음을 지적한다. 정대현, 「서양철학에서의 맞음」, 『맞음의 철학』 (서울: 철학과 현실사, 1997), pp. 392~93 참조. 정대현 교수의 이러한 지적은 옳지만 정대현 교수의 주장처럼 굿맨의 '맞음' 개념이 충분히 원초적으로 확장된다고 하더라도 이 글에서 다루려고 하는 상대주의의 제약이라는 문제가 어떤 방식으로 다루어져야 할 것인지는 여전히 미해결의 물음으로 남는다.

6) James Harris, *Against Relativism: A Philosophical Defense of Method* (La Salle, Ill.: Open Court, 1992), p. 71.

을 것이라고 지적한다.[7] 상대주의에 대한 이러한 유형의 비판은 매우 고전적이지만 반드시 치명적인 것은 아니다. 왜냐하면 이러한 비판은 사실상 상대주의적 진리 개념이 단일한 기준에 의해 주어지지 않는다는 것 이상을 드러내고 있지 않기 때문이다. 일단 단일한 진리 개념을 포기하게 되면 상대주의적 진리관이 안게 되는 '기준의 순환성'은 그 자체로 반드시 거부되어야 할 악덕은 아니다.

오히려 굿맨 자신의 지적처럼 상대주의가 직면하는 핵심적 난제는 허무주의적 분기를 막아 주는 '제약'(constraint)을 제시하는 문제다. 왜냐하면 우리를 괴롭히는 것은 다수의 세계가 존재한다는 사실 자체가 아니라, 그 다수의 세계가 극도로 분기됨으로써 궁극적으로 나를 넘어선 '지식'의 가능성 자체가 거부되는 '허무주의'를 초래할 수 있다는 우려이기 때문이다. 따라서 상대주의적 성향을 보이는 모든 철학자들에게 공통적으로 부과되는 과제는 자신의 상대주의가 이러한 허무주의로 전락하는 것을 막아 주는 적절한 제약을 적극적으로 제시하는 일이다.

이러한 관점에서 굿맨은 자신의 비실재론이 "무엇이든 된다"라는 주장을 거부한다는 것을 분명히 밝히고 있지만, 그의 난점은 자신의 견해가 어느 지점에서 그러한 극단적 상대주의와 차별성을 갖는지를 적절하게 설명하지 못한다는 데 있다. 그는 그 제약을 '옳음'으로 전이시키고 있지만 그것이 우리의 물음에 대한 근원적인 답변은 아니다. 우리는 '옳음'에 대해서도 여전히 똑같은 물음을 물을 수 있기 때문이다. 굿맨은 '옳음'에 대해서 다음과 같이 말한다.

> 나의 주장은 다수의 세계 버전들—어떤 것들은 상충되며 어떤 것들은 너

---

7) 같은 곳.

무 상이하기 때문에 충돌 또는 양립 가능성이 결정될 수 없는—이 동등하게 옳다는 것이다. 그럼에도 불구하고 옳은 버전들은 그릇된 버전들과 다르다. 즉 상대주의는 옳음(rightness)에 대한 고려에 의해 제약된다. 그러나 옳음은 모든 버전들로부터 독립된 세계와의 대응에 의해 구성되거나 검증되지 않는다.[8)]

마골리스의 지적처럼 오늘날 많은 철학자들은 일단 절대적 기준을 거부한 다음 자신의 주장이 어떻게 허무주의적 상대주의에로의 전락을 피할 수 있는지를 제시하려고 시도한다.[9)] 말하자면 그들은 모두 일종의 '완화된 상대주의'(modified relativism)를 찾고 있는 것이다. 굿맨의 비실재론 또한 이러한 시도의 하나다. 그러나 필자가 앞으로 논의하려는 것처럼 그러한 시도에 성공하지 못하고 있다는 점에서 굿맨 또한 예외가 아니다. 필자는 굿맨의 난점이 단순히 그의 이론에서 발생하는 국지적 문제가 아니라고 본다. 다음 절에서는 굿맨의 비실재론을 오늘날 가열되는 실재론/반실재론 논쟁 구도 안에서 살펴봄으로써 그의 난점이 훨씬 더 근원적인 뿌리를 갖는다는 점을 드러낼 것이다.

---

8) Goodman, "On Starmaking," in McCormick, ed. (1996), p. 143. (고딕은 필자의 강조.)

9) 이러한 가능성은 상이한 방식을 통해 콰인, 퍼트남, 로티, 번스타인 등에 의해 모색된다. 몇몇 차이를 무시하고 말한다면 이들의 기본적인 전략은 일단 상대주의의 요소를 일정한 한계 내에서 인정하고 그것의 극단적인 형태로의 분기를 막아 주는 제약을 확보하려는 방식으로 이루어진다. 마골리스는 이러한 시도가 오늘날 영어권의 거의 모든 철학자들이 참가하는 게임이라고 지적한다. Joseph Margolis, *The Truth about Relativism* (Oxford: Basil Blackwell, 1991), p. 191 참조.

3. 별 만들기: 실재론과 반실재론

굿맨은 비실재론이 또 하나의 새로운 철학적 이론이 아니라 전통적으로 제시된 대립적 이론들 사이에서 논의되는 주제들에 대한 '무관심한 태도'(attitude of unconcern)라고 특징짓는다.[10] 그러나 이러한 의도에도 불구하고 굿맨의 비실재론은 강력한 반실재론적 성격을 드러내고 있으며, 따라서 오늘날 가열되는 실재론/반실재론 공방에서 중요한 논쟁의 표적이 되고 있다.[11] 그래서 필자는 여기에서 굿맨의 '비실재론'의 기본적인 성격을 검토하기 위해 실재론/반실재론의 대립적 구도 안에서 그 위치를 추적하려고 한다.[12] 이 과정에서 필자는 실재론과 반실재론이 인식에 있어서 언어(또는 사고)와 세계의 관계에 논의의 초점을 맞추고 있으며, 궁극적으로는 우리의 인식에 있어서 인식 대상인 세계와 인식 주체인 마음의 어느 한쪽에 주된 역할을 인정하려는 입장이라는 점에 주목할 것이다.

최근 비실재론을 둘러싼 집요한 공방이 '별 만들기'(star-making)라는 주제로 쉐플러(I. Scheffler)와 굿맨 사이에 전개되었는데, 여기에서

---

10) Goodman, "On Starmaking," p. 146 참조.

11) 삭스의 지적처럼 굿맨의 어떤 논의도 비실재론을 전통적 이론의 대립적 구도를 넘어서는 위치까지 충분히 끌어가지는 못하고 있는 것으로 보인다. Mark Sacks, *The World We Found: The Limits of Ontological Talk* (La Salle, Ill.: Open Court, 1989), p. 100 참조.

12) 물론 '반실재론'은 더미트(M. Dummett)가 실재론 문제를 언어철학적으로 다루면서 제시한 것이다. 더미트는 반실재론을 다음과 같이 규정한다. "실재론은 주장된 명제들이 그 진리치에 대한 우리의 인지 방식과 상관없이 객관적 진리치를 갖는다는 신념이다. 즉 그 명제들은 우리와 독립적으로 존재하는 실재에 의거하여 참이거나 거짓이 된다. 반실재론자들은 이 입장에 반대하여, 주장된 명제들은 우리가 그 명제의 증거로 간주하는 어떤 것에 의거함으로써만 이해된다고 주장한다." Michael Dummett, *Truth and Other Enigmas* (Cambridge, Mass.: Harvard University Press, 1978), p. 149.

핵심적인 쟁점은 "우리가 북두칠성을 만들었는가?"라는 물음을 중심으로 제기되고 있다. 만약 굿맨의 주장이 버전이 실제로 세계를 만든다는 것이라면 그것은 버전이 실제로 별을 만들었다고 말하는 것이 된다. 쉐플러는 우리가 버전을 만든다는 굿맨의 주장에 동의할 수는 있지만 그 버전의 참/거짓을 결정해 주는 것은 우리 자신이 아니라는 것이다.[13] 그래서 쉐플러는 비록 '우리가 버전을 만든다'는 주장은 가능하지만, 그것이 '우리가 세계를 만들었다'는 것을 의미할 수 없다고 지적한다.

여기에서 쉐플러는 굿맨이 사용하는 '세계'라는 말이 한편으로는 '버전적'(versional)이라는 의미로, 한편으로는 '대상적'(objectual)이라는 의미로 혼용되고 있음을 지적한다.[14] 물론 굿맨이 '세계'를 전자의 의미로 사용한다면 굿맨은 실재론자일 수 있다. 그러나 굿맨이 의미하는 것이 후자라면 굿맨은 극단적 관념론자 또는 반실재론자가 된다. 쉐플러는 굿맨의 철학적 의도에 동의한다고 하더라도 그의 '세계'를 대상적 의미로 받아들일 수 없다고 주장한다. 그래서 쉐플러는 "주어진 것을 거부하고 개념체계의 다수성을 허용하는 것이 대상적 세계 만들기를 요구하지는 않는다"[15]고 말한다. 쉐플러의 이 주장에 대해 굿맨은 이렇게 응답한다.

> 우리가 벽돌을 만드는 것처럼 별을 만드는 것은 아니다. 즉 모든 만들기가 진흙으로 모형을 만드는 문제는 아니다. 여기에서 주로 문제시되는 세계 만

---

13) Israel Scheffler, "Worldmaking: Why Worry," in McCormick, ed. (1996), p. 174 참조.
14) Scheffler, "The Wonderful Worlds of Goodman," in McCormick, ed. (1996), p. 133 참조.
15) 같은 논문, p. 139.

들기는 손을 사용하는 만들기가 아니라 마음, 또는 오히려 언어나 다른 기호 체계를 사용하는 만들기이다. …… 우리는 분명히 버전들을 만들며 옳은 버전들은 세계들을 만든다. 세계들이 아무리 옳은 버전들과 차이가 있다고 하더라도 옳은 버전 만들기는 세계 만들기이다. 이것이 세계들에 관한 이야기와 버전들에 관한 이야기가 통합되는 독특한 경우다.[16)]

굿맨을 괴롭히는 문제의 바탕에는 인식의 구조라는 문제가 놓여 있다. 즉 우리의 인식이 과연 대상에 의해 결정되는지, 인식 주관에 의해 결정되는지의 문제에서 굿맨이 자신의 입장을 명확하게 제시하지 못하고 있는 것이다. 다시 말해서 그것은 '북두칠성'이 과연 별개의 새로운 대상을 말하는지, 아니면 이미 다른 방식으로 알려져 있는 대상에 대한 새로운 기술에 불과한 것인지의 문제다. 굿맨은 여기에서 분명히 우리가 '북두칠성'을 만들지만, 동시에 우리가 별을 만든 것은 아니라고 말한다.

사실상 굿맨은 이 물음에 대해 직접적으로 답하기보다는 그것을 명확하게 구분하려는 시도 자체를 거부하는 것이 자신의 비실재론의 근본적 의도라고 답변할 것이다. 그러나 우리가 별을 만들지 않았다고 인정하는 것이 굿맨에게 왜 그렇게 어려운가? 그것을 인정할 경우 '북두칠성'은 다만 이미 주어진 어떤 대상에 대한 새로운 기술 이상의 것이 아니며, 그렇게 되면 굿맨은 여느 실재론자와 다르지 않게 되기 때문이다. 굿맨은 우리의 기술이 대상의 구성에 있어서 실재론이 가정하는 것보다 훨씬 더 중요한 역할을 한다고 말하고 싶어 하지만, 그 역할에 대해 자신의 의도만큼 구체적인 해명을 하지 못하고 있다. 그리고 여기가

16) Goodman, "On Starmaking," p. 145.

사실상 오늘날 모든 실재론/반실재론 논쟁이 아포리아에 봉착한 지점이다. 굿맨의 비실재론은 이 두 견해를 다 거부하고 있으며, 동시에 이 두 견해를 함께 담으려고 한다. 그래서 굿맨의 입장은 모호하게 제시될 수밖에 없다. 굿맨은 자신의 비실재론이 실재론과 반실재론의 중간적 견해이거나 이 두 견해를 통합시키는 어떤 철학적 관점이 되기를 원한다. 구체적으로 해명되고 있지는 않지만 굿맨의 이러한 의도는 '세계는 발견되는 것만큼이나 만들어진다'는 그의 말에서 적절히 드러난다(『세계 만들기』, 22).

아마도 이러한 난국에 처한 굿맨의 입장에서 퍼트남의 내재적 실재론은 자신의 이러한 이론적 난국을 타개해 주는 믿음직한 동반자처럼 생각될 것이다. 물론 퍼트남은 굿맨의 철학적 의도를 이해할 뿐만 아니라 우호적으로 수용하고 있는 것으로 보인다. 그럼에도 불구하고 퍼트남 또한 굿맨에게 비실재론에서 상대주의를 제약해 주는 것이 무엇인지를 묻는다.[17] 퍼트남의 생각으로는 그러한 제약이 없는 굿맨의 비실재론은 '우리의 관점에서의 진리'라는 것 이상을 말하지 않으며, 따라서 이러한 주장은 상대주의자도 아무런 제약 없이 사용할 수 있을 것이기 때문이다.

대신에 퍼트남의 내재적 실재론은 적어도 상대주의의 제약이라는 문제에 있어서 굿맨의 비실재론보다 훨씬 더 분명한 입장을 제시한다. 즉 퍼트남은 '개념 이전의 세계', 즉 우리의 개념체계에 주어지기 이전의 세계가 상대주의를 제약하는 역할을 한다고 본다. 이 때문에 퍼트남은 기술 이전의 중립적 세계에 대한 굿맨의 거부를 옳은 것으로 받아들이

17) Hilary Putnam, "Reflections on Goodman's *Ways of Worldmaking*," in *Realism and Reason* (Cambridge: Cambridge University Press, 1983), p. 168 참조.

면서도, 그 세계에 대한 거부가 굿맨에 비해 다소 소극적인 성격을 띠게 된다.[18] 궁극적으로 퍼트남의 내재적 실재론이 도달한 것은 "마음과 세계가 공동으로 마음과 세계를 구성한다"[19]는 은유이며, 여기에서 퍼트남은 인식에 있어서 '개념 이전의 세계'에 대해 일정한 역할을 인정하고 있는 것이다.

퍼트남이 말하는 '개념 이전의 세계'의 성격은 기본적으로 칸트의 '물 자체'와 다를 바 없지만, 퍼트남이 이러한 생각을 유지하는 데는 칸트와는 전혀 다른 이유를 갖고 있다. 칸트는 자신의 인식론적 구도 안에서 인간이 공유하는 단일한 인식의 모형을 설정하고 있다는 점에서 상대주의라는 문제를 초래하지 않지만, 다수의 개념체계를 설정하는 굿맨이나 퍼트남에게는 상대주의라는 망령을 제약하는 것이 중요한 문제가 된다. 즉 퍼트남은 우리가 우리의 개념체계를 통해서 이 세계를 구획한다는 것을 인정하지만, 그 구획의 재료가 되는 이 '개념 이전의 세계'의 기여를 상대주의적 분기를 막는 '제약'으로 간주하는 것이다.

퍼트남의 칸트적 딜레마를 감안한다면 퍼트남의 내재적 실재론이 굿맨의 비실재론의 난점을 근원적으로 해소해 주는 것은 아니다. 퍼트남은 우리의 인식에서 마음과 세계의 공동 작업을 인정하지만, 여기에서 각각의 역할이 무엇인지에 대한 물음에 대해서는 그것을 명확히 구분하려는 시도는 '구분의 오류'를 범하는 것이며, 그러한 낡은 유혹에 빠지는 것은 항상 철학적 재앙을 불러올 뿐이라고 답변한다.[20] 그러나 이

---

18) 이 문제에 관한 좀 더 상세한 논의는 이 책 2장 「퍼트남의 내재적 실재론」 참조.

19) Putnam, Reason, *Truth and History* (Cambridge: Cambridge University Press, 1981), xi.

20) Hilary Putnam, *Renewing Philosophy* (Cambridge, Mass.: Harvard University Press, 1992), p. 58.

것은 우리의 물음에 대한 진정한 답변이 아니라 우리의 물음을 피하는 하나의 임기응변처럼 들린다. 퍼트남의 '세계'가 여전히 내재적 실재론 안에서 말할 수 없는 세계로 남아 있는 한, 이 문제에 대한 퍼트남의 명료한 답은 근원적으로 봉쇄되어 있기 때문이다. 그래서 이 문제에 관해 퍼트남이 제안하는 결론적 방향이 옳은 것이라 하더라도 그의 내재적 실재론은 여전히 칸트적인 딜레마를 안은 채로 남아 있다.

적어도 이러한 실재론/반실재론 논쟁이 봉착한 난점에 직면해서 로티의 제안은 경청할 만한 중요성을 갖는다. 로티는 물론 이 논쟁 구도 안에서 어느 편에 서기보다는 전반적으로 이러한 구도 자체를 거부하려는 급진적인 견해를 제시한다. 로티는 앞서 언급한 것처럼 '잘 없어진 세계'(the world well lost)라는 표현을 통해 '물 자체'의 세계를 거부한다. 이러한 이유 때문에 많은 철학자들은 로티를 일종의 반실재론자로 간주하려고 한다. 그러나 로티는 기본적으로 이러한 실재론/반실재론 논쟁 자체를 무용하고 흥미 없는 것으로 간주하며, 대신에 이야기의 주제를 바꾸려고 한다. 그에게 실재론/반실재론 논쟁은 이미 지적 유용성을 잃은 공허한 논쟁일 뿐이다.

물론 그의 이러한 급진적 거부의 배경에 자리 잡고 있는 것은 듀이적 실용주의다. 로티는 듀이를 따라 실재론/반실재론 논쟁을 마음과 세계의 구분이라는 이원론적 사고가 초래한 철학적 폐해의 하나로 간주한다. 로티가 '로크-데카르트-칸트 전통'이라고 부르는 근세의 인식론적 전통은 그 바탕에서부터 공통적으로 세계와 분리된 마음의 작용을 가정한다. 로티는 이러한 인식론적 구도가 '방관자적 지식 이론'[21]을 산

21) John Dewey, *The Quest for Certainty: The Later Works, 1925~1953*, Vol. 4, ed. Jo Ann Boydston (Carbondale, Ill.: Southern Illinois University Press, 1988), p. 19.

출할 뿐이라는 듀이의 생각을 받아들인다. 로티는 이러한 구도를 근원적으로 거부함으로써 실재론/반실재론 논쟁이 해소될 수 있다고 보는 것이다. 물론 로티의 이러한 접근은 실재론/반실재론 논쟁의 소재를 드러내는 데 중요한 계기를 제공한다. 그러나 로티의 후속적 주장들은 자신의 부인에도 불구하고 오히려 극단적인 반실재론적 · 상대주의적 경향을 드러낸다. 필자는 이러한 귀결이 의도적이든 아니든 로티가 듀이의 실용주의를 편파적으로 수용한 결과라고 본다.[22]

로티의 이러한 해체적 태도는 진리 문제에 관해서도 뚜렷하게 드러난다. 그는 진리는 철학적으로 아무런 흥미도 주지 못하며, 자신이 취하고 있는 실용주의의 입장에서 볼 때 "'진리'란 모든 참인 문장들이 갖는 속성"[23] 이상의 것이 아니라고 주장한다. 로티는 진리에 관해 철학자들이 오랫동안 집착해 왔던 것은 다만 진리 대응설이라는 공허한 구도에 사로잡혀 왔기 때문이며, 그 구도의 포기와 함께 더 이상 진리에 관한 진지한 철학적 문제는 존재하지 않는다고 주장한다. 그는 전통적인 철학이 이야기하는 '진리'(Truth) 대신에 일상적인 '진리들'(truths)에 관해서 이야기할 것을 권한다. 퍼트남은 로티의 이러한 철학적 태도에 대해 강한 불만을 표시한다.

나는 철학이 로티가 생각하는 것보다는 더 중요하며 동시에 덜 중요하다

---

22) 듀이는 철학이 비판적 기능과 함께 체계 건설적 기능을 동시에 갖는다고 본다. 그러나 로티는 체계 건설적 측면을 거부하고 비판적 기능에 철학의 역할을 국한시킴으로써 듀이로부터 멀어질 뿐만 아니라 결과적으로 자신의 입장 또한 반실재론적이고 상대주의적인 경향을 강력하게 드러낸다. 이 문제에 관한 좀 더 상세한 논의는 이 책 6장「로티의 듀이 해석」참조.

23) Rorty, *Consequences of Pragmatism*, p. xiii.

> 고 생각한다. …… "그것은 사이비 문제야"라고 말하는 것 자체만으로는 치유적이 아니다. 그것은 그 자체로 형이상학적 질병의 공격적 형태다.[24)]

퍼트남은 철학이 여전히 건설적인 역할을 갖는다고 본다. 퍼트남은 굿맨의 비실재론이 데리다의 해체 철학에 위험스러울 정도로 근접해 있다고 보지만, 그럼에도 불구하고 굿맨과 데리다 사이에 중요한 차이를 지적한다. 굿맨의 비실재론은 단일하고 객관적인 세계, 그리고 진리 개념에 대한 강력한 반론이다. 그러나 퍼트남은 굿맨이 자신의 비실재론를 통해 결코 진리 개념 자체를 포기하라는 결론에 이르지 않으며, 대신에 우리에게 철학적 논의의 영역을 넓혀야 한다고 제안하고 있음을 들어 그를 건설적 철학자로 간주한다.[25)] 즉 굿맨이 단일한 기준의 부재를 절망이라기보다는 하나의 철학적 도전이라고 강조한다는 점에서 대안을 약속하지 않는 해체론자들과 길을 달리 한다는 것이다.[26)]

굿맨의 세계 만들기가 안게 되는 난점은 기본적으로 우리의 인식에 있어서 마음과 세계의 역할에 관한 문제로 집약된다. 세계의 역할을 중시하는 것은 객관적 인식의 근거가 되며, 마음의 역할을 중시하는 것은 상대주의적 위험성을 불러온다. 이러한 구도에서 굿맨은 인식에 있어서 마음의 역할의 중요성을 인정하면서 그만큼 상대주의의 위협이라는 문제에 직면하게 된 것이다. 그리고 그 상대주의적 분기가 어디에서 멈추는지에 관해 명료한 방식으로 답하지는 못하고 있다. 굿맨 자신은 이러한 난점을 염두에 두고 있으며, 자신의 작업이 하나의 완결된 결론보

24) Putnam, *Realism with a Human Face*, ed. James Conant (Cambridge, Mass.: Harvard University Press, 1990), p. 20.

25) Putnam, *Renewing Philosophy*, p. 128.

26) 같은 책, p. 129.

다는 다원주의적 해명의 가능성을 여는 것이라고 생각한 것으로 보인다. 그래서 굿맨은 자신의 사냥에서 중요한 것은 포획물이 아니라, 그 과정에서 탐색된 영역에 대해서 배우게 된 것들이라고 말한다(『세계 만들기』, ix).

4. 맺는 말

굿맨은 자신의 비실재론을 하나의 정형화된 철학적 이론으로 기술하지도 않았으며, 또 그런 의도를 갖고 있었던 것으로 보이지도 않는다. 그렇다 하더라도 비실재론의 철학적 의도와 긍정적 성과는 대체로 분명하게 드러난다. 우리는 우선 20세기 전반에 지배적인 지적 전통을 형성했던 논리실증주의의 객관주의적 성향에 대한 강력한 비판으로서 비실재론의 일차적 긍정성을 찾을 수 있을 것이다. 굿맨은 단일한 진리 개념을 거부하고 명백하게 다원주의를 표방함으로써 콰인, 퍼트남과 함께 개념적 상대성을 철학적 논의의 중심부로 옮겨오는 데 핵심적인 기여를 했다. 그러나 불운하게도 이들은 이러한 상대적 변이라는 현상을 적절하고 명료한 방식으로 설명하는 데 성공하지는 못한 것으로 보인다. 그리고 그것은 우리의 숙제로 남게 되었다.

굿맨 자신은 상대주의의 제약의 필요성을 중요한 것으로 인식하고는 있었지만 구체적 대안 제시라는 측면에서 논의의 핵심을 피해 가고 있다. 퍼트남의 내재적 실재론은 이 문제에 관해 중요한 실마리를 제공한다. 퍼트남은 '개념에 오염되지 않은 실재'를 굿맨보다 좀 더 적극적으로 인정함으로써, 그것이 우리의 기술의 재료로서 필수적일 뿐만 아니라 동시에 상대주의적 분기를 막는 제약의 역할을 한다고 주장한다. 그러나 앞서 지적했던 것처럼 이 내재적 실재론은 '개념 이전의 세계'라는 칸트적 딜레마를 안게 된다. 여기에서 우리는 굿맨의 난점이 그가 가정하는 것보다도 훨씬 더 근원적이라는 것을 알 수 있다.

굿맨과 퍼트남의 난점의 근원은 가깝게는 '개념체계'를 인정한다는 점이며, 더 근원적으로는 세계를 단순히 '관찰되고 기술되어야 할' 어떤 것으로 간주하고 있다는 점이다. 귀결로 드러나는 딜레마는 마음의 작용에 앞선, 그것에 관해 말할 수도 말하지 않을 수도 없는 '물 자체'의 세계다. 이러한 의미에서 굿맨은 퍼트남과 마찬가지로 주관과 객관의 구분이라는 근세 이후의 인식론적 구도를 벗어나지 못하고 있다. 이러한 난점을 극복하는 하나의 방식은 듀이와 같은 실용주의자들을 따라 몸/마음 이분법과 함께 세계가 단순한 관찰의 대상이라는 생각을 원천적으로 포기하는 것이다. 우리가 세계와 분리된다는 생각이 가능한 것은 인간을 순수한 '마음'으로 이해했을 때다. 우리는 다만 순수하게 인식하는 존재가 아니라 '신체화된'(embodied) 유기체로서 이 세계 안에서 살아가는 존재다. 인간에 대한 이러한 시각의 전환은 '개념 이전의 세계'를 설정하지 않으면서도 실제적으로 인간이라는 '종'(種)의 경험이 드러내는 '공공성'과 '상대적 변이'의 공존 구조를 새롭게 밝힘으로써 굿맨이 직면하는 딜레마를 넘어서서 상대주의 문제를 새롭게 조명할 수 있는 통로를 열어 줄 것이다.

제5장 로티의 철학 비판

아마도 로티(R. Rorty)는 오늘날 영어권의 철학계에서 가장 큰 논란을 불러일으킨 철학자일 것이다. 그는 전형적인 분석철학적 전통 안에서 철학적 수업을 받았으며, 이후 상당 기간 동안 매우 전문적인 언어철학적 탐구에 몰두했지만, 스스로 그 울타리를 무너뜨리고 철학적 시각을 바꾸게 된다. 로티의 급진적인 해체론적 경향을 감안할 때 그의 철학을 가장 포괄적으로 규정할 수 있는 말은 아마도 '포스트모던'일 것이다. 로티는 자신의 입장을 스스로 '실용주의'(pragmatism), '교화철학'(edifying philosophy), '철학 이후의 철학'(post Philosophical philosophy) 등으로 표현하고 있으며, 자신의 이러한 입장들이 해석학적 태도에 근접해 가고 있다고 표명한다. 그러나 그것은 다만 자신의 철학적 태도를 가리키는 말이며 실제로는 자신이 어떠한 적극적 체계나 이론을 갖는다는 것도 부인한다.

로티의 철학 비판의 핵심은 오랫동안 전통 철학—특히 근세의 인식론으로 정형화된—을 사로잡고 있었던 '거울로서의 마음'(Mind as a Mirror)이라는 은유를 깨뜨리는 데 있다.[1] 그 은유에 따르면 우리의 마음은 세계와 그 세계에 대한 우리의 신념들 사이에 매개체로서 존재하

---

1) Richard Rorty, *Philosophy and the Mirror of Nature* (Princeton, N.J.: Princeton University Press, 1979), "Introduction" 참조.

는 하나의 거울이며, 우리는 이 거울을 통해 세계를 정확하게 '표상'(representation)하려고 한다. 로티에 따르면 전통적으로 이 은유가 함의하는 것은 우리가 세계에 대한 단일하고 올바른 진리에 도달할 수 있으며, 그것을 토대로 우리의 표상들을 평가할 수 있다는 생각이다. 철학은 이처럼 지식과 진리의 근거를 밝힐 수 있다는 최상의 과제를 제시함으로써 다른 모든 지식을 평가할 수 있는 판정자로서의 권위를 유지해 왔다.

로티에 따르면 이처럼 '신적 관점'(God's-Eye view) 또는 단일한 진리를 추구하는 토대주의적(foundationalist) 인식론이라는 전통 철학의 근저에는 세계와 우리의 신념들 사이에 모종의 대응 관계가 존재한다는 '진리 대응설'이 자리 잡고 있다. 따라서 진리 대응설 비판은 전통 철학 전반에 대한 로티의 비판에 있어 핵심을 이루고 있다. 로티는 우리가 언어라는 그물을 벗어날 수 없다는 점을 들어 우리에게 근원적으로 언어와 세계를 비교할 방법이 주어지지 않는다고 주장한다. 로티는 나아가 '표상'이라는 생각 자체와 함께 데카르트적 인식론이라는 구도를 전적으로 폐기해야 한다고 주장한다.

로티의 전통 철학 비판은 니체(F. Nietzsche)에게서 그 영감을 얻은 것이지만, 진리를 "실재에 대한 지식을 정확하게 확보하려는 문제가 아니라 실재에 대처하는 행위의 습관을 획득하는 문제"[2]로 간주한다는 점에서 그의 철학적 태도의 전반적 기조는 다분히 '실용주의적'이다.[3]

---

2) Rorty, *Objectivity, Relativism, and Truth: Philosophical Papers 1* (Cambridge: Cambridge University Press, 1991), p. 1.

3) 로티는 스스로 듀이적 실용주의가 자신의 철학적 기조라는 점을 명시적으로 밝히고 있다. Rorty, "Comments on Sleeper and Edel," *Transactions of the Charles S. Peirce Society*, vol. 21, no. 1 (1985), p. 39.

그러나 전통적인 미국의 실용주의자들과 로티를 구별해 주는 가장 뚜렷한 징표는, 그가 이미 사멸한 것으로 간주하는 전통 철학 대신에 어떠한 대안도 제시하지 않는다는 점이다. 나아가 그는 어떠한 유형의 체계적 이론화도 거부한다. 그가 취하고 있는 전략의 핵심은 전통 철학이 갖는 허구성을 드러내 보임으로써 다만 상대방의 입장을 와해시키는 데에 있다. 그래서 로티의 '신실용주의'(Neo-pragmatism)는 과거의 다른 이론들과 나란히 서는 것을 거부하고 '철학 이후의 철학'[4]임을 자처한다. 그러나 이러한 로티의 철학적 태도에 관해 과연 그가 서 있는 곳이 정확히 어디인지, 그러한 입장이 실제로 가능한지에 대한 논란이 끊이지 않고 있다.

이 장에서는 먼저 '표상주의'(representationalism)로 특징지어지는 토대주의적 인식론에 대한 로티의 비판을 진리 대응설을 중심으로 검토할 것이다. 이러한 논의를 토대로 로티가 지식과 진리에 관한 궁극적인 토대를 거부하면서 제시하는 새로운 철학 개념이 자신의 정교한 논변에도 불구하고 상대주의라는 비판에 성공적으로 대처하지 못하고 있음을 보일 것이다. 즉 상대주의 문제와 관련해서 로티가 궁극적으로 마주치게 되는 과제는 자신의 상대주의적 입장이 어떻게 허무주의에로의 전락을 피할 수 있는가라는 문제로 요약되며, 이것은 로티뿐만 아니라 오늘날 단일한 진리 개념을 거부하는 철학자들 모두가 답해야 할 가장 큰 숙제이기도 하다. 필자는 전통적인 객관주의/상대주의의 낡은 이분법적 구분을 넘어서 있다는 로티 자신의 주장에도 불구하고 로티가 이 문제에 성공적으로 답하지 못하고 있으며, 그러한 한 로티의 대안적 철

4) Rorty, *Consequences of Pragmatism: Essays 1972~1980* (Minneapolis: University of Minnesota Press, 1982). p. 143.

학 개념은 새로운 옷을 입고 나타난 여전히 낡은 상대주의의 한 형태일 수밖에 없다는 점을 지적할 것이다.

1. 반표상주의: 진리의 비신격화

로티의 급진적 철학 비판의 핵심적 표적은 토대주의적 인식론이다. 로티는 철학이 플라톤 이래로 여타의 탐구에 대해 우월한 판정자의 위치를 차지했던 이유는 철학이 '지식의 토대'를 탐구한다는 명분을 갖기 때문이라고 본다.[5] 이러한 철학은 역사적 성쇠를 초월해 있으며, 동시에 이 세계의 외적 변화에 대한 선험적 근거 또는 제약의 발견을 그 목표로 삼는다. 로티는 이처럼 초역사적이고 초문화적인 철학의 영상이 플라톤-데카르트-칸트 전통을 통해 자리 잡고 있으며, 이 영상은 다시 20세기에 들어서 철학을 엄밀하고 과학적인 것으로 유지하려는 후설의 현상학과 논리실증주의를 통해서 재확인되었다고 본다.

그러나 이러한 토대주의적 전통은 20세기에 들어와 몇몇 철학자들에 의해 강력한 도전을 받게 되었는데, 로티는 하이데거(M. Heidegger), 듀이(J. Dewey), 비트겐슈타인(L. Wittgenstein) 등이 그 도전을 이끌어 간 영웅적 철학자라고 본다. 로티는 이들이 정확한 표상으로서의 지식 개념을 거부함으로써 철학에 쿤(T. S. Kuhn)적인 혁명을 불러왔다고 지적한다. 로티는 특히 제임스(W. James)나 듀이의 실용주의를 전통적인 철학을 거부하는 가장 중요한 원천으로 간주하며, 이러한 맥락에서 비트겐슈타인, 콰인(W. V. O. Quine), 셀라스(W. Sellars),

---

5) Rorty, *Philosophy and the Mirror of Nature*, p. 3 참조.

데이빗슨(D. Davidson) 등이 제시하는 반실증주의적 태도를 '실용주의에의 복귀'로 해석한다.[6)]

토대주의적 인식론에 대한 로티의 핵심적 비판은 진리 대응설을 향하고 있다. 진리 대응설은 '표상'이라는 개념을 토대로 삼고 있는데, 이러한 구도 안에서 '대응'이라는 관계가 우리의 표상들을 평가하는 기준이 된다. 로티는 이러한 진리설을 다음과 같이 기술한다.

> 〔객관주의 입장에 따르면〕 안다는 것은 마음 밖에 있는 어떤 것을 정확히 표상한다는 것이다. 따라서 지식의 가능성과 본성을 이해한다는 것은 우리의 마음이 그러한 표상들을 구성하는 방식을 이해하는 것이다. 철학의 주된 관심사는 표상에 관한 일반 이론이 되는 것이며, 그 이론은 문화의 영역을 실재를 잘 표상하고 있는 것, 덜 표상하고 있는 것, 그리고 전혀 표상하지 않는 것 …… 으로 구분하게 된다.[7)]

로티는 먼저 우리가 세계의 내재적 본성에 접근할 수 있다는 생각이 근원적으로 불가능하다고 주장한다. 로티에 따르면 우리가 세계에 관해서 말한다고 하더라도 그것은 여전히 우리의 언어 안에서일 뿐이며 결코 언어를 벗어나 언어를 언어 이외의 어떤 것과 비교할 방식이 없다는 것이다.[8)] 다시 말해서 로티에 따르면 우리의 언어는 세계 자체에 도

---

6) 로티는 전통적 인식론을 거부하고 철학을 재구성하려고 했던 듀이의 시도가 불운하게도 분석철학의 쇄도로 인해 좌절되었다고 본다. 이러한 관점에서 로티는 비트겐슈타인 전기 사상을 대변하는 『논리-철학 논고』에 대한 스스로의 비판, 콰인의 분석/종합 구분의 거부 및 '전체론'(holism), 셀라스(W. Sellars)의 '주어진 것(the Given)의 신화'의 거부, 체계(scheme)와 내용의 구분에 대한 데이빗슨의 비판 등을 실용주의에로의 복귀의 중요한 징표로 해석한다. Rorty, *Consequences of Pragmatism*, 특히 pp. xvii~xxi 참조.

7) Rorty, *Philosophy and the Mirror of Nature*, p. 3.

달할 수 있을 만큼 강력한 것이 아니다.

로티를 따라 진리 대응설과 함께 단일한 진리를 거부하는 것은 그 자체로 고무적이고 흥미로울 뿐만 아니라 바람직한 일이기도 하다. 나아가 이와 함께 토대주의적 인식론을 넘어설 수 있다는 것도 옳은 일이다. 그렇지만 이러한 주장의 배후에서 그것을 뒷받침해 주고 있는 로티의 언어관은 여전히 중요한 문제를 안고 있는 것으로 보인다. 존슨(M. Johnson)에 따르면 로티는 자신이 실용주의자라는 점을 공공연하게 표명하면서도 언어에 대해서는 여전히 지극히 제한된 관념을 버리지 못하고 있다. 예를 들면, 어린아이는 명제적 언어의 학습이 없이도 세계와 지속적인 상호작용 관계를 유지한다. 이러한 상호작용은 명제적 언어를 매개로 한 것이 아니다. 듀이는 아마도 어린아이의 직접적이고 신체적인 상호작용도 '의사소통'이라는 범주에 포함시켰을 것이며, 따라서 우리가 언어를 벗어나지 못한다는 이유 때문에 세계에 도달할 수 없다는 주장이 공허한 것임을 지적했을 것이다.[9]

이러한 난점에도 불구하고 진리 대응설 비판을 토대로 로티가 '세계가 저 밖에 있음'과 '진리가 저 밖에 있음' 사이에 제시하는 구분은 매우 선명하다. 그는 진리들이 결코 우리의 언어를 통하지 않고서는 주어질 수 없다는 점을 분명히 한다.

> 진리는 저 밖에—인간의 마음으로부터 독립해서—존재할 수 없는데, 그것은 문장들이 그렇게, 즉 저 밖에 존재할 수 없기 때문이다. 세계는 저 밖에 존

---

8) Rorty, *Consequences of Pragmatism*, p. xix.

9) 이 문제에 관한 좀 더 상세한 논의는 Mark Johnson, "Good Rorty, Bad Rorty: Toward a Richer Conception of Philosophical Inquiry" (Unpublished typescript, Dept. of Philosophy, Southern Illinois University, 1989) 참조.

> 재하지만 세계에 대한 기술들은 그렇지 않다. 세계에 대한 기술들만이 참이거나 거짓일 수 있다. 세계 그 자체로는—인간의 기술 행위의 도움 없이—참이거나 거짓일 수 없다.[10]

아마도 윌리엄스(B. Williams)의 지적처럼 이것은 로티의 수많은 구분들 중에서 가장 쓸모 있는 구분일 것이다. 윌리엄스는 로티의 철학적 개념에 전반적으로 비판적 입장을 견지하지만 이 구분에 대해서는 매우 우호적으로 평가한다.

> 가장 논란의 소지가 적은 것은 그것을 어떤 방식으로든 기술하지 않고서는 세계에 관해 생각할 수 없다는 주장이다. 즉 세계는 〔우리에 의해〕 범주화되지 않고서는 드러날 수 없다. 세계가 스스로를 기술하거나 또는 그 자체가 탐구, 반성, 대안적 제안의 주제가 되지 않는 방법으로 스스로를 드러내는 방식은 더더욱 없다.[11]

이 구분은 진리가 이미 완성된 것으로서 저 밖에서 발견되는 것이 아니라 인간 행위의 부분으로서 언어의 그물망 안에서 만들어지는 것임을 말해 준다. 이러한 진리는 더 이상 전통적인 인식론이 가정했던 대응이라는 개념을 요구하지 않는다. 말하자면 우리들의 외부, 즉 우리의 언어 밖에서 문장들을 참으로 만들어 주는 것은 어떤 것도 존재하지 않

---

10) Rorty, *Contingency, Irony, and Solidarity* (Cambridge: Cambridge University Press, 1989), p. 5.

11) Bernard Williams, "Auto-da-Fé: Consequences of Pragmatism," in Alan Malachowski, ed., *Reading Rorty: Critical Responses to the Philosophy and the Mirror of Nature (and Beyond)* (Oxford: Basil Blackwell, 1990), p. 27.

는다는 것이다.

> 실용주의자에게 참인 명제는 그것이 실재에 대응하기 때문에 참이 되는 것이 아니다. 따라서 주어진 명제가 어떤 종류의 실재—만약 그것이 존재한다면—에 대응하는지, 즉 무엇이 그 명제를 '참'으로 만들어 주는지에 대해 염려할 필요가 없다.[12)]

로티는 이제 대응이라는 구도가 그저 포기되어야 할 공허한 시도라고 단정하는데, 이 주장은 강력한 만큼 많은 논란을 예고한다. 물론 이 문제에 관해서는 별도의 복합적인 논의가 필요하겠지만, 여기에서 논의의 쟁점은 과연 로티의 실용주의적 언어 개념이 대응 개념의 거부와 함께 생기는 공백을 충분히 대체할 수 있는지의 문제로 모아질 것이다. 그러나 앞서 지적했던 것처럼 로티 자신의 언어관이 표면적 명칭에도 불구하고 대단히 제한되어 있다는 사실은 이 논쟁에서 로티의 대응이 순조롭지 않을 것임을 추측하게 한다.

예를 들어 데이빗슨은 대응 개념의 일부 수정을 통해 그것이 실용주의적 언어관과 양립할 수 있을 것이라고 제안한다. 로티의 해석에 따르면 데이빗슨은 실용주의적 성향에도 불구하고 정합적 진리 이론과 함께 대응 개념을 유지하려고 시도한다. 데이빗슨 자신은 성공적인 정합성 이론은 대응 이론을 산출해야 한다고 주장하며, 따라서 전체로서의 언어와 세계 사이에 대응 관계가 존재한다는 것을 인정한다.[13)] 또한 비

12) Rorty, *Consequences of Pragmatism*, p. xvi.

13) Donald Davidson, "A Coherence Theory of Truth and Knowledge," in Ernest LePore, ed., *Truth and Interpretation: Perspectives on the Philosophy of Donald Davidson* (Oxford: Basil Blackwell, 1986), pp. 307~19.

전(G. Vision)은 로티의 대응설 비판에 결함이 있으며, 따라서 대응설을 충분히 논파하지 못하고 있다고 주장한다.[14)]

한편 퍼트남과 로티는 둘 다 대응설을 거부하지만 이 둘 사이에는 기본적인 시각의 차이가 있다는 점을 언급해 둘 필요가 있다. 2장에서 논의했던 것처럼 퍼트남은 대응설과 함께 신적 관점을 거부하는 데 우리의 지칭이 세계 자체에 도달할 방식이 없다는 논거를 사용한다. 그러나 로티의 입장에서는 지칭의 문제는 근원적으로 제거된다. 말하자면 언어는 아무것도 표상하지 않으며, 따라서 지칭이라는 관계는 이미 공허하게 되어 버린다는 것이다.

나아가 로티는 만약 세계와 언어 사이에 우리가 인식할 수 있는 방식의 대응 관계가 존재한다 하더라도 언어의 본성상 그 관계가 정합적이고 안정적인 방식으로 유지될 수 없다고 주장한다. 그가 말하는 언어의 본성은 '우연성'(contingency)이다. 말하자면 대응이라는 관계가 확인될 수 있는 방식으로 성립하기 위해서는 언어와 세계 양편이 확정적인 방식으로 고정되어 있어야 한다. 그러나 로티가 주장하는 언어의 우연성은 이러한 관계를 근원적으로 불가능하게 만든다. 로티에 따르면 우리의 언어는 본성적으로 삶의 복합적이고 우연적인 요소들에 의해 끊임없이 변화하는 과정 속에 있으며, 따라서 어떤 단일한 보편적 구조 안에 묶여 있지 않다.

로티는 언어를 일종의 '삶의 형식'으로 간주하려는 점에서는 비트겐슈타인적이지만, 동시에 언어를 사회적 활동으로서 환경에 대응하는

---

14) Gerald Vision, "Veritable Reflections," in Alna Malachowski, ed., *Reading Rorty: Critical Responses to the Philosophy and the Mirror of Nature* (and Beyond) (Oxford: Basil Blackwell, 1990), pp 74~100 참조.

수단으로 간주한다는 점에서는 실용주의적이다. 그러나 로티의 언어관에서 가장 주목할 만한 대목은 언어가 "어떤 더 높은 목적을 달성하기 위해서가 아니라 단지 맹목적으로(blindly)"[15] 변화한다는 데이빗슨의 견해를 받아들인다는 점이다. 따라서 우리는 언어 체계들의 변화에 있어서 어떠한 합리적인 진보 개념도 찾을 수 없으며, 다만 역사적 · 인류학적 탐구를 통해 그것들이 어떻게 변화하는지를 기술할 수밖에 없다.

로티는 우리가 현실적으로 유지하고 있는 언어적 합의는 우리가 언어라는 도구에 대한 '일과적 이론'(passing theory)을 받아들이는 데에서 생겨나는 결과물로 간주함으로써 의사소통의 가능성을 합리적으로 설명될 수 없는, 다만 '우연적 일치'라고 주장한다. 이러한 주장을 위해 로티는 우리가 우연히 전혀 낯선 원시인의 문명에 떨어진 가상적 상황을 소개한다. 이러한 상황에서 우리는 생존을 위해 가능한 모든 방법을 동원해 그들과의 의사소통을 시도할 것이다. 이러한 상황에 대해 로티는 다음과 같이 결론짓는다.

> 만약 우리가 어떻게든 쉽고 다행스럽게 의사소통에 성공하게 된다면 그 이유는 내가 발성하는 소리를 포함해서 내가 말하려고 하는 것에 대한 그 원주민의 추측과 내가 특정한 상황에서 하려고 하거나 말하려고 하는 것에 대한 기대가 다소간 우연적으로 맞아 떨어졌기 때문이며 동시에 그 대화가 참이기 때문이다. …… 우리가 같은 언어를 사용한다는 것은 …… '우리가 일과적 이론에 합의한다'는 것을 말한다.[16]

---

15) Rorty, *Contingency, Irony, and Solidarity*, p. 19.
16) 같은 책, p. 14.

이러한 로티에게 의사소통이란 언어 사용자들 간에 그저 우연히 다다르게 된 '합의'에 불과하다. 이러한 합의에 이르는 과정에는 모든 문화적 · 역사적 · 사회적 요인들이 복합적으로 작용할 것이다. 그리고 이러한 합의의 과정은 또 다시 환경에의 성공적 대처라는 실용주의적 가정에 의해 설명된다. 언어가 인간 행위의 한 부분이라는 관점에서 언어 사용자들 간에 공유되는 의미란 우리가 자연에 대응하는 것과 동일한 방식으로 성공적인 상호 의사소통의 수행을 위해 지속적으로 변화되고 수정된다. 이 때문에 대응 이론이 요구하는 언어(의미)의 고정성은 근원적으로 불가능하다.

대응설은 우리와 세계를 포괄적으로 조망하는, 우리를 넘어선 제3의 관점을 요구한다. 말하자면 우리의 언어와 대응하는 세계를 동시에 볼 수 있기 위해서는 이 둘을 넘어선 제3의 관점이 필요하다는 것이다. 그러나 우리가 언어의 밖으로 벗어날 수 없다고 주장하는 로티에게 그것은 공허한 환상이다. 따라서 대응설의 거부는 이러한 단일한 진리 개념, 즉 신적 관점의 거부를 의미한다. 이러한 관점이 주어지지 않는 한 마찬가지로 단일한 진리의 가능성도 부인된다. 초역사적이고 초문화적인 진리를 거부하는 것은 로티에게 진리의 '비신격화'(de-divinization)를 의미한다. 이제 "진리는 다만 문장들의 속성이며, 문장들의 존재는 우리의 언어에 의존하고 있으며, 언어는 인간에 의해 만들어진 것"[17]일 뿐이다.

사실상 로티가 전통적 인식론을 비판하는 근원적 의도는 수세기 동안 철학을 사로잡아 왔던 회의주의에 대한 우려를 해소하려는 것이다. 즉 데카르트는 우리가 도달할 수 없는 '확실성'이라는 이상을 표상이라

---

17) 같은 책, p. 21.

는 관념을 통해 제시했고, 이러한 시도가 불러온 부정적 귀결은 지식 자체에 대한 회의주의적 우려다. 즉 불확실성에의 우려는 바로 이 데카르트적 확실성을 가정함으로써 비롯된다는 것이다. 로티의 관점에서는 바로 세계와 우리의 신념들 사이의 공허한 관계 설정이야말로 "인식론의 원죄"[18]다. 로티는 진리 대응설과 함께 이 확실성이라는 기준 자체를 해체함으로써 회의주의적 불안을 근원적으로 해소하려고 한다. 그는 비트겐슈타인처럼 파리통에 갇힌 파리에게 출구를 보여 주는 데 만족하지 않고 파리통 자체를 깨어 던짐으로써 파리를 해방시키려고 하는 것이다.

2. 진리와 철학

인식론이 제거된 철학은 어떤 것이 될까? 로티의 인식론 비판과 함께 가장 심각하게 제기되는 문제는 철학에 있어서 진리의 위상이다. 로티의 비판에 따르면 단일한 초역사적 · 초문화적인 신적 관점에서의 단일한 진리는 근원적으로 불가능한 철학적 환상이며, 따라서 이제 진리는 다만 인간의 성쇠 안에서만 의미 있게 이야기할 수 있는 어떤 것이 된다. 그래서 로티는 문장이 없는 곳에는 진리도 없으며, 문장은 인간 언어의 한 요소이며, 인간의 언어는 인간의 창조물—시간과 공간 안에서 성쇠를 거듭하는—이라는 것을 강조한다.[19] 이제 로티는 저 밖에서 발

---

18) Rorty, *Philosophy and the Mirror of Nature*, p. 60.

19) Rorty, *Contingency, Irony, and Solidarity*, p. 5. 최근에 로티는 진리(Truth)는 항구적이고 지속적이지만 우리가 그것을 갖게 되었을 때 그것을 확신하기 어려운 반면, 우리가 더 많이 이야기해야 할 진실성(truthfulness)은 마치 자유처럼 일과적이고 우연적이며 가변

견되는 것이 아니라 인간의 행위 속에서 만들어지는 '이 땅의'(down-to-earth) 진리들에 관해 이야기할 것을 요구한다. 진리에 관한 이러한 제안은 아마도 로티의 가장 중요한 철학적 공헌일 것이다.

그러나 우리를 당혹스럽게 만드는 것은 이러한 급진적인 인식론 비판과 절대적 진리 개념의 거부가 아니라 그것을 토대로 로티가 제시하는 철학의 새로운 위상이다. 그는 새로운 진리 개념, 나아가 새로운 철학의 위상을 제시한다기보다는 다만 그것을 철저히 해체하는 것처럼 보이기 때문이다. 로티는 인식론이 붕괴된 이후에 진리 문제에 있어서 철학적으로 흥미 있는 것은 아무것도 남아 있지 않다고 주장할 뿐만 아니라 진리에 관한 어떤 진지한 이론의 가능성도 부인한다. 이러한 로티의 주장은 당혹스러운 것임에 틀림없다. 왜냐하면 진리 문제는 철학사를 통해 끊임없이 제기되고 논의된 중심적인 주제일 뿐만 아니라 우리의 일상적 삶에서도 여전히 중요한 의미를 지니는 것처럼 보이기 때문이다.

로티는 물론 우리가 실제로 진리에 관해 이러저러한 방식으로 이야기하며, 또 그럴 수 있다는 사실을 부정하지는 않는다. 그는 대신에 이러한 이야기가 '사소한 것'이라고 말한다. 로티의 입장에서는 이러한 유형의 진리란 다만 '모든 참된 문장들이 공유하는 속성의 이름'에 불과하다. 이러한 진리에는 "어제는 비가 내렸다", 또는 "대강당 옆의 홍매화가 피었다"라는 문장에서 보이는 것과 같은 일상적인 의미밖에 없으며, 여기에 더 이상 철학적으로 흥미로운 문제가 없다는 것이다. 그

적이지만 그것을 갖게 되었을 때 인지할 수 있다고 말한다. Rorty, "Philosophy and the Future," in Herman Saatkamp, ed., *Rorty and Pragmatism: The Philosopher Responds to His Critics* (Nashville: Vanderbilt University Press, 1995), p. 205.

래서 그는 단적으로 "이야기의 주제를 바꾸자"[20]고 제안한다.

그렇다면 '거울로서의 마음'이라는 은유와 '진리의 객관성'이라는 이상이 제거된 철학은 어떤 것이 될까? 로티는 아무런 인식론적 특권도 없는 철학자는 이제 "현재의 제도와 관습에 '근거'를 제공하는 대신에 그들의 독자들과 사회 전체로 하여금 낡은 용어와 태도를 포기하도록 …… 교화해야 한다"[21]고 말한다. 그러나 그는 이것이 사멸한 철학의 빈 자리를 메우려는 것은 아니며, 또 그렇게 시도해서도 안 된다는 것을 강조한다. 이러한 교화철학(edifying philosophy)은 건설적이라기보다는 치유적이며, 따라서 "체계적 철학의 주장에 기생하는 대응적 철학"[22]일 뿐이다.

로티의 특이한 철학관에는 과학의 본성과 역사에 대한 쿤의 독창적인 시각의 영향이 뚜렷하게 나타난다.[23] 로티는 철학이 다른 모든 인간의 행위와 마찬가지로 역사적 성쇠에 의존한다고 보며, 따라서 우리가 사색을 시작하자마자 제기되는 어떤 항구적이고 불변하는 철학적 문제들이 있다는 믿음을 일종의 환상이라고 본다. '패러다임'(paradigm)의 전환에 따라 전혀 다른 철학적 문제들이 제기되며, 이 전환은 이전의 패러다임에서 제기된 문제를 더 나은 방식으로 해결하려는 노력의 산

---

20) 같은 책, p. xiv.

21) Rorty, *Philosophy and the Mirror of Nature*, p. 12.

22) Kai Nielson, *After the Demise of the Tradition: Rorty, Critical Theory, and the Fate of Philosophy* (Boulder, Colo.: Westview Press, 1991), p. 164.

23) Rorty, *Philosophy and the Mirror of Nature*, pp. 322~33 참조. 로티는 쿤의 열렬한 지지자이며 철학사에 대한 그의 이해는 과학사에 대한 쿤의 이해의 재진술이라고 말할 수 있을 정도다. 쿤은 패러다임 이론을 통해 과학사를 관통하는 단일한 과학적 이론은 존재하지 않으며, 과학의 역사는 특정한 과학자 집단의 탐구를 지배하는 패러다임의 전환의 비누적적 연속이라고 주장한다. Thomas Kuhn, *The Structure of Scientific Revolutions*, 2nd ed. (Chicago: University of Chicago Press, 1970) 참조.

물이라기보다는 그 패러다임의 추종자들의 상상력을 사로잡게 된 다양한 역사적 · 우연적 요인들의 산물이라는 것이다. 그래서 상이한 패러다임 안에서의 탐구는 다른 문제를 다른 방식으로 제시하고 해결하게 되며, 따라서 상이한 패러다임들 사이에는 '공약 불가능성'이 자리 잡게 된다.

그러나 앞으로의 논의를 통해 드러나겠지만 이러한 로티의 주장은 우리의 직관에 반하는 것이며 동시에 과도한 것이다. 우리는 우리가 인간이라는 단일한 생물학적 '종'(種)에 속한다는 사실을 부정할 수 없으며, 이러한 사실은 객관주의자들이 가정하는 방식은 아니라 하더라도 적어도 우리가 일정한 수준까지 공유하는 최소한의 요소들이 존재하리라는 것을 암시한다. 의도적이든 아니든 로티는 이러한 측면들을 전적으로 간과함으로써 과도한 상대주의의 길로 나아가고 있다.

아무튼 로티에 따르면 철학사는 상이한 패러다임에 따라 상이한 문제들을 제기하는 것으로 이해된다. 따라서 우리는 다음 세대를 사로잡게 될 철학적 상상력을 예측할 수 없으며, 그것이 다루게 될 문제들도 예측할 수 없다. 로티에 따르면 철학자들이 해야 할 일은 어떤 시대를 사로잡은 철학적 상상력의 공허함을 드러냄으로써 그것에 종지부를 찍는 일이다. 그것이 전부다. 우리는 죽어 버린 철학 대신에 아무것도 건설해야 할 이유가 없으며, 또 그렇게 시도해서도 안 된다. 따라서 아마도 인식론의 사멸 이후에 우리가 할 수 있는 일은 고작해야 '이삭줍기' 같은 어떤 것이 될 것이다. 로티는 '해석학'(hermeneutics)을 그러한 하나의 가능성으로 제시하고 있으며 인식론의 억압으로부터 해방된 해석학적 전환의 문화가 어떤 것이 될지를 다음과 같이 조망한다.

> 나는 해석학을 인식론의 '후속 주제'로, 즉 인식론 중심적 철학에 의해 채

> 워졌던 공간을 채우는 활동으로 제시하는 것이 아니다. …… '해석학'은 탐구 분과, 인식론이 도달하지 못했던 것과 같은 종류의 결과에 도달하려는 방법, 또는 탐구 계획의 이름이 아니다. 오히려 해석학은 인식론의 사멸에 의해 남겨진 문화적 공간이 채워지지 않으리라는, 즉 우리 문화가 제약과 대립의 요구를 더 이상 느끼지 않는 문화가 되리라는 희망의 표현이다.[24)]

로티가 꿈꾸는 이러한 문화 안에서 철학은 이제 더 이상 과거의 권위를 지키는 만학의 여왕이 아니며 다만 인간의 수많은 대화들 중의 하나일 뿐이다. 이제 우리가 대화하는 것은 특정한 목적을 위해서가 아니라 마치 소크라테스가 대화 자체를 하나의 목표로 삼았던 것과 같은 이유 때문이다.[25)] 이것은 이성적 합의에 도달하기 위해서, 따라서 "더 이상의 대화를 불필요한 것으로 만들기 위해서"[26)] 이야기해야 한다고 강요하는 반실용주의적 태도들에 대한 정면 도전이다. 로티에 따르면 반실용주의자의 계획은 오직 "본질의 발견을 위한 대응으로서의 지식과 진리 개념, 원리에 대한 복종으로서의 도덕 개념, 그리고 실용주의자들이 해체하려는 모든 개념들"[27)]과 뗄 수 없이 묶인 올바른 이성 개념에 의해서만 가능하다.

---

24) Rorty, *Philosophy and the Mirror of Nature*, p. 315.

25) Rorty, *Consequences of Pragmatism*, p. 172. 로티는 여기에서 소크라테스의 도덕적 덕이 "이야기하고, 다른 사람의 말을 경청하고, 우리의 행동이 다른 사람에게 미치는 영향들을 평가하려는 의도"에 있다고 지적한다.

26) 같은 책, p. 170.

27) 같은 책, p. 172.

28) Michael Devitt, "Rorty's Mirrorless World," in Peter French, et al., eds., *Midwest Studies in Philosophy 12: Realism and Antirealism* (Minneapolis: University of Minnesota Press, 1988), pp. 157~77 참조.

그러나 로티의 이러한 전환은 정당한 것일까? 데비트(M. Devitt)는 로티의 이러한 전환에 대해 주목할 만한 반론을 제기한다.[28] 데비트는 대응설을 비판하는 로티의 기본적 의도가 대응설이 초래하는 회의주의에 대한 우려의 극복이라는 점을 상기시키고, 이러한 로티의 의도가 대응설의 거부와 해석학으로의 전환 없이도 성취될 수 있다고 주장한다. 데비트가 대안적으로 제시하는 체계적 철학의 가능성은 자연주의적 철학이다. 필자는 로티적 해체론에 대한 대안적 방향으로 자연주의적 탐구의 가능성 문제를 다음 장에서 듀이의 실용주의에 대한 로티의 해석 문제를 다루면서 좀 더 상세하게 논의할 것이다. 대신에 여기에서는 우선 로티의 철학관이 불러오는 상대주의적 우려 문제와 이에 대한 로티의 대응을 좀 더 상세하게 검토할 것이다.

3. 상대주의 대 자문화중심주의

오늘날 많은 철학자들은 체계적 전통 철학에 대한 로티의 비판에 동의하면서도 그의 대안적 철학 개념에 대해서는 여전히 강력한 반론을 제기한다. 예를 들어 번스타인은 데카르트적 불안, 즉 "데카르트적 이분법"(the Cartesian Either/Or)[29]을 완화시키는 데 있어서 로티의 인식

---

29) Richard Bernstein, *Beyond Objectivism and Relativism: Science, Hermeneutics, and Praxis* (Philadelphia: University of Pennsylvania Press, 1983), pp. 16~20 참조. 또한 번스타인은 데카르트적 이분법을 "토대주의적 은유와 역사로부터 벗어나려는 절망적 시도에 거부할 수 없이 끌리거나, 아니면 철학 그 자체가 기껏해야 훈수(kibitzing)의 한 형태일 뿐이라는 것을 인정하는 것"이라고 표현한다. Bernstein, "Philosophy in the Conversation of Mankind," *Review of Metaphysics*, 33 (1980), 767. (번스타인의 원문의 'kibbutzing'은 'kibitzing'의 오식으로 생각된다.)

론 비판이 부분적인 공헌을 하고 있다는 것을 인정한다. 그러나 번스타인은 로티의 해체가 오늘날 철학이 직면한 가장 큰 난점 중의 하나인 객관주의/상대주의 이분법을 해소하는 데 적절한 방식이 되지 못한다는 점에 대해 강한 불만을 드러내고 있다.

이러한 비판에 대해 로티는 자신의 메타 철학은 이미 '객관주의 아니면 상대주의'라는 쓸모없는 낡은 구분을 넘어서 있다고 주장한다. 그러나 로티의 비판자들은 로티의 이러한 답변에 동의하지 않을 것이다. 과연 어떤 방식으로 로티의 입장이 전통적인 구분을 넘어설 수 있는지가 답변되지 않은 것이다. 번스타인은 다음과 같이 말한다.

> 〔가다머와 하버마스는〕 로티가 자신의 말이 초래하는 귀결들을 인식하지 못하고 있다고 비난할 것이다. 그들은 아마도 …… '세련된' 대화에서는 아주 순진한 것으로 보이는 경박한 상대주의가 실제 영역에서는 쉽사리 그 반대로 전환될 수 있다는 것—즉 제약되지 않은 부정성이 제약되지 않은 파괴의 강력한 힘이 될 수 있다는 것—을 로티가 간과하고 있다고 비난할 것이다. 로티의 해체의 기교는 그 자신에게 역전되어 되돌아올 수 있다.[30)]

로티는 물론 자신이 반상대주의자임을 자처한다. 그는 "모든 신념은 다른 모든 신념과 동등하다"라고 표현되는 허무주의적 상대주의를 그 자체로 위협적일 뿐만 아니라 자가당착적인 것이라고 강력하게 비판한다. 로티는 자신이 일종의 상대주의자라는 점을 인정하지만 그가 인정하는 상대주의는 다만 선의의(*bona fide*), 비허무주의적 유형이라는 한계 안에서의 상대주의일 뿐이다. 그는 자신이 이러한 선의의 상대주

---

30) Bernstein, *Beyond Objectivism and Relativism*, p. 200.

의를 수용한다고 주장하며, 따라서 그가 특정한 제약 없이 '상대주의'라는 말을 사용할 때에는 허무주의적 상대주의, 즉 "그저 반박되어야 할 혼란스러운 입장"[31]을 가리킨다.

자신에게 향해지는 상대주의라는 비판에 대한 로티의 기본적 전략은 그 비판에 정면으로 대응하기보다는 '상대주의'라는 개념 자체를 해체하는 것이다. 그래서 그는 "절대주의와 합리주의, 합리성과 비합리성, 도덕성과 편의성 등의 구분을 낡고 어색한 도구들—대체되어야만 할 언어의 잔유물"[32]이라고 말한다. 그는 상대주의 자체가 무의미한 개념이라고 주장함으로써 객관주의/상대주의 구분 자체를 무용한 것으로 해체하려고 하는 것이다. 로티는 자신의 이러한 주장을 뒷받침하기 위해서 데이빗슨의 반표상주의적 주장을 끌어들인다.

> 신념들은 참이나 거짓이지만 아무것도 표상하지 않는다. 표상들과 대응이론을 포기하는 것은 좋은 일이다. 왜냐하면 표상들이 존재한다는 생각이야말로 상대주의라는 생각을 불러오기 때문이다.[33]

여기에서 로티는 우리가 표상이라는 생각을 포기하기만 하면 상대주의라는 개념은 자동적으로 해소되는 어떤 것처럼 말하고 있다. 즉 표상관념을 맴도는 논의들을 넘어서는 자신의 메타 비판은 상대주의의 우려를 넘어선다는 것이다. 여기에서 로티는 상대주의적 우려라는 문제

---

31) Rorty, *Consequences of Pragmatism*, p. 168.

32) Rorty, *Contingency, Irony, and Solidarity*, p. 44.

33) Donald Davidson, "The Myth of the Subjective," in Michael Krausz, ed., *Relativism: Interpretation and Confrontation* (Notre Dame, Ind.: University of Notre Dame Press, 1989), pp. 165~66.

가 표상주의라는 인식론적인 구도에서 발생하는 문제로 간주하고 있다. 그러나 상대주의라는 문제가 인식론보다도 훨씬 더 오랜 역사를 갖는다는 평이한 사실을 접어둔다 하더라도, 상대주의에 대한 로티의 이러한 대응이 매우 피상적이라는 점을 지적하지 않을 수 없다. 앞서 언급했던 것처럼 상대주의는 단지 특정한 이론이나 시각에 국한된 문제가 아니기 때문이다.

자신의 견해에 대해 여전히 가라앉지 않을 반론들에 대비하고 있다는 사실에 비추어 볼 때 로티 자신도 이러한 난점을 충분히 의식하고 있는 것으로 보인다. 로티는 계속해서 자신의 실용주의는 "모든 신념을 다른 모든 신념과 동등하다"고 주장하는 것이 아니라 다만 이론 선택이 지금까지 생각되어 온 것보다 덜 산술적이라고 말할 뿐이라고 주장한다.

> 누구도 이러한 견해를 갖지 않는다. 가끔 볼 수 있는 협조적인 신입생이 아니라면 누구도 중요한 주제에 관한 두 개의 양립 불가능한 의견이 동등하게 타당하다고 말하지 않을 것이다. '상대주의자'라고 불리는 철학자들은 다만 그 의견들을 선택하는 근거가 생각되어 왔던 것보다 덜 산술적이라고 말하는 사람들이다. 따라서 사람들은 물리학에서 이론 선택의 기준이 용어의 친숙성에 의거한다고 주장하거나 현존하는 의회 민주주의 제도와의 정합성이 사회 철학의 기준이라고 주장함으로써 상대주의자라고 공박될 수 있다.[34]

로티는 한편 다른 곳에서 이러한 자신의 입장이 상대주의가 아니라 '자문화중심주의'(ethnocentrism)라고 항변하지만 그의 주장의 핵심

---

34) Rorty, *Consequences of Pragmatism*, p. 166.

은 앞의 논지를 크게 벗어나지 않는다. 그는 흔히 실용주의에 대해 제기되는 상대주의 의혹이 실용주의에 대한 그릇된 해석들에 근거하고 있다고 지적한다. 그 첫째는 실용주의를 "모든 신념은 여타의 모든 신념과 동등하다"는 견해로 해석하는 것이며, 둘째는 "'진리'란 정당화 절차들의 수만큼 많은 의미를 갖는다"는 견해로 해석하는 것이다.[35] 로티는 이처럼 해석된 견해들이 자가당착적이거나 기이한 견해라고 지적하고 실제로 실용주의자가 유지하는 것은 "하나의 주어진 사회—우리 사회—가 탐구의 이런저런 영역에서 사용하는 정당화의 낯익은 절차들에 대한 기술을 떠나서 진리와 합리성에 관해 이야기할 어떤 것도 존재하지 않는다"[36]는 견해라고 말한다. 따라서 로티는 실용주의가 상대주의가 아니라 자문화중심주의라고 불리는 것이 더 적절하다고 주장한다.

> 왜 '상대주의'라는 말이 실용주의자가 지지하는 자문화중심주의적 제3의 견해에 적합한지 분명치가 않다. **왜냐하면 실용주의자는 어떤 것이 다른 것에 상대적이라는 입장을 내세우지 않기 때문이다.** 대신에 그는 다만 우리가 지식과 의견의 전통적 구분—실재에 대한 대응으로서 진리와 유효하게 정당화된 신념들에 대한 옹호적 용어로서의 진리를 구분하기 위해 만들어진—을 포기해야 **한다는 순수하게 부정적인 주장만을 하기 때문이다.**[37]

이처럼 정교한 논변에도 불구하고 로티의 방어는 성공적인 것으로 보이지 않는다. 로티의 논변은 의도적이든 아니든 혼동 아니면 순환성

---

35) Rorty, *Objectivity, Relativism, and Truth*, p. 23.

36) 같은 곳.

37) 같은 책, pp. 23~24. (고딕은 필자의 강조.)

을 안고 있기 때문이다. 무엇보다도 로티의 핵심적 과제는 자신의 입장이 허무주의적 상대주의에 이를 수 있다는 비판자들의 우려를 해소시키는 일이다. 그런데 로티는 이러한 과제에 답하기보다는 "무엇이든 된다"라는 유형의 상대주의를 논파하는 데 집착하고 있지만 사실상 이러한 유형의 상대주의를 논파하는 것은 너무나 쉬운 일이다. 따라서 상대주의가 자가당착적이며 자신은 이를 지지하지 않는다는 로티의 말은 실제로 우리에게 아무것도 증명해 주지 않는다. 대신에 우리가 로티에게 요구하는 것은 그의 입장이 허무주의적 상대주의로 전락해 가는 것을 막아 주는 제약을 제시하라는 것이다. 실제로 로티가 마주하는 비판자들은 상대주의자들이 아니라 동료인 반상대주의자들이기 때문이다.

둘째로 로티의 논의의 순환성을 지적할 수 있다. 즉 로티가 토대주의적 인식론을 거부함으로써 상대주의라는 개념 자체가 해소된다는 주장을 하기 위해서는 상대주의라는 개념 자체가 전적으로 토대주의적 인식론, 즉 객관주의에 의존하고 있다는 것을 보여야만 한다. 객관주의라는 생각이 토대주의적 인식론에 근거하고 있다는 로티의 주장은 설득력 있지만, 그것으로부터 상대주의가 객관주의의 부산물이라는 주장이 타당하게 이끌어지지는 않는다.

로티는 여기에서 상대주의가 회의주의와 마찬가지로 객관주의라는 그릇된 신념에서 비롯된다고 보고 있는 듯하다. 즉 회의주의에의 우려는 다만 우리가 확실성을 전제했을 때 불확실성에 대한 우려로서 나타난다. 따라서 우리가 확실성에 대한 탐구를 포기하기만 하면 적어도 불확실성에 대한 우려는 근거 없는 것이 된다. 그러나 상대주의의 우려도 이와 동일한 방식으로 해체될 수 있다는 로티의 주장은 수긍하기 힘들다. 상대주의는 객관주의를 포기함으로써 사라지는 것이 아니라 오히려 되살아나는 것처럼 보이기 때문이다. 이 때문에 자신의 입장이 객관주의/상대주의의 전통적인 구분을 넘어서고 있다는 로티의 주장은 설득력을 잃게 될 뿐만 아니라 오히려 상대주의의 우려를 불러일으키게 된다. 로티의 해체가 적절하지 못한 이유는 상대주의가 단순히 하나의 실질적 이론이기보다는 오히려 하나의 메타적 성격을 갖는 태도라는 점 때문일 것이다. 즉 상대주의는 명료하고 체계적인 방식으로 정형화될 수 있는 하나의 '이론'이 아니다.

따라서 로티가 어떤 입장을 취하든 로티가 객관주의를 거부하자마자 그 결과로서 상대주의의 우려가 제기된다. 로티에게 있어서 객관주의와 상대주의 사이의 이러한 순환적 고리를 끊는 유일한 방법은 자신의 견해가 객관주의와 상대주의의 구분을 넘어서고 있음을 좀 더 명료하고 구체적으로 보이는 것이다. 그렇지 않으면 역설적으로 그의 집요한 비판자들은 비판을 통해 그 순환을 넘어선다는 로티 자신의 전략을 그대로 사용함으로써 새로운 수준의 상대주의를 만들어 그것을 로티에게 덮어씌울 수도 있다. 말하자면 집요한 비판자는 "당신이 더 새롭고 더 높은 유형의 철학을 취한다면 우리는 더 새롭고 더 높은 수준의 상대주의를 만들어 당신을 비판할 것"이라고 말할 수 있다. 따라서 자신의 입장이 허무주의적 상대주의로 나아가지 않게 해 주는 구체적 제약을 제시하지 못하는 한 상대주의라는 비판에 대한 로티의 응답은 순환성을 피하지 못하는 수사적 기교 이상의 것일 수 없다.

물론 우리가 객관주의를 아무런 문제가 없는 하나의 입장으로 수용할 수만 있다면 허무주의적 상대주의의 우려는 근원적으로 봉쇄된다. 그러나 로티에게 이러한 대안은 처음부터 거부되어 있으며, 그에게 있어서 유일한 대안은 일종의 '완화된 상대주의'—허무주의를 피할 수 있는—처럼 보인다. 그러나 상대주의라는 비판에 대처하는 데 있어서 핵심적 과제는 허무주의적 상대주의를 유지하지 않는다는 주장을 하는 것이 아니라 어떻게 자신의 견해가 허무주의적 상대주의를 피할 수 있는지를 적극적인 방식으로 보이는 일이다. 그리고 이 과제의 성패 여부는 허무주의에로의 전락을 막아 주는 제약을 제시하는 데 달려 있다. 이러한 관점에서 로티는 자신에게 가해지는 상대주의라는 비판에 성공적으로 대처하지 못하고 있다.

그럼에도 불구하고 마골리스(J. Margolis)는 어떤 측면에서는 로티의 논의가 옳은 궤도 위에 서 있다고 지적한다. 즉 로티의 결론이 옳다는 점에서가 아니라 그를 논박하는 결정적인 논증이 아직 주어지지 않았다는 점에서 로티의 주장은 아직 자리를 갖는다는 것이다. 마골리스는 여기에서 "특히 인간의 존재와 인간의 탐구를 역사화하는 데 동조하며, 그 다음에 그들의 그러한 인정이 상대주의 또는 적어도 조금이라도 문제성이 있거나 악질적인 상대주의를 수반한다는 것을 부정하는 일단의 이론가들이 있다"[38]고 지적하는데, 마골리스의 이러한 언급이 로티를 염두에 두고 있다는 것은 의심의 여지가 없다.

여기에서 우리는 철학적 탐구의 모든 토대를 거부하는 로티가 전통적인 의미에서는 아니라 하더라도 교묘한 방식으로 자신의 '토대'를 위장하고 있거나 또는 스스로의 입장을 명백하게 파악하지 못하고 있지 않은가 하는 의구심을 갖게 된다. 이러한 맥락에서 퍼트남은 다음과 같이 말한다.

> 로티의 현재의 '입장'은 그것이 하나의 입장이라기보다는 어떤 입장의 환상이나 환영(mirage)이라고 할 수 있다. 이러한 점에서 그것은 마치 유아론과 흡사한데, 그것은 멀리서 볼 때에는 (믿을 수 없는 것이기는 하지만) 가능

---

38) Joseph Margolis, *The Truth about Relativism* (Oxford: Basil Blackwell, 1991), p. 149.

해 보이지만 좀 더 면밀히 검토해 보면 허공으로 사라져 버린다. 사실상 로티의 견해는 '나' 대신에 '우리'를 사용하는 유아론이다.[39)]

로티는 자신이 아무런 입장도 적극적으로 취하지 않는다는 사실을 반복적으로 강조한다. 그는 스스로의 입장이 어떤 확정적인 표적도 아니라고 말하고 있는 셈이다. 그는 자신이 마찰이 없는 진공 상태에서 상대방에게 공격만을 가한다고 말하고 있는 것이다. 그런 입장이 과연 어떻게 가능한가? 아마도 로티는 자신이 서고 싶은 곳을 잘 알면서도 현재 자신이 서 있는 곳은 잘 모르고 있을지도 모른다. 말하자면 로티는 자신이 서고 싶어 하는 위치가 어떻게 가능한지에 대해 좀 더 확고한 이론을 갖지 못하고 있다. 이러한 의미에서 번스타인은 로티가 "그의 탁월한 식견과 논의가 자신을 어디로 이끌어 가는지 모르고 있다"[40)]고 말한다.

4. 이분법의 재고

왕성한 저술을 통해 드러나는 로티의 일관된 주장은 과거의 철학적 과제들이 그릇되게 설정되었으며, 따라서 이에 수반되는 탐구들도 그릇되게 수행되어 왔다는 것이다. 그렇지만 그는 이러한 모든 철학적 프로그램의 포기를 종용하면서도 그 포기의 대안으로서 어떠한 이론이나

---

39) Putnam, *Realism with a Human Face*, ed. James Conant (Cambridge, Mass.: Harvard University Press, 1990), p. ix.

40) Bernstein, "Philosophy in the Conversation of Mankind," pp. 766~67.

체계도 거부한다. 그는 이러한 자신의 철학이 전통적인 이론들과 동등할 수 없다고 주장하며, 이러한 의미에서 그는 일종의 해체론적 '메타철학'을 추구하고 있다.

그러나 과연 무엇이 로티의 철학에 대해 다른 철학 이론들을 넘어서는 도약을 보증해 주는가? 로티의 대답은 그가 그저 비판을 하고 있다는 것이다. 그렇다면 그 비판의 근거는 무엇인가? 로티는 이 물음에 대해 아무런 적극적인 답변도 제시하지 않는다. 그는 자신이 아무런 이론이나 체계 없이 비판을 수행한다고 말하지만, 오히려 그는 의도적으로 이러한 질문을 회피하고 있는 것으로 보인다. 번스타인의 표현을 빌면 우리가 로티의 위치를 파악했다고 생각할 때마다 "그는 교묘하게 다른 곳으로 옮겨가며 새로운 구분들을 제시"[41]하는 것이다.

이러한 로티의 태도는 상이한 담론들을 평가하는 데 그가 종종 사용하는 '생산적'(productive)이라는 말의 모호성에서 뚜렷이 드러난다. 로티는 지식 주장의 어떠한 토대도 거부함으로써 어떤 특정한 대화의 특권도 인정하지 않으며, 나아가 자연 과학과 인문 · 사회과학의 구분마저도 거부한다. 프라도(C. G. Prado)의 표현을 빌면 로티는 "대화들은 대화 이외의 어떤 것에 의해서 달라지는 것이 아니라 그것들이 얼마만큼 생산적인가에 따라서 달라진다"[42]고 주장한다. 그러나 우리는 로티의 비판 이후의 '거울 없는 세계' 안에서도 여전히 '좋음'이나 '옳음'의 개념을 유지하고 사용할 뿐만 아니라 중요한 의미를 부여하고 있으며, 또 무엇이 이 개념을 가능하게 해 주는지를 알고 싶어 한다. 따라서

41) Bernstein, *Beyond Objectivism and Relativism*, p. 202.

42) C. G. Prado, *The Limits of Pragmatism* (Atlantic Highlands, N.J.: Humanities, 1987), p. 102.

로티는 생산성의 판정 자체가 대화의 일부분이라는 주장을 넘어서서 어떤 방식을 다른 방식보다 더 생산적으로 만들어 주는 기준이 무엇인지를 제시해야만 한다.

로티는 이 문제에 대해 반복적으로 '사회적 실천'이라는 말을 사용한다. 즉 우리는 이 사회적 실천을 넘어서는 어떠한 정합적인 합리성 개념도 가질 수 없다는 것이다. 그러나 번스타인은 이러한 로티의 주장을 신랄하게 비판한다.

> 종종 로티 자신이 일종의 '주어진 것의 신화'(Myth of the Given)라는—사회적 실천이 일종의 주어진 것이라는—오류를 범하고 있으며, 이제 우리가 할 수 있는 것이라고는 다만 그것이 무엇인가를 바라보는 일처럼 보인다. …… 우리는 우리가 어떻게 '사회적 실천'을 이해할 것인지를 알고자 하며, 그것이 어떻게 형성되고 유지되고 사멸하는지를 알고자 하는 것이다. 더욱 중요한 것은 그것이 어떻게 비판되어야 할 것인지를 알고자 한다는 점이다.[43]

로티는 우리의 삶에 있어서 사회적 실천을 넘어선 객관적 기준이 존재하지 않는다고 말할 것이다. 이러한 로티의 주장이 갖는 역설적 힘은 증명의 부담이 로티의 비판적 상대자에게 전적으로 옮겨간다는 데에서 비롯된다. 그러나 토대주의적인 객관적 기준의 문제에 있어서 로티의 생각에 동의한다고 하더라도 우리는 그의 견해가 허무주의적 상대주의에로 전락하는 것을 막아 주는 제약이 무엇인지를 물음으로써 증명의 부담을 로티에게 지울 수 있다. 그리고 로티는 이 문제에 대해 명확한

43) Bernstein, "Philosophy in the Conversation of Mankind," p. 772.

답을 제시하지 못하고 있다. 그는 자신의 급진적 철학 비판이 객관주의와 상대주의를 넘어선다고 주장하지만 실제로 그가 하고 있는 것은 객관주의라는 한편만을 무너뜨리는 것이며, 이러한 시도는 그가 여전히 그 이분법을 완전히 벗어나지 못한다는 것을 보여 준다.

초문화적이고 초역사적인 지식과 진리에 대한 믿음은 적어도 20세기의 철학적 논의에서 이미 그 주류로서의 위치를 잃은 것으로 보인다. '객관주의'라고 불리는 이러한 전통과의 단절에 있어서 로티의 철학 비판이 중요한 역할을 한 것은 사실이다. 그러나 객관주의라는 벽을 무너뜨리자마자 우리가 부딪히게 되는 것은 허무주의적 상대주의라는 위협이다. 그리고 로티 자신의 주장과는 달리 로티도 이러한 곤경에서 예외는 아니다.

객관주의 아니면 상대주의라는 이러한 이분법적 딜레마의 해소는 오늘날 철학계가 직면하고 있는 곤혹스런 과제다. 퍼트남은 이 문제 해결의 실마리를 "형이상학이라는 늪과 문화적 상대주의와 역사주의라는 유사(流砂) 사이에 좁은 통로를 발견할 수 있는지"[44]의 문제라고 본다. 그러나 2장에서 살펴보았던 것처럼 탁월한 문제의식과 뛰어난 철학적 통찰에도 불구하고 퍼트남 자신이 발견한 '좁은 통로'인 내재적 실재론은 그 자체가 '세계 자체'라는 또 하나의 딜레마를 불러온다.

로티는 이 문제가 안고 있는 난점을 잘 알고 있는 것으로 보인다. 그는 퍼트남과는 달리 이 문제에 정면 대처하기보다는 이 문제를 근원적으로 해체시키려고 시도한다. 말하자면 로티는 객관주의/상대주의 이분법이라는 문제의 근원을 전통적인 인식론에 찾고 있으며, 이 인식론

---

44) Putnam, *Realism and Reason: Philosophical Papers 3* (Cambridge: Cambridge University Press, 1983), p. 226.

의 해체가 그 문제를 해소시켜 줄 것이라고 생각한다. 그러나 로티의 시도가 성공하기 위해서는 상대주의라는 개념 자체가 객관주의라는 개념에 전적으로 의존하고 있어야만 한다. 로티는 이 점을 분명한 방식으로 설명하지 못한다. 결과적으로 우리는 로티가 이분법의 한편인 객관주의를 해체했다고 하더라도 그의 이러한 작업은 여전히 그 이분법을 벗어나지 못하고 있다고 말할 수 있다.

허무주의적 유형에 귀착하지 않는 특정한 유형의 상대주의가 가능하다는 로티의 믿음은 옳은 것으로 보인다. 로티뿐만 아니라 오늘날 많은 철학자들은 이러한 유형의 '완화된 상대주의'(modified relativism)가 가능하다고 생각한다. 마골리스의 표현처럼 이러한 상대주의는 '제3의, 그러나 비교적 알려지지 않았지만 악의적이지 않은' 종류의 상대주의다. 그리고 그들은 일단 상대주의를 인정하면서도 그것이 허무주의에 빠지지 않는다는 제약을 발견하려고 시도한다. 로티도 그중 하나다. 그러나 로티는 이 제약을 적극적으로 제시하지 못하고 있으며, 이 때문에 그의 입장이 상대주의라는 비판을 피할 수 없게 된다.

제6장 로티의 듀이 해석

'분석의 세례'를 거친 철학자들의 눈에 듀이(J. Dewey)의 철학은 세련되지 못한 구시대의 교설이었으며, 그 서술 방식 또한 너무나 산만하고 비체계적인 것으로 보였을 것이다. 그러나 분석의 한계를 넘어서려는 오늘날의 철학적 흐름은 오히려 듀이가 시대에 앞서 있었던 철학자임을 강하게 시사한다. 이러한 생각을 뒷받침해 주는 가장 주목할 만한 사실은 무엇보다도 분석의 전통에서 성장해서 정교하고 치밀한 분석적 논의를 주도했던 영어권의 주도적 철학자들, 예를 들면, 콰인(W. V. O. Quine), 굿맨(N. Goodman), 퍼트남(H. Putnam), 데이빗슨(D. Davidson) 등의 철학적 논의의 방향이 직접 · 간접적 방식으로 실용주의에로의 방향 전환을 시사한다는 점일 것이다.

이러한 상황에서 최근에 로티는 듀이를 하이데거(M. Heidegger), 비트겐슈타인(L. Wittgenstein)과 함께 20세기의 철학적 영웅들로 평가함으로써 듀이와 실용주의에 대한 새로운 관심을 고조시키는 데 결정적인 역할을 했다. 로티는 듀이나 제임스(W. James)에 의해 전개된 실용주의가 분석철학의 쇄도로 중도에 좌절된 것으로 보고, 그들의 실용주의를 재건함으로써 그것을 자신의 철학적 기조로 삼으려고 한다.[1)]

---

1) Richard Rorty, *Consequences of Pragmatism: Essays 1972~1980* (Minneapolis: University of Minnesota Press, 1982), pp. xvii~xxi 참조. 로티는 듀이가 이미 "분석철학

그러나 듀이적 실용주의의 적극적 계승이라는 스스로의 언명에도 불구하고 로티가 보이는 모호한 철학적 태도는 과연 그가 실제로 듀이의 실용주의를 받아들이는가라는 강한 의문을 불러일으킨다. 먼저 이러한 괴리의 징후는 듀이의 형이상학에 대한 로티의 해석에서 뚜렷하게 드러난다. 듀이의 형이상학에 대한 로티의 비판은 공격적이며 그 결론은 비관적이다. 로티는 듀이가 제시하는 '자연주의적 형이상학'(naturalistic metaphysics)의 난점을 예리하게 지적하며, 이것을 근거로 듀이의 형이상학이 무용할 뿐만 아니라 불가능한 시도라고 주장한다. 로티의 비판은 물론 듀이의 형이상학과 그것을 토대로 한 철학적 태도를 이해하는 데 유용한 몇몇 관점들을 제공하는 것은 사실이지만, 그의 논의를 면밀히 살펴보면 거기에는 많은 오해와 왜곡, 그리고 부적절한 이분법이 포함되어 있음을 알 수 있다.

그러나 듀이에 대한 로티의 이러한 부적절한 해석은 단순한 부주의에서 비롯된다기보다는 로티 자신의 독특한 철학적 시각을 반영하는 의도적 작업의 결과로 보인다. 말하자면 로티의 비판은 듀이의 형이상학만을 겨냥한 것이라기보다는 전통적으로 수행되어 온 형이상학 일반을 겨냥한 것으로 보이며, 이러한 목적 때문에 의도적으로 듀이의 형이상학을 전통적인 형이상학과 유사한 것으로 해석하려고 하는 것이다.

물론 듀이의 철학에는 로티가 하나의 딜레마로 파악한 것처럼 체계건설적이고 원리적인 측면과 비판적이고 치유적인 측면이 공존한다. 로티가 듀이로부터 취하려고 하는 것은 바로 이 치유적 측면이다. 그러나 듀이와 로티 사이에 결정적인 괴리를 초래하는 것은 로티가 듀이 철학의 일부분, 즉 치유적인 측면의 선별적 수용에 멈추지 않고 원리적

이 겪어 온 변증법적 여정의 끝에서 기다리고 있었다"(p. xviii)고 말한다.

측면을 무용한 것으로 배격하고 있기 때문이다. 로티는 철학이 형이상학이나 인식론과 같은 '일체의 체계화나 이론화를 포기'해야 하며, 따라서 다만 기존의 체계를 비판하는 것을 그 주된 소임으로 삼아야 한다고 주장한다.[2] 물론 로티의 비판을 통해서 드러나는 것처럼 듀이의 형이상학이 자체적으로 이론적 난점들을 안고 있는 것은 사실이지만, 그것이 철학함에 있어서 체계화나 이론화가 아예 불가능하다는 로티의 주장을 정당화해 주는 것은 아니다.

나아가 로티의 이러한 철학이 일차적으로 부딪히는 문제는 상대주의다. 앞장에서 다루었던 것처럼 로티는 자신의 철학이 토대주의를 거부함으로써 전통적인 객관주의/상대주의 구분 자체를 무용한 것으로 해소시킨다고 주장하지만, 그 주장에 대해 적절한 논거를 제시하지는 못하고 있다. 필자는 오히려 듀이의 철학 안에 객관주의/상대주의 이분법을 해소할 수 있는 가능성이 암시되어 있다고 보는데, 그것은 바로 '신체화된 마음'(embodied mind)이라는 생각이다. 로티는 듀이 철학의 체계 건설적인 측면을 비판하는 데 집착한 나머지 듀이의 이 생각을 전적으로 간과한 것으로 보인다. 말하자면 로티는 자신의 철학에 가해지는 상대주의라는 비판을 극복하려는 의도에서 듀이의 실용주의로부터 벗어나고 있지만, 오히려 이 때문에 스스로 상대주의 문제에 대한 적절한 대처 방식을 스스로 봉쇄하게 된 것이다.

---

2) 같은 책, p. 143.

1. 듀이의 자연주의적 형이상학

플라톤 이래로 서구 사상을 특징짓는 것 중의 하나는 이원론적 사고다. 이 이원론적 사고는 서양철학사를 통해 중심적 위치를 차지해 왔으며, 그 철학적 비중은 데카르트에 이르러 다시금 확인되었다. 그런데 듀이가 무엇보다도 중요하게 문제시하는 것은 이 이원론이 초래하는 인식론적 귀결이다. 전통적으로 이원론적 인식론이 취하는 기본적인 가정의 하나는 인간을 이 세계에 대한 관찰자로서 이해하는 것이다. 이러한 구도에서 인간의 지식은 이 세계에 대한 정확한 기술로 간주되는데, 듀이에 따르면 그 귀결은 '방관자적 지식 이론'(spectator theory of knowledge)이다.[3] 즉 인간은 마음의 작용을 통해 이 세계의 관찰자로 규정되며, 여기에서 인간은 다만 이 세계에 대한 관람객의 역할을 넘어서지 못하게 된다. 따라서 전통적인 이원론은 "인간을 이 세계에 있어서 하나의 이방인으로, 인간의 지적 작용을 하나의 수수께끼"[4]로 만들게 된다는 것이다.

듀이는 이러한 문제의 근원적 해결을 위해 전적으로 새로운 형이상학의 건설이 필요하다고 보았다. 라트너(J. Ratner)의 표현을 빌면 듀이에게 있어서 "나쁜 형이상학을 극복하는 유일한 길은 좋은 형이상학을 전개하는 것"[5]이었다. 여기에서 듀이가 제시하는 것은 우리가 전통

---

3) John Dewey, *The Quest for Certainty: The Later Works, 1925~1953*, Vol. 4, ed. Jo Ann Boydston (Carbondale, Ill.: Southern Illinois University Press, 1988), p. 19 참조. 몇몇 표시된 예외를 제외하고는 듀이의 저작은 보이드스톤판의 인용을 원칙으로 했다.

4) Sidney Hook, "Introduction," in John Dewey, *Experience and Nature: The Later Works, 1925~1953*, Vol. 1, ed. Jo Ann Boydston (Carbondale, Ill.: Southern Illinois University Press, 1981), p. x. 이하 이 책은 『경험과 자연』으로 표기하고 인용 쪽수는 본문에 표시한다.

적으로 이원론적으로 나누어 생각하는 것들 사이의 '연속성'(continuity)이다. 이 원리의 핵심적 주장은 이원론을 통해 대립적으로, 또는 독립적으로 이해되어 온 것들 사이에 사실상 어떠한 '단절'(breach)도 없다는 것이다. 이 원리는 듀이의 전 철학을 지탱해 주는 기본적인 원리로 자리 잡고 있다. 그리고 이것은 그의 형이상학의 중심적 주제를 이루는 '경험'에 관한 논의를 통해 가장 극명하게 표현된다. 그러나 불운하게도 듀이는 이러한 원리를 수많은 비판자들이 요구하는 것처럼 구체적이고 체계적인 방식으로 서술하고 옹호하지 못했으며, 이것이 그의 철학에 대한 집요한 비판의 빌미가 되었다.

듀이의 철학에 대해 우호적인 비평가들은 지난 한 세기 동안 듀이의 철학에 가해진 다양한 비판이 그의 철학에 대한 부분적이거나 그릇된 이해에 근거하고 있음을 거듭해서 지적한다. 이러한 지적을 뒷받침해 주는 근거는 크게 두 갈래로 나누어 볼 수 있는데, 그것은 듀이 철학의 외형적 · 기술적 측면과 내재적 · 이론적 측면이다. 먼저 듀이의 철학을 외형적으로만 살펴보더라도 그의 철학에 대한 그릇된 해석의 가능성은 충분하다. 듀이는 방대한 저술을 통해 잘 닦여진 포장도로보다는 하이데거처럼 '숲 속의 길'을 걸었으며, 이것이 그의 철학을 통일적인 체계로 이해하는 데 큰 장애가 된다. 이것은 물론 듀이의 철학적 형식과 관련된 외적인 문제라고는 하지만, 그렇다고 해서 그의 철학이 비우호적인 비판으로부터 면제될 수 있다는 것을 의미하지는 않는다.

그러나 이러한 외적 측면을 접어 둔다 하더라도 실제로 듀이의 철학 체계 안에는 이론적 갈등과 비정합성이 여기저기에서 드러나며, 이것

5) Joseph Ratner, "Dewey's Conception of Philosophy," in Paul Schilpp ed., *The Philosophy of John Dewey*, 2nd ed. (New York: Tudor Publishing, 1951), p. 66.

은 적어도 듀이 자신의 저술들 안에서는 명백하게 해명되지 않은 문제들로 남아 있는 것으로 보인다. 이러한 문제들은 다만 그것을 비판자들의 그릇된 이해로 돌리기에는 너무나 명백해 보이기는 하지만 실제로 그것이 듀이의 철학 체계 내에서 전혀 해결될 수 없는 것인가 하는 문제는 폭넓은 논의의 주제가 된다. 듀이 옹호자들의 재해석의 당위성은 여기에서 찾을 수 있을 것이다. 말하자면 많은 비판이 듀이 철학에 대한 오해에서 비롯된 것이라는 주장을 정당화하려면 단지 듀이 철학의 근원적 의도의 긍정성을 내세우기보다는 실제로 듀이의 철학적 의도가 정당화될 수 있는 정합적인 방식으로 건설되었다는 것을 밝히거나, 아니면 적어도 그러한 건설의 가능성을 적극적으로 제시할 필요가 있는 것이다.

듀이는 자신의 철학 전체를 복합적이고 포괄적인 어떤 것으로 구상했으며, 이러한 구상의 배후에는 전통 철학의 문제들을 극복하려는 의도가 자리 잡고 있다. 듀이 철학의 이러한 복합성은 경험론적 요소와 관념론적 요소의 혼재(混在) 형태로 나타난다. 그리고 이 두 요소를 듀이의 철학 안에서 화해될 수 없는 갈등으로 보는 것은 수많은 듀이 비판자들에 의해 지난 두 세대 동안 하나의 전통이 되다시피 했다. 그러나 듀이의 옹호자들은 이러한 비판의 대부분이 듀이의 철학적 구도를 여전히 전통적인 관점에서 분석하려는 데에서 비롯되는 오해라고 주장한다.[6)] 듀이 철학에 대한 이러한 전형적 비판은 이원론적인 난점을 극

---

6) 전통적인 비판을 제기하고 있는 대부분의 철학자들, 이를테면 샌터야나(G. Santayana), 칸(S. Kahn), 번스타인(R. Bernstein), 가레트(R. Garrett), 듀이(R. Dewey) 등은 듀이의 철학의 문제를 하나의 딜레마의 형태로 도식화하고 있다. 이들의 비판은 Thomas Alexander, *John Dewey's Theory of Art, Experience, and Nature* (Albany, N.Y.: SUNY Press, 1987), pp. 62~69에 잘 요약되어 있다.

복하려는 듀이의 철학적 의도와 처음부터 엇갈리는 것이기는 하지만, 듀이의 철학 안에서 이러한 갈등 요소가 구체적으로 어떻게 화해될 수 있는지에 대한 논의는 듀이 자신뿐만 아니라 그의 옹호자들에게 있어서도 의외로 빈약하다.[7)]

그러나 듀이의 자연주의적 형이상학이 자신의 의도처럼 전통적인 형이상학의 난점들을 포괄적으로 극복하기 위해 건설된 것이라는 점을 긍정적으로 인정한다고 하더라도 여전히 우리는 어떻게 그것이 가능한가를 물어야만 한다. 그리고 듀이는 실제로 그러한 형이상학이 어떻게 가능한지를 자신이 말하는 경험적이고 과학적인 방법을 통해서 보였어야만 한다. 듀이는 이 점에 있어서 구체적인 논의를 제시하지 못했으며, 이것은 듀이의 옹호자들에게 있어서 가장 큰 숙제로 남게 된 부분이다.

듀이는 철학적 탐구의 본래적 기능의 하나가 비판이라고 규정한다(『경험과 자연』, 298, 302). 그러나 철학은 그 일반성에 의해서 여타의 비판들과 구분되는 "비판 중의 비판"(『경험과 자연』, 298)이며, 그것은 비판 자체를 위한 것이 아니라 "보다 지속적이고 강한 가치들을 확립하고 영속화하기 위해서 …… 의도적이고 체계적으로 추구되는 것"(『경험과 자연』, 302)이다. 이러한 철학적 구도에서 형이상학의 역할은 "물리적인 것과 정신적인 것의 구별에 상관없이 모든 종류의 존재에 의해

---

7) 이러한 관점에서 듀이에 대한 우호적 해석으로 주목할 만한 저작들로는 Alexander, *John Dewey's Theory of Art, Experience, and Nature*; James Gouinlock, *John Dewey's Philosophy of Value* (New York: Humanities, 1972); Raymond Boisvert, *Dewey's Metaphysics* (New York: Fordham University Press, 1988); R. W. Sleeper, *The Necessity of Pragmatism: John Dewey's Conception of Philosophy* (New Haven, Conn.: Yale University Press, 1986) 등을 찾아볼 수 있다.

서 드러나는 일반적 특성들(generic traits)"을 진술함으로써 "비판 영역의 근거도"를 제공하는 것이다(『경험과 자연』, 308~309). 말하자면 형이상학은 듀이의 입장에서 전 철학적 활동의 근거를 마련해 주는 토대로서 건설되었던 것이다. 이렇게 구상된 형이상학은 존재에 대한 일반적인 해명을 목표로 하는데, 이러한 맥락에서 형이상학은 "적어도 존재로서의 존재에 대한 아리스토텔레스의 탐구에 주어졌던 역사적 호칭의 인준을 받는다."[8)]

듀이에게 형이상학적 탐구에 대한 관심을 일깨워 준 사람은 컬럼비아대학의 동료였던 우드브리지(F. J. E. Woodbridge)라고 알려져 있다.[9)] 그리고 아마도 듀이가 그리스 철학자들, 특히 아리스토텔레스에 매료되었던 것도 이 무렵이었을 것이다. 듀이는 아리스토텔레스의 견해가 "일원론도 이원론도 아니고 명시적으로 다원론적이라는 점에서 대부분의 현대 철학들보다 더 경험적 사실에 근접해 있다"(『경험과 자연』, 48)고 믿었다. 그럼에도 불구하고 듀이의 시각에서 아리스토텔레스 견해가 지닌 심각한 한계는 변화하고 우연적인 것보다는 궁극적이고 고정된 것을 강조한다는 점이었다.

비록 아리스토텔레스는 그의 스승이 개별자로부터 분리된 유(genus) 또

---

8) Dewey, "The Subject-Matter of Metaphysical Inquiry," *The Middle Works, 1899~1924*, Vol. 8, ed. Jo Ann Boydston (Carbondale, Ill.: Southern Illinois University Press, 1979), p. 6, 각주 2.

9) 듀이는 우드브리지와 아리스토텔레스주의와 자연주의에 대해 공감하고 있었다. 그러나 우드브리지가 '제일철학'으로서 형이상학 개념을 유지하고 있어서 아리스토텔레스에 더욱 접근해 있었던 반면, 듀이는 이 관념론적 유산을 가능한 한 자연화하려고 시도했다. 이에 관한 자세한 설명은 Alexander, *John Dewey's Theory of Art, Experience & Nature*, pp. 84~85 참조.

> 는 보편자에 존재를 부여한 것을 비판하면서도 종(the species)이 참된 실재, 즉 모든 개별자들을 포함하고 특징짓는 형이상학적 · 존재적 전체라는 사실을 결코 의심하지 않았다. 형상은 독립적으로 존재하지 않는다. 그것은 개별자들 안에 구체화되어 있으면서 그 개별자들을 본유적으로 통합적이며 독특한 집합으로 만드는데, 그것은 하나의 집합으로서 생성되지 않고, 파괴되지 않으며, 완벽하고 완전하다(『경험과 자연』, 163).

말하자면 '존재로서의 존재'에 대한 아리스토텔레스의 탐구는 궁극적으로 "객관적으로 주어져 있으며, 다만 관찰되고 답습되어야만 하는"(『경험과 자연』, 79) 형상들에 지향되어 있다. 듀이는 특별한 특성들에 대한 이러한 강조가 모종의 신학적 가정에 근거하고 있다고 보며 이것을 극복하려고 한다.[10] 듀이의 자연주의적 형이상학은 특정한 특성들에 대한 편견 없이 있는 그대로의 사물들의 일반적 측면들을 탐구하고 기술하려는 것이다. 따라서 듀이는 본질을 추구하는 아리스토텔레스의 형이상학을 '물리적인 것과 정신적인 것의 구별에 상관없이' 존재들에 의해 드러나는 일반적 특성들에 대한 탐구로 전환시키려고 했다.

그러나 듀이의 형이상학의 독창성은 그 모든 것이 경험적이고 과학적인 방법으로 이루어져야 한다는 그의 주장에 있다. 그리고 그 방법이란 "관찰과 실험을 수행하고, 추론과 해석에 유용한 기존의 사상 체계를 이용함으로써 자연의 몇몇 제한된 측면에 관해 무엇인가를 발견하는 데 성공했다고 결론짓는 모든 탐구자들의 방법과 조금도 다르지 않다"[11]고 말한다. 따라서 그것은 '자연주의적'(naturalistic)이다.

---

10) Dewey, "The Subject-Matter of Metaphysical Inquiry," pp. 6~7, 각주 2 참조.

11) Dewey, "Half-hearted Naturalism," *Journal of Philosophy*, 24, no. 3 (1927), p. 59.

'일반적 특성들'이 경험적이고 과학적인 방법으로 탐구된다고 하더라도 그것들이 개별 과학의 주제들과 구별되는 것은 그것들의 '일반성'에 의해서이다. 듀이는 일찍이 형이상학의 주제에 대해 다음과 같이 기술한 적이 있다.

> 우리는 과학적 탐구의 모든 주제에서 발견되는 환원 불가능한 특성들에 의해 형이상학적 주제를 구별할 수 있다. 생물체의 진화라는 주제에 비추어 볼 때 형이상학적 반성의 특색은, 발전을 가져오는 어떤 일시적으로 독창적인 특징을 발견하려는 것이 아니라, 적어도 진화론적 형태를 띠는 어떤 변화가 일어나는 세계의 환원 불가능한 특성들을 발견하려는 것이다. …… 과학은 그 다양한 변화를 그것의 선행적 사태들에 연결시킴으로써 그 변화의 발생 조건들을 상세하게 추적하려고 한다. 반면에 형이상학은 그러한 진화를 포함하는 종류의 세계에 대한 물음을 제기하는 것이지 그것의 원인이 되는 종류의 세계에 대한 물음을 제기하는 것이 아니다. 왜냐하면 후자의 유형의 물음은 우리에게 진퇴양난의 곤경을 불러오거나 아니면 과학적 탐구를 구성하는 물음들로 나뉠 수 있는 것으로 보이기 때문이다.[12)]

그러나 과인록(J. Gouinlock)이 지적하는 것처럼 듀이는 후기의 저작들, 특히 『경험과 자연』이 출간된 1925년에 이르러서는 형이상학의 주제에 관한 이 견해를 대부분 거부하게 된다. 그래서 형이상학의 주제는 자연과 인간의 인지적 상호작용, 또는 과학자들이 관심을 갖는 주제들의 탐구에 한정되지 않고 모든 유형의 경험에서 드러나는 존재 영역으로 확장된다.[13)]

---

12) Dewey, "The Subject-Matter of Metaphysical Inquiry," p. 4. (고딕은 원문의 강조.)

그렇지만 그러한 계획이 과연 가능한지, 또 그것이 가능하다면 어떻게 가능한지에 관한 의문은 로티를 포함한 수많은 비평가들 간에 심중한 논란을 불러왔다. 예를 들어 샌터야나(G. Santayana)는 일찍이 '자연주의적'이라는 말과 '형이상학'이라는 말이 애당초 상호 모순적임을 지적했다.[14] 당시 듀이의 대답은 '자연주의적 형이상학'이라는 말이 마치 '둥근 사각형'이라는 말처럼 들리게 되는 이유는 사람들이 전통적인 형이상학 개념에 고착되어 있기 때문이라는 것이었다. 그러나 듀이는 후일 '형이상학'이라는 용어 자체가 그러한 오해를 불러일으킨다는 것을 깨닫고 그 용어의 사용을 포기하려고 한다.

> 나는 〔형이상학이라는〕 용어를 전통적으로 고착된 사용으로부터 구제할 수 있을 것이라는 생각이 지나치게 소박한 것이었음을 깨닫게 되었다. …… 나는 사용된 용어들이 매우 부적절했다고 생각하지만 그 말들이 의미하는 것은 여전히 참되고 중요한 것으로 생각한다.[15]

듀이는 자신이 사용했던 '경험'(experience)이라는 용어도 이와 유사한 처지에 처하게 되었음을 지적한다. 듀이는 『경험과 자연』이 출판된 지 20여 년이 지난 후에 이 책의 서문을 다시 쓰면서 다음과 같이 말하고 있다.

---

13) James Gouinlock, *John Dewey's Philosophy of Value* (New York: Humanities, 1972), p. 6.

14) George Santayana, "Dewey's Naturalistic Metaphysics," in Paul A. Schilpp, ed. (1951), p. 245.

15) Dewey, "Experience and Existence: A Comment," *Phenomenology and Philosophical Research*, 9 (1949), p. 712. (고딕은 원문의 강조.)

> 만약 지금 『경험과 자연』을 다시 쓰게 된다면 그 제목을 『문화와 자연』으로 정할 것이며, 따라서 구체적인 주제들을 다루는 방식도 수정될 것이다. '경험'이라는 용어를 포기하려는 이유는 내가 사용하는 경험이라는 말의 이해를 가로막는 역사적인 장애물들이 모든 실제적인 목적에 있어서 극복될 수 없는 것이라는 점을 깨닫게 되었기 때문이다. '문화'라는 말로 대체하고자 하는 것은, 이 말이 오늘날 확고하게 정립된 그 의미들을 통해서 확고하고도 자유롭게 나의 경험의 철학을 수행할 수 있기 때문이다(『경험과 자연』, 361).[16]

그러나 이것은 '형이상학'이나 '경험'이라는 말의 사용이 초래한 용어상의 난점을 인정하고 있는 것일 뿐이며, 원래 의도했던 것처럼 듀이가 그 용어들을 통해 전달하려고 했던 생각들 자체를 포기하려는 것은 아니다. 그는 철학이 고도로 전문화될 경우에 일반 대중으로부터 멀어질 것을 우려했으며, 따라서 자신의 철학을 통해 새로운 용어를 만들어 내기보다는 전통적으로 사용되어 온 용어들을 자신의 철학 체계 내에서 새로운 의미로 사용했다. 그러나 이것이 오히려 그의 철학을 오해로 이끌어 가는 주된 이유들 중의 하나가 된 것이다.

듀이가 여전히 '형이상학'이라는 용어를 통해 전달하고자 했던 생각들을 포기하지 않았다는 것은 그가 '자연주의적 형이상학'을 통해 낡은 형이상학을 새로운 방식으로 추구하려고 했던 것이 아니라 전적으로 새로운 형이상학을 추구했음을 말해 준다. 그러나 듀이의 진술이 외적인 오해들

16) 또한 듀이는 『경험과 자연』의 2판 (W. W. Norton, 1929)이 내용의 변경 없이 발간되었던 것은 자신이 이 책을 다시 쓴다고 하더라도 그 내용에 있어서 중대한 수정을 해야 할 이유가 없었기 때문이라고 말한다. 그러나 이 서문을 다시 쓰는 이유는 초판이 출판된 이래로 『경험과 자연』에서 전개된 자신의 생각을 보다 확장된 맥락에서 다루어야 할 필요성이 드러났기 때문이라고 설명한다. 『경험과 자연』, p. 330 참조.

을 불식시켜 준다고 하더라도 과연 그러한 방법이 일반적 특성들을 탐구하고 기술하는 데 적용될 수 있으며, 또 어떻게 적용될 수 있는가라는 핵심적인 의문은 여전히 남는다. 그리고 적어도 듀이 자신은 이 문제에 대해 명료하게 해명하지는 못한 것으로 보인다. 이 문제를 포괄적으로 다루는 것은 이 글의 범위를 넘어서는 것일 뿐만 아니라, 또한 필자는 여기에서 형이상학이 무엇인가라는 문제에 답하려는 것도 아니다. 필자의 주된 관심사는 듀이의 철학, 특히 그의 형이상학 개념에 대한 로티의 해석을 살펴봄으로써 그 과정에서 로티가 중대하게 간과하고 있는 철학적 주제를 탐색하려는 것이다.

2. 로티의 듀이 비판

로티는 '자연주의적 형이상학'이라는 말이 그 자체로 상호 모순적이라는 샌터야나의 주장을 토대로 듀이의 형이상학에 대해 매우 적대적인 비판을 전개한다. 성급하게 말하자면 로티의 결론은 그것이 가능하지도 않으며 또한 유용하지도 않다는 것이다.[17] 로티의 비판은 크게 두 갈래로 나누어 볼 수 있다. 먼저 로티는 듀이가 말하는 '존재의 일반적 특성'이 듀이의 형이상학에 핵심적이면서도 대단히 불명료한 개념이라는 것을 지적하며, 동시에 그것이 경험적이고 과학적인 방법을 통해서 발견될 수 있다는 듀이의 주장에 대해 강한 회의를 표시한다. 나아가 이러한 듀이의 철학이 어떻게 진부성을 피하거나 또는 전통적인 철학

17) Rorty, "Dewey's Metaphysics," reprinted in his *Consequences of Pragmatism*, p. 73 참조.

적 문제들을 해결할 수 있는지가 여전히 불분명하다고 지적한다.

일견 듀이에 대한 로티의 비판 내용에는 그다지 새로운 것이 없어 보인다. 로티의 비판의 대부분은 지난 한 세기 동안 듀이 비판자들에게서 그 흔적을 찾아볼 수 있는 유형의 것들이기 때문이다. 그러나 흥미롭고도 논란을 불러일으키는 대목은 로티가 이 비판을 토대로 실용주의는 이제 체계 건설적 역할을 포기하고 치유적이고 교화적인 철학으로 자리매김해야 한다는 주장으로 나아가고 있다는 점이다. 앞으로의 논의를 통해서 드러나겠지만 이러한 주장의 근거를 이루고 있는 로티의 듀이 비판에는 심각한 오해와 의도적 왜곡, 그리고 때때로 부적절한 이분법 등이 뒤섞여 있다.

로티는 듀이가 자연주의적 형이상학을 통해 추구하는 '일반적 특성들'에 관한 탐구가 "미래의 탐구에 있어서 항구적이고 중립적인 모형을 제공한다는 점에서 전통적인 형이상학과 유사하게 된다"[18]고 말한다. 로티는 이러한 고도의 일반성 수준에서의 듀이의 시도가 불가능하며 무용한 것이라고 본다. 대신에 듀이는 형이상학을 모든 탐구의 근원적 원리에의 탐구로 정초하려고 시도함으로써 전통적인 형이상학의 틀에 얽매이게 될 뿐이라는 것이다.

듀이가 말하는 '일반적 특성'이라는 개념은 그것이 과연 무엇이며, 또 어떻게 도달될 수 있는가라는 측면에서 매우 모호한 개념이다. 듀이는 이에 관해 명료하게 언급하는 대신 그의 저작들 여기저기에서 그러한 특성들(질적 개별성, 지속적 관계, 우연성과 필연성, 운동과 정지 등)[19]을 파편적으로 들고 있지만 이러한 목록 자체가 이 '일반적 특성'

18) 같은 논문, p. 80.

19) 『경험과 자연』, p. 314 참조. 목적, 최종성, 수단과 효율성, 시간, 과정, 잠재성, 현실성 등

이 무엇인지를 설명해 주는 것은 물론 아니다.

이러한 듀이의 난점에 대처하는 한 가지 방법은 듀이의 형이상학을 그 자체로 하나의 형이상학이라기보다는 모든 탐구를 주도하는 일종의 '지도 원리'로 보는 것이다. 최근의 비평가들 사이에 유사한 해석을 많이 찾아볼 수 있는데, 예를 들어 슬리퍼(R. W. Sleeper)는 '경험'을 듀이의 형이상학의 주제로 간주하는 것은 거의 보편적인 오류이며, 로티 또한 동일한 오류를 범하고 있음을 지적한다. 슬리퍼에 따르면 듀이에게 있어서 형이상학은 일차적으로 '일반적 특성들'에 대한 탐구와 관련되어 있는 반면, 경험은 논리학의 주제다.[20] 이 견해는 듀이의 형이상학이 자신의 경험과 탐구에 관한 논리학-인식론을 대체하는 것으로서-의 배경 이론이라는 해석을 더욱 설득력 있게 만들어 주는 것으로 보인다. 유사한 맥락에서 알렉산더(T. Alexander)는 일반적 특성을 인간 행위의 조건-우리가 마치 그것을 통해 사물을 바라보는 렌즈 같은-이라고 해석한다.[21] 또 브와베르(R. Boisvert)도 듀이의 '근거도'(ground-map)라는 은유를 '기초 계획'으로 대체할 것을 제안하는데, 여기에서 "'계획'이란 도식적 개관이며 행위의 준비다."[22]

이러한 일련의 해석은 하나의 형이상학을 전개하기보다는 "형이상학적 탐구의 문제를 특수 과학의 주제와 엄격하게 구별되는 것으로 구상하는 하나의 방식"[23]을 제시하려고 한다는 듀이의 의도에 더욱 가깝

과 같은 일반적 특성들 또한 "Time and Individuality," "Nature in Experience," "The Inclusive Philosophic Ideas," "The Subject Matter of Metaphysical Inquiry," 그리고 *Logic: The Theory of Inquiry*, 제1부 등에서 언급된다.

20) Sleeper, *The Necessity of Pragmatism*, pp. 6, 61, 95, 108 참조.

21) Alexander, *John Dewey's Theory of Art, Experience & Nature*, p. 89, 각주 50 참조.

22) Raymond Boisvert, "Rorty, Dewey, and Post-Modern Metaphysics," *Southern Journal of Philosophy*, 27, no. 2 (1989), p. 187.

게 근접하는 것으로 보인다. 그렇다면 개별 과학이 도달할 수 없는 수준의 일반성을 지향하는 탐구의 형식을 요구하는 것으로서 듀이의 형이상학 개념을 이해하는 것은 그저 어려운 일만은 아니다.

이러한 관점에서 보면 듀이의 형이상학이 토대주의에 되돌아간다는 로티의 주장은 신중하지 못한 결론으로 보인다. 로티의 주장은 단적으로 듀이가 생각하는 것 같은 일반성의 수준에서 그러한 특성들을 탐색하고 도달하는 것이 쓸모없을 뿐만 아니라 불가능하다는 것이다. 그러나 우리는 일반적 특성들이 과학적 탐구에 앞서서, 또는 그것을 넘어서서 주어지는 것이 아니라 그 결과로서 주어지는 것이라는 듀이의 주장을 상기할 필요가 있다. 뿐만 아니라 우리가 그것을 형이상학이라고 부르든 다른 무엇이라고 부르든 적어도 개별 과학이 추구하는 수준의 일반성을 넘어서는 탐구 형태가 있을 수 있다는 사실을 부인하는 것은 우리의 직관에 반하는 것 아닐까? 왜냐하면 그러한 생각은 다양한 탐구들의 상호 관련 가능성을 부인하는 것이며, 따라서 그것들이 어떤 포괄적인 방식으로도 설명될 수 없다는 것을 의미하기 때문이다. 그렇다 하더라도 듀이가 자신 사상을 좀 더 설득력 있게 진술하지 못했다는 것은 여전히 불운한 일이다. 이러한 맥락에서 존슨(M. Johnson)은 듀이가 좀 더 오래 살아 있었더라면 오늘날의 경험과학이 제공하는 경험적 자료들을 수용함으로써 더 설득력 있는 방식으로 자신의 형이상학적 계획을 수행할 수 있었을 것이라고 지적한다.[24)]

로티의 오해는 듀이의 '연속성의 원리'(principle of continuity)를 해

23) Dewey, "The Subject-Matter of Metaphysical Inquiry," p. 13.

24) Mark Johnson, "Good Rorty, Bad Rorty: Toward a Richer Conception of Philosophical Inquiry" (Unpublished typescript, Department of Philosophy, Southern Illinois University at Carbondale, 1989), p. 43 참조.

석하는 데에서도 뚜렷하게 드러난다. 이 연속성의 원리는 듀이의 철학을 통해 하나의 체계적 이론으로 정립된 것은 아니지만 듀이의 논의가 난점에 봉착하게 될 때마다 의지하게 되는 묘약과 같은 불가결한 원리일 뿐만 아니라 듀이의 전 철학 체계를 지탱해 주는 핵심적 원리이기도 하다.[25] 비평가들이 말하는 것처럼 이 연속성의 원리가 듀이의 철학이 관념론에 빠져드는 증거이든 다만 문제 해결을 위한 일종의 요술 방망이이든, 필자가 보기에 적어도 이 개념에 대한 적절한 이해는 듀이 철학에 접근하는 첩경이 된다.

듀이가 제시하는 연속성의 원리는 전통적으로 유지되어 온 이원론적 사고를 정면으로 거부하는 급진적인 원리다. 이 원리가 성격상 명료한 방식으로 서술되기 힘들다는 것은 사실이지만, 아무튼 이 원리의 기본 정신은 우선 몸과 마음, 또는 물리적 활동과 정신적 활동 사이에 전통적인 이원론자들이 가정했던 '단절'(breach)이 없다는 것이며, 나아가 새롭게 발생한 것이 그것의 발생 근원으로 환원되지 않는다는 생각을 담고 있다. 이 원리에 대한 듀이 자신의 설명을 보자.

> '자연주의적'이라는 말은 다양한 의미를 갖는다. 여기에서 사용된 의미는 한편으로는 탐구 작용과 생물학적 · 물리적 작용 사이에 연속성의 단절이 없다는 것이다. 다른 한편으로는 '연속성'이라는 말의 의미는 이성적 작용들이 유기적 활동에서 생겨나지만, 그것이 생겨 나온 근원과는 동일하지 않다는 것이다.[26]

---

25) Alexander, *John Dewey's Theory of Art, Experience & Nature*, 특히 3장 참조. 알렉산더는 이러한 관점에서 연속성의 원리에 대해 강력하고 포괄적인 해석을 제공하고 있다.

26) Dewey, *Logic: The Theory of Inquiry: The Later Works, 1925~1953*, Vol. 12, ed. Jo Ann Boydston (Carbondale, Ill.: Southern Illinois University Press, 1991). p. 26.

> 자연주의적 논리의 기본적 가정은 하위적인(덜 복합적인) 활동이나 형태와 상위적인(더 복합적인) 활동이나 형태 사이의 연속성이다. 연속성 개념은 자기 설명적인 것은 아니다. 그러나 그 의미는 한편으로는 완전한 단절을, 그리고 다른 한편으로는 동일한 것들의 단순한 반복을 배제한다. 즉 그것이 전적인 단절이나 괴리를 배제하듯이 '상위'를 '하위'로 환원하는 것을 배제하는 것이다. 살아 있는 유기체의 발아에서 성숙까지의 성장과 발전은 연속성의 의미를 예증해 준다.[27)]

이러한 원리는 대단히 중요한 생각을 담고 있지만, 동시에 그 자체로 많은 논란의 소지를 갖는다. 우선 지적할 수 있는 것은 이 원리가 체계적인 방식으로 진술되기 힘들다는 점이다. 번스타인은 다음과 같이 말한다.

> 연속성의 원리의 정확한 의미와 위상은 무엇인가? 듀이는 때로는 마치 이것이 모든 탐구에 있어서 규정적인 원리인 것처럼 말하며, 때로는 그것이 모든 과학의 일반화된 결론인 것처럼 말한다. 그는 결코 '연속성'을 상세하게 체계적으로 분석한 적이 없다. 듀이는 그가 다른 사람들에게서 아주 명백하게 찾아내는 잘못—형이상학과 도덕 사이의 혼동—을 〔그 스스로〕 너무나 자주 범하는 것으로 보인다. 연속성의 원리는 서술적이고 설명적인 의미보다는 정서적 의미를 더 갖는다.[28)]

번스타인의 비판은 적어도 실제로 듀이의 철학에 이처럼 대립적인

---

27) 같은 책, p. 30.
28) Richard Bernstein, *John Dewey* (New York: Washington Square Press, 1966), p. 180.

요소들이 혼재하고 있음을 지적하고 있으며 이러한 혼재가 명료한 방식으로 서술되기 힘들다는 점을 적절하게 지적해 준다. 그렇다 하더라도 이 원리의 핵심은 물질과 마음 사이에 전통적 철학자들이 가정하는 것 같은 뚜렷한 구분이 없다는 것으로 쉽사리 요약된다. 물리적인 것과 정신적인 것, 몸과 마음의 구분은 전형적인 실례들인데, 이러한 구분은 너무 친숙하고 상식적이어서 비철학자들조차도 거의 당연한 사실로 받아들이는 경향이 있다. 그러나 이 구분을 정합적으로 유지하는 데에는 대단히 복합적인 철학적 논의가 요구된다. 즉 이 구분을 유지하는 데 실제로 필요한 것은 구분 그 자체가 아니라, 이 구분된 두 측면이 어떻게 상호 관련되는지를 적절히 설명하는 일이다. 그리고 철학사를 통해 이원론적 구분을 유지하는 모든 철학자들은 공통적으로 이 핵심적인 문제를 설명하는 데 어려움을 겪는다.

듀이는 나아가 이러한 이원론이 암암리에 범하게 되는 가장 흔하고 심각한 오류를 '선택적 강조'(selective emphasis)라고 본다. 듀이는 선택적 강조가 우리의 삶은 물론 과학적 탐구에서도 일상적이며 동시에 불가결하다는 것을 인정한다. 그래서 그는 "생략과 거부를 동반하는 선택적 강조가 정신 활동의 원동력이며, 그 작용을 거부하는 것은 모든 사고를 포기하는 것"(『경험과 자연』, 31)이라고 말한다. 그러나 듀이는 이 원리가 구체적인 맥락에서 특정한 목적을 갖고 신중하게 이루어져야 한다고 주장하는데, 전통 철학은 이 점을 소홀히 다루어 왔다는 것이다. 따라서 듀이는 "선택의 존재와 작용이 은폐되고 위장되고 부인되었을 때 초래되는 것은 속임수"라고 지적하며, 이것을 '철학적 오류'(philosophical fallacy)라고 부른다(『경험과 자연』, 34). 듀이는 이것을 다음과 같이 설명한다.

> 그러나 철학에서는 제한적 조건이 종종 완전히 무시된다. 선호되는 어떤 주제는 어떤 목적에 의해 선택되었다는 것, 그리고 거기에서 제외된 것도 그 나름대로의 특수한 맥락에서는 마찬가지로 실재적이고 중요하다는 사실은 주목되지도 기억되지도 않는다. …… 그 당시에 그들에게 중요한 가치가 있는 것을 실재적인 것으로 간주하는 것은 우리에게 자연스러운 일이다(『경험과 자연』, 31).

이러한 오류는 불안정하고 우연적인 것보다 안정적이고 항구적인 것을 선호함으로써 우리 경험의 불가결한 부분을 간과하게 되는 전통 철학자들에게서 명백하게 드러난다. 이와는 달리 듀이에게 경험은 정신적이든 불안정하든 우연적이든 모두 동등하게 실재적이다.

듀이에 있어서 경험은 무엇보다도 이것이 인간의 적극적 · 소극적 행위, 그리고 그 경험의 과정들로서 행위의 방식까지도 포함하게 되는 대단히 포괄적인 개념이라는 점에 주목할 필요가 있다. 이러한 맥락에서 듀이 자신은 '경험'이라는 말의 철학적 의미를 "경험되는 것과 그것이 경험되는 방식 사이의 통합과 전체성을 지칭하는 방식을 제공하는 것"[29]이라고 말한다. 그는 『경험과 자연』에서 '경험'을 다음과 같이 설명하고 있다.

> 〔경험〕은 그것이 자체의 통합 안에서 행위와 대상(material), 주관과 객관

---

29) Dewey, "Syllabus: Types of Philosophic Thought," *The Middle Works, 1899~1924*, Vol. 13, ed. Jo Ann Boydston (Carbondale, Ill.: Southern Illinois University Press, 1983), p. 351. 그는 『경험과 자연』 2판의 서문에서도 '경험'을 "인간적인 특징을 갖는 모든 것의 복합체"(『경험과 자연』, p. 331)라고 기술함으로써 자신의 '경험' 개념이 여전히 이 포괄성을 잃지 않고 있음을 보여 준다.

> 사이에 어떠한 구분도 인정하지 않으며, 그 둘을 분석되지 않는 전체로 받아들인다는 점에서 '양방적'(double-barrelled)이다. '사물'과 '사고'는 제임스가 같은 맥락에서 말하듯이 '일방적'(single-barrelled)이다. 즉 그것들은 근원적 경험으로부터 비롯되는 반성에 의해 구별된다(『경험과 자연』, 18~19).

여기에서 우리는 듀이의 '경험' 개념이 전통적인 이원론을 정면으로 거부한다는 것을 알 수 있다. 그것은 우리가 일상적으로 받아들이고 있는 물리적인 것과 정신적인 것 사이의 구분을 폐기하려는 것이다. 전통 철학이 그렇듯이 일단 이원론적 구분을 가정하게 되면 결과적으로 이 구분된 두 측면에 대한 환원론적 해석 아니면 관념론적 해석이 불가피한 것처럼 보이게 되는데, 듀이의 연속성의 원리는 그 둘을 다 거부한다. 이 때문에 듀이는 연속성의 복구가 전통적인 몸/마음 문제에 대한 해결책이 된다고 본다(『경험과 자연』, 8).

여기에서 로티는 '연속성'이라는 개념을 사용함으로써 이원론적인 인식론의 문제를 해결하려는 듀이의 시도 자체가 무용하다고 주장한다. 말하자면 데카르트적 인식론이 가정한 것처럼 지식이 외적 세계에 대한 표상의 문제가 아니라 문제를 해결하는 과정이라는 실용주의의 입장을 전개하기 위해 신경 체계와 인간, 또는 경험과 자연 사이에 연속성의 개념을 도입해야 할 이유가 없다는 것이다.[30)]

그러나 여기에서 중요하게 지적되어야 할 것은 로티의 이러한 주장에는 연속성의 원리에 대한 중대한 해석상의 오류가 개입되어 있다는 점이다. 로티는 이원론에 대처하는 방식으로 헤겔적인 것과 로크적인 두 가지 방식이 있다고 보며, 듀이가 이 두 가지 방식을 혼동하고 있다

30) Rorty, "Dewey's Metaphysics," p. 82 참조.

고 지적한다. 먼저 헤겔적인 방식이란 이원론을 어떤 특정한 문화적 이유들에 의해서 부과된, 이제는 더 이상 쓸모가 없는 전통으로 간주함으로써 그것을 거부하는 것이다.[31] 물론 듀이가 '절대 정신'에 의지하는 헤겔의 초월적 관념론을 거부하는 것은 분명하지만, 적어도 헤겔의 역사주의를 중요한 철학적 관점으로 받아들이는 것 또한 중요한 사실이다. 그리고 로티 자신도 헤겔의 역사주의가 실용주의에 있어서 중요한 요소가 된다는 것을 인정한다. 그러나 로티의 주장은 듀이가 이 헤겔주의를 끝까지 밀고 나아감으로써 그 이원론의 문제를 해소했어야 한다는 것이다.

그러나 로티의 해석에서 더 중요한 문제점은 바로 두 번째 방식을 진술하는 데에서 드러난다.

> 두 번째 방식이란 '하위적 작용들과 상위적 작용들 사이에 연속성을 강조함으로써' 현상들을 비이원론적인 방식으로 기술하는 것이다. 이것은 로크적인 방식인데, 로크는 모든 정신적 활동을 순수한 느낌과 동일시함으로써 흄적인 회의주의에로의 길을 열어 주었다.[32]

여기에서 로티가 연속성의 원리를 일종의 '동일성'(identity)의 원리로 환원주의적 해석을 하고 있음이 명백하다. 즉 로티는 상위적 작용들이 연속성의 원리를 통해서 하위적 작용으로 환원된다고 보는 것이다. 앞서 인용된 듀이의 설명이 보여 주듯이 연속성의 원리는 상위적 작용이 하위적 작용으로부터 생겨나지만 그것이 하위적 작용으로 환원되지 않는다

---

31) 같은 곳.
32) 같은 곳.

는 것과 이 두 유형의 작용들 사이에 단절이 없다는 것을 분명하게 하고 있다. 따라서 우리는 연속성의 원리 자체의 이론적 성패를 떠나서라도 연속성을 동일성으로 해석하는 것은 명백한 잘못이라고 말할 수 있다.

실제로 지난 두 세대 동안에 걸쳐 듀이의 형이상학에 가해진 대부분의 비판은 이 연속성의 원리에 대한 이러한 그릇된 해석 아니면 소홀한 해석에 바탕을 두고 있다.[33] 알렉산더의 지적에 따르면 샌터야나는 듀이가 연속성의 원리를 통해 경험과 자연이 '동일하다'(identical)고 말하는 것으로 이해함으로써 듀이를 관념론자로 규정하게 되었으며, 코헨과 호킹도 유사한 실수를 범하고 있다. 또한 알렉산더는 번스타인의 경우 연속성의 원리의 중요성을 인정은 하지만 그것을 잘못 분석함으로써 듀이가 생각하는 경험과 자연의 관계를 거부했다고 지적한다.[34] 알렉산더는 기본적으로 로티도 동일한 오류를 범하고 있다고 보며, 로티가 다른 비판자들과 다른 점이라고는 그가 1880년대에 씌어진 듀이의 초기 글들을 포함시켜 다루고 있는 점뿐이라고 말한다.[35]

그럼에도 불구하고 로티가 듀이의 형이상학 비판을 통해 궁극적으로 듀이를 경험주의자로 규정하지 않고 초월적 자아에 의지하고 있는 관념론자로 결론짓는 것은 다소 의외라고 할 수 있다.[36] 여기에서 분명하게 지적해 두어야 할 것은 로티의 이러한 해석이 기본적으로 이원론적인 관점에서 듀이를 보는 해석이라는 점이다. 말하자면 상위적인 것을

---

33) 이러한 비판들은 Alexander, *John Dewey's Theory of Art, Experience & Nature*, 특히 pp. 62~69에 잘 요약되어 있다.

34) 같은 책, p. 95 참조.

35) Alexander, "Richard Rorty and Dewey's Metaphysics of Experience," *Southwest Philosophical Studies*, 5 (1980), p. 24 참조.

36) Rorty, "Dewey's Metaphysics," p. 85.

하위적인 것으로 환원하는 대신에 하위적인 것을 상위적인 것에 흡수시키려는 시도인데, 이러한 시도 자체가 상위적인 것과 하위적인 것의 이원론적인 구분을 전제함으로써만 가능한 것이다.

로티의 이러한 신중하지 못한 비판 태도는 듀이의 형이상학을 몸과 마음의 문제와 관련해 다루는 데에서도 뚜렷하게 드러난다.[37] 로티는 성질들은 항상 "유기체 외적인 사물과 유기체가 동시에 참여하는 상호작용의 성질들"(『경험과 자연』, 198~99)이라는 듀이의 말에 대해 일련의 의문을 제기한다. 로티가 묻는 것은 듀이가 말하는 '상호작용'(interaction)의 실제적인 의미다. 로티의 비판은 이 말이 극도로 애매하게 사용되고 있어서 한편으로는 상식적인 실재론자처럼 들리기도 하며, 다른 한편으로는 칸트나 그린 같은 관념론자처럼 들리기도 한다는 것이다. 예를 들어 '갈색 책상'에 관해서 말할 때 과연 상호작용이라는 것이 사람과 책상 사이의 상호작용이라는 것인지, 아니면 나와 책상 사이의 상호작용이 '갈색'이라는 것인지, 아니면 '갈색'이라는 단어의 의미를 이해하지 못하고서는 책상이 갈색이라는 것을 알 수가 없다는 말인지, 아니면 칸트가 말하는 것처럼 우리의 개념들이 느낌들에 부과되지 않고서는 대상들 사이에, 또는 대상과 성질 사이에 구분이 불가능하다는 것인지가 전혀 분명치 않다는 것이다. 로티는 듀이가 '상호작용' 또는 '상황'이라는 개념들을 무분별하게 확장시킴으로써 그것들을 마치 '근원적 물질' 또는 '물 자체'처럼 신비한 개념으로 만들고 있다고 결론짓는다.[38]

이러한 로티의 지적은 듀이에게 대단히 곤혹스러운 부분임에 틀림없

---

37) 같은 논문, p. 83.

38) 같은 논문, p. 84.

다. 실제로 듀이는 자신이 의미하는 것의 옳고 그름을 떠나서 자신의 생각을 명료하게 설명하지 못하고 있는 것으로 보인다. 듀이의 의도는 물론 이러한 상호작용의 개념을 도입함으로써 전통적인 이원론의 난점들을 해소하려는 것이겠지만, 그것이 과연 어떻게 가능한지의 문제에 부딪히게 된 것이다. 듀이의 이러한 시도에 대한 로티의 최종적 판정은 비관적이다. 로티의 제안은 듀이가 라일(G. Ryle), 셀라스(W. Sellars), 비트겐슈타인, 하이데거처럼 방관자적 지식 이론을 포기하게 되면 당초에 몸/마음 문제는 발생하지 않는다고 주장하는 선에서 멈추었어야 한다는 것이다.[39] 로티는 듀이가 과거의 문제들에 대해 대안적인 시도를 하는 대신 그것들을 해소시키는 것으로 만족했어야 한다고 보는 것이다.

여기에서 우리가 주목해야 할 것은 듀이의 형이상학 비판에서 로티가 뚜렷하게 환원주의적 태도를 취하고 있다는 사실이다. 그것은 로티가 자라 나온, 그리고 자신이 스스로 극복했다고 자처하는 분석적 전통의 영향으로 추측된다. 환원주의는 물론 모종의 이원론을 전제한다. 즉 무엇이 다른 것으로 환원된다고 말하기 위해서는 적어도 그것들이 서로 분리되어 있다는 사실을 전제해야 한다. 듀이의 형이상학은 우리의 경험에서 하위적 질서와 상위적 질서를 구분하지만, 그의 연속성의 원리는 이것이 이분법적 구분이 아니라는 점을 전제하고 있다. 따라서 로티에게서 드러나는 것처럼 듀이의 형이상학을 환원주의적으로 해석하려는 어떠한 시도도 듀이가 의도하는 바의 연속성의 원리의 기본적 정신에 반하는 것이 된다. 그리고 이것은 로티 이전부터도 듀이의 형이상학에 대한 수많은 비판자들에게서 흔히 찾아볼 수 있는 전형적인 오해

39) 같은 곳.

이기도 하다.

3. 로티의 철학 개념과 상대주의

로티는 자신의 철학적 기조를 공공연하게 실용주의로 규정한다. 로티는 특히 제임스와 듀이에 의해 전개되었던 실용주의의 재건을 주창하고 나서는데, 그는 스스로가 "지난 수년 동안 무언가 좀 일반적이고 쓸모 있는 말을 하겠다고 생각할 때마다 어디선가 읽은 적이 있는 것의 반향처럼 들리곤 했는데, 그것을 찾아가다 보면 항상 듀이에게 되돌아가고 있었다"[40]고 말한다.

그러나 앞서 보았던 것처럼 로티의 듀이 해석에는 몇몇 부인하기 힘든 오류가 개입되어 있음을 알 수 있다. 그렇다 하더라도 이러한 오류를 로티에게 돌리는 것은 그다지 큰 의미가 없어 보인다. 왜냐하면 로티는 애당초 '올바른' 해석 같은 것은 존재하지 않는다는 가다머 식의 해석학적 태도를 유지하기 때문이다. 로티에게 '해석하기'의 주된 관심사는 무엇을 올바르게 받아들이는 문제가 아니라 어떤 사상이 과연 우리에게 주어진 목적과 상황에 쓸모가 있는가 하는 문제다. 그래서 로티는 "어떤 사상가의 자기 영상은 그의 후계자들에게는 쓸모없는 것일 수 있다. …… 나는 전통 철학과의 유사성보다는 차이점을 강조함으로써 실용주의를 새로운 지적 환경에 적용하려고 한다"[41]고 말한다.

이러한 로티의 언급으로 미루어 볼 때 듀이 해석에 있어서 로티의 오

40) Rorty, "Comments on Sleeper and Edel," p. 39.
41) 같은 논문, p. 47.

류들이 단순히 부주의 때문만은 아니라는 것을 짐작할 수 있다. 즉 로티는 나름대로의 철학적 의도와 목적을 갖고 듀이에 접근하며, 여기에 부합하는 것이라면 의도적 왜곡도 가능하다고 보는 것이다. 그렇다면 과연 로티가 말하는 '새로운 지적 환경'이란 무엇일까? 이 물음에 답하기 위해서는 듀이의 형이상학 비판의 배경을 이루고 있는 로티의 철학적 태도를 살펴볼 필요가 있다.

먼저 로티는 듀이가 자신의 형이상학 개념을 통해서 치유적 철학과 체계 건설적 철학이라는 양립 불가능한 목표를 동시에 추구함으로써 불가피하게 갈등에 빠지게 된다고 본다.

> 일생을 통해 〔듀이는〕 철학에 대한 치유적인 입장과, 전혀 다른 또 하나의 입장—철학이 '과학적'이고 '경험적'인 것이어야 하며, 진지하고 체계적이며, 중요하고, 건설적인 어떤 것을 수행해야 한다는—사이에서 방황했다. 듀이는 때때로 철학을 문화의 비판이라고 말하면서도 자신을 훈수꾼(kibitzer), 치유자, 또는 지적인 역사가라고 생각하는 것에 만족하지 않았다. 그는 둘을 동시에 취하려고 했던 것이다.[42)]

듀이가 자신의 형이상학을 통해서 이 두 측면을 동시에 추구하는 것은 사실이다. 그러나 로티는 철학이 이 두 측면을 동시에 취하는 것이 불가능하다고 보며, 이러한 이유에서 듀이의 형이상학의 치유적인 측면만을 받아들이려고 한다. 그래서 로티는 듀이의 『경험과 자연』이 "그 자체로 하나의 형이상학적 체계가 아니라, 왜 아무도 형이상학을 더 이상 필요로 하지 않는가에 대한 설명일 뿐"[43)]이라고 주장한다. 같은 맥

---

42) Rorty, "Dewey's Metaphysics," p. 73.

락에서 로티는 듀이의 위대성이 "우리의 지적 과거를 어떻게 청산할 것인가, 또한 어떻게 그 과거를 과업과 책임을 부과하는 것으로서가 아니라 가벼운 실험의 자료로 취급할 것인가에 대한 제안들의 순수한 도발성"[44]에 있다고 말한다. 그러나 슬리퍼는 "듀이가 실제로 설명하고 있는 것은 왜 아무도 더 이상 전통적(토대주의적) 유형의 형이상학을 필요로 하지 않는가"[45]라고 지적함으로써 로티의 주장을 일축한다.

또한 로티는 자신의 저술을 통해서 "실용주의자는 ~을 거부한다", 또는 "실용주의자는 ~을 주장해야 한다" 등의 표현을 반복적으로 사용한다. 이 점에 대해서 캠블(J. Campbell)은 로티에게서 보이는 비실용주의적인 철학적 태도를 감안할 때 도대체 로티가 말하는 '실용주의자'가 누구를 가리키는 것인지 궁금하지 않을 수 없다고 말한다. 그래서 로티가 사용하는 '실용주의'라는 말을 받아들인다면 우리는 전통적인 실용주의를 가리키는 새로운 용어—아마도 "유괴범들로부터 안전할 만큼 추한"—를 사용해야만 할 것이라고 말한다.[46] 또한 번스타인도 로티의 듀이 해석에 대해 듀이를 단지 교화적 철학자로 해석하려고 하는 것은 "듀이에 관해서보다도 로티 자신에 관해 더 많은 것을 드러내

---

43) 같은 논문, p. 72.

44) 같은 논문, p. 87.

45) R. W. Sleeper, *The Necessity of Pragmatism: John Dewey's Conception of Philosophy* (New Haven, Conn.: Yale University Press, 1986), p. 108.

46) James Campbell, "Rorty's Use of Dewey," *Southern Journal of Philosophy*, 22, no. 2 (1984), p. 175. 물론 따옴표 안의 인용은 퍼스(C. S. Peirce) 말이다. 퍼스는 자신이 고안한 '실용주의'(pragmatism)라는 말이 제임스나 쉴러, 듀이 등과 같은 여타의 실용주의자들에 의해 자신의 본래의 의도를 벗어나 사용되고 있다고 판단하고 자신의 철학을 '프래그마티시즘'(pragmaticism)으로 새롭게 명명한다. Charles S. Peirce, *Collected Papers, I–VI*, ed. Charles Hartshorne and Paul Weiss (Cambridge, Mass.: Harvard University Press, 1931~35), 5. 414 참조.

보이는 무지한 왜곡"[47]이라고 혹평한다. 번스타인의 지적처럼 로티는 듀이를 해석하는 데 있어서 그 해석 자체의 적절성보다도 자신의 독자적인 철학적 태도를 강력하게 드러내고 있는 것이다.

여기에서 우리는 우선 로티가 체계 건설적 철학과 치유적 철학을 하나의 이분법적 딜레마로 간주한다는 점에 주목할 필요가 있다. 이러한 가정 아래서만 "듀이의 형이상학으로부터 치유적 측면만을 수용해야 한다", 또는 "듀이의 철학은 체계 건설적 측면을 포기하지 않는 한 토대주의적 형이상학으로의 복귀를 피할 수 없다"는 로티의 주장이 가능한 것이다. 물론 듀이는 로티와 마찬가지로 전통적으로 수행되어 온 토대주의적 인식론을 철저하게 거부하고 있지만, 그렇다고 해서 로티처럼 형이상학이나 인식론 자체를 전적으로 폐기하려는 것은 아니다. 듀이는 그러한 탐구들이 전통적으로 요구되는 토대주의적 짐을 벗어났을 때 우리에게 무엇을 해 줄 수 있는지를 발견하려고 하는 것이다. 그러나 로티는 '철학 이후의 철학'을 수행하는 데 있어서 형이상학과 인식론은 물론 모든 유형의 체계화나 이론화 자체를 아예 무의미한 것으로 폐기하려고 시도하고 있으며, 이것이 슬리퍼가 지적하는 것처럼 로티가 듀이의 실용주의에서 '탈선해 가는' 가장 중요한 징후다.[48]

로티는 전통적 인식론을 거부한다는 점에서 듀이와 입장을 공유하지만 로티와 듀이를 가장 뚜렷하게 갈라놓는 것은 로티가 전통 철학을 거부할 뿐, 이에 대한 어떤 대안적 시도도 허용하지 않는다는 점이다. 여기에 그의 철학 비판의 급진성이 있다. 로티는 기본적으로 실용주의를

---

47) Bernstein, "Philosophy in the Conversation of Mankind," p. 768. 번스타인은 계속해서 로티가 " '철학의 문제들'이라는 망상과 억압으로부터 벗어난 후의 철학의 역할에 대한 듀이의 관심"에 대해 정당한 평가를 하지 못하고 있다고 지적한다.

48) Sleeper, *The Necessity of Pragmatism*, p. 2.

'교화철학'(edifying philosophy)으로 규정하며, 이제 이러한 철학은 일체의 체계적 이론화를 포기해야 한다고 주장하는 것이다. 그래서 그는 형이상학뿐만 아니라 인식론 또한 포기되어야 할 무용한 철학적 시도로 간주한다. 그는 다만 전통적으로 수행되어 온 낡은 철학을 비판하는 데 철학의 본령이 있다고 생각하며, 이러한 의미에서 철학은 '치유적'이며 동시에 '기생적'(parasitic)이다. 그래서 프라도(C. G. Prado)는 로티에 대한 듀이의 영향이 이론적이라기보다는 영감적(inspirational)이라고 지적한다.[49] 필자는 이러한 로티의 철학적 태도를 통해서 듀이의 형이상학에 대한 로티의 비판의 기본적 성격을 파악해야 한다고 본다.

필자는 우선 '객관주의'로 규정될 수 있는 전통 철학에 대한 로티의 비판이 강한 설득력을 갖는다고 본다. 그러나 이 객관주의를 거부하는 모든 철학자들이 공통적으로 부딪히게 되는 것은 상대주의라는 문제다. 물론 로티도 예외일 수 없다. 즉 진리나 선의 문제를 가늠해 줄 만한 단일하게 확정된 기준 또는 근거가 부정되는 한 허무주의적 상대주의에의 우려가 자연스럽게 제기되는 것이다. 먼저 로티는 이러한 허무주의적 상대주의를 "어떤 신념도 다른 모든 신념과 동등하다", 또는 "무엇이든 된다"라는 주장으로 규정하고, "나는 그렇게 주장한 적 없다"는 논지를 유지한다. 그러나 우리가 참으로 묻고 있는 것은 로티가 그렇게 도식화된 자가당착적 상대주의를 적극적으로 주장하는가가 아니라, 그의 입장이 어떻게 그러한 허무주의적 상대주의에로의 전락을 피할 수 있는지의 문제다.

---

49) C. G. Prado, *The Limits of Pragmatism* (Atlantic Highlands, N.J.: Humanities, 1987), pp. 41~47 참조.

로티는 이 문제에 대해 직접적인 반론을 펴는 대신 허무주의적 상대주의에 대한 우려가 전통적 인식론이 초래한 근거 없는 우려라고 주장한다. 그는 자신의 철학에 가해지는 상대주의라는 비판을 정면에서 대처하지 않고, 대신에 자신의 비판자들의 언어를 비판하고자 한다. 그의 전략은 항상 상대방과 마주 대항하여 싸우는 것이 아니라 상대방의 배에 구멍을 냄으로써 스스로 가라앉게 하는 것이다. 따라서 로티는 상대주의에의 우려는 그릇된 인식론이 공허하게 추구하는 확실성, 또는 절대적 · 객관적 진리라는 개념의 포기와 함께 해소된다고 본다. 즉 객관주의/상대주의 구분은 전통 철학이 만들어 낸 낡아빠진 부산물이며, 이 구분 자체를 거부하는 자신의 입장은 이미 상대주의 논의의 물결을 넘어선다는 것이다.

앞장에서 보았던 것처럼 로티는 인식론 자체를 무용한 것으로 거부함으로써 마치 이 이분법이 근원적으로 제거된 것처럼 주장하지만, 상대주의라는 관념이 객관주의라는 관념에 전적으로 의존하고 있다는 전제가 옳은 것으로 증명되지 않는 한 그의 논증은 성공적일 수 없다. 객관주의라는 생각을 거부함으로써 상대주의의 우려가 소멸된다는 로티의 주장보다는 오히려 그렇게 함으로써 상대주의의 우려가 증폭된다는 사실을 염두에 둔다면 이 문제에 관한 한 로티의 전략이 성공적이지 않다는 점은 분명하게 드러난다. 그렇다면 결과적으로 로티는 사실상 여전히 '객관주의 아니면 상대주의'라는 이분법적 딜레마의 틀을 벗어나지 못한 채 객관주의만을 해체하고 있는 것이다.

4. 신체화된 마음

듀이의 형이상학에 대한 로티의 비판의 배후에는 철학이 치유적이며 동시에 체계 건설적일 수 없다는 가정이 자리 잡고 있다. 로티는 이 두 측면을 종합하려는 듀이의 의도가 무용할 뿐만 아니라 불가피하게 토대주의적 구도로 복귀하게 된다고 본다. 사실상 전통적인 형이상학에 부여되었던 일반적 특징들—토대주의적 또는 초월적인—이 제거된 이후에도 과연 '형이상학'이라는 말이 더 이상 유용한 것인지 의심스러운 문제이기는 하다. 그러나 필자가 여기에서 관심을 갖는 것은 듀이의 형이상학이 하나의 형이상학으로 성립할 수 있는지의 문제가 아니라 듀이의 그러한 시도가 담고 있는 탁월한 통찰들이다.

이러한 관점에서 중요하게 들 수 있는 듀이의 생각—로티가 간과했던—은 자연과 인간 존재 사이의 '상호작용'이다. 아마 이 상호작용의 가장 뚜렷한 징표는 세계 안에서 인간의 신체적 활동일 것이다. 우리는 데카르트가 가정했던 것처럼 마음을 통해서 다만 세계를 기술하는 존재가 아니다. 데카르트적 마음의 인식론에 따르면 인간은 처음부터 세계와 분리되어 세계를 관찰하는 존재인데, 이렇게 해서 우리에게 주어지는 것은 '방관자적 지식 이론'이다. 이러한 구도에서 인간은 자기 지식의 내용 안에 아무런 자리도 갖지 못하며, 따라서 스스로의 지식으로부터 소외된 이방인이 되는 것이다.

듀이는 세계 안에서 인간의 직접적 참여를 강조함으로써 이 난제를 벗어나려고 한다. 즉 인간은 세계 안에서 환경과, 그리고 타인들과 끊임없이 상호작용하는 '신체화된 유기체'(embodied organisms)다. 듀이는 "의사소통의 형태를 띠는 자연적 상호작용의 존재와 작용의 거부는 실존과 본질 사이에 괴리를 불러오며, 이 괴리는 부자연스럽고 불필요한 것"(『경험과 자연』, 133)이라고 말한다. 그래서 "의사소통은 가장 경이로운 것"(『경험과 자연』, 132)이다.

듀이의 이러한 주장은 기본적으로 몸과 마음의 이원론을 거부함으로써만 중요한 의미를 갖는다. 전통적인 이원론자들이라 할지라도 몸이 물리적 세계와 접해 있다는 너무나 평범한 사실을 부인하지는 않으며, 다만 이 접촉이 인식론적으로 어떤 적극적인 역할을 하지 못한다고 주장할 것이다. 이에 반해 듀이는 정신 작용이 몸으로부터 창발한다고 주장함으로 근본적으로 이원론적 구도를 거부하는 것이다.

> 몸/마음은 단순히 한 생물체가 담론, 의사소통, 참여의 상황에 개입될 때 실제로 발생하는 것을 가리킬 뿐이다. 하이픈으로 연결된 몸/마음이라는 표현에서 '몸'은 〔다양한〕 요소들—생물이든 무생물이든 자연의 나머지 부분과 연속되어 있는—의 지속적이고, 보존되고, 새겨지고 누적되는 작용을 가리킨다. 반면에 '마음'은 몸이 보다 더 광범위하고 보다 더 복합적이며 독립적인 상황에 개입될 때 발생하는 특성들을 구별하고 가리키는 특징과 귀결을 가리킨다(『경험과 자연』, 217).

듀이는 몸과 마음이 질적으로 다른 별개의 사태들이 아니라 마음의 작용이 몸의 보다 더 복합적인 활동의 연장이나 결과임을 암시한다. 이것은 전통적인 인식론의 가정에 대한 전면적 거부인 동시에 인식에 있어서 신체적 활동의 적극적인 역할을 인정하는 주장이다. 앞서 지적했던 것처럼 듀이는 창발이라는 작용 방식을 구체적으로 설명하지는 못했지만, 적어도 우리가 듀이의 생각을 옳은 것으로 받아들인다면 전통적인 이원론이 부딪히는 난제는 그 근원에서부터 해소된다고 말할 수 있다.

그러나 로티는 듀이의 이러한 시도를 전적으로 다른 각도에서 접근하고 있으며, 이 때문에 로티는 우리가 신체화된 사회적 유기체, 즉 우리의 환경과의 상호작용의 장이 되는 몸을 갖고 있다는 사실에 대해 언급을 피하고 있는 것이다.[50] 로티는 체계적 철학을 건설하려는 듀이의 시도를 비판하는 데 지나치게 집착함으로써 듀이의 이러한 생각들을 간과하게 된 것으로 보인다. 대신에 로티의 주장은 듀이가 우리가 방관자적 지식 이론을 포기하기만 하면 몸과 마음의 문제는 애당초 생기지도 않는다는 점을 언급하는 선에서 멈추었어야 한다는 것이다. 아마도 로티는 경험적이고 과학적인 지식의 증대가 철학적 문제들에 대처하는 데 중요한 역할을 할 수 있을 것이라는 듀이의 자연주의적 시각이 그릇된 것이라고 생각했을 것이다. 그러나 로티가 원하는 전통적인 철학적 환상들의 해체가 경험적 지식을 바탕으로 수행될 수도 있다는 사실을 염두에 둔다면 로티의 이러한 비판은 그의 편향된 철학관을 반영하는 것일 뿐이다.

'신체화된 마음'(embodied mind)이라는 듀이의 중요한 생각은 그 자신에 의해서도 체계적으로 진술되지 못했으며, 그의 동시대인들에 의해서도 적절하게 이해되지 못했던 것으로 보인다. 필자가 듀이의 '신체화된 마음'이라는 생각에 주목하는 이유는 그것이 서두에서 제기한 객관주의/상대주의 이분법의 해소에 중요한 가능성을 암시한다고 보기 때문이다. 로티는 바로 이 점을 전적으로 간과함으로써 상대주의 문제에 대한 적절한 대처의 길을 스스로 봉쇄하게 된 것으로 보인다.

50) Johnson, "Good Rorty, Bad Rorty," p. 32 참조.

5. 맺는 말

로티는 실용주의를 자신의 철학적 기조로 수용할 뿐만 아니라 자신의 저술을 통해 수많은 철학자들의 사상을 다양한 방식으로 흡수하고 있다. 그러나 많은 비평가들은 로티가 이러한 흡수 과정에서 철학자들을 무리하게 해석함으로써 자신의 진영으로 끌어들인다고 지적한다.[51] 필자는 그의 듀이 해석이 그 한 예가 된다고 본다. 물론 로티의 이러한 해석의 문제는 단순한 해석상의 오류라기보다는 로티가 취하고 있는 해석학적 입장과 밀접한 관련이 있다. 그렇다 하더라도 중요한 것은 로티가 이러한 해석을 통해 중요한 의미에서 듀이의 실용주의와 궤도를

---

51) 이러한 좋은 예는 데이빗슨을 실용주의자로 해석하려는 로티의 시도다. 로티는 체계/내용의 구분에 대한 데이빗슨의 거부가 경험주의와의 단절을 표방하고 실용주의에 접근하는 가장 중요한 징표라고 간주한다. Rorty, "Pragmatism, Davidson, and Truth," in *Objectivity, Relativism, and Truth* 참조. 그러나 데이빗슨은 자신이 이 구분을 포기함으로써 경험주의로부터 단절을 의미하는 것은 사실이지만, 그것이 자신을 실용주의자, 초월적 관념론자, 또는 내재적 실재론자로 이끄는 것은 아니라는 점을 명백하게 밝히고 있다. 물론 데이빗슨이 이러한 입장들과 결부되는 것을 거부하는 가장 큰 이유는 무엇보다도 이러한 입장들이 모두 '위장된 상대주의'의 한 유형이라고 생각하기 때문이다. 그러나 필자의 제한된 독서로는 아직 데이빗슨이 이 문제와 관련해서 구체적으로 로티의 입장을 들어 거론하는 것은 보지 못했다. Davidson, *Inquiries into Truth and Interpretation* (Oxford: Clarendon Press, 1984), p. xviii 참조.

또한 다른 철학자들에 대한 로티의 프로크루스테스적 해석은 비평가들에 의해 아주 흔하게 지적된다. 로티의 해석은 대체로 어떤 철학자의 철학을 전체적 맥락 없이 부분적으로 흡수하는 방식으로 이루어지는 것이 보통이지만, 종종 그릇된 해석에 의거하고 있다는 비판도 있다. 듀이나 데이빗슨 이외에도 콰인, 하이데거의 해석에 있어서도 이러한 문제들이 지적된다. 이러한 관점에서 로티의 콰인 해석에 관해서는 Roger Gibson, *Enlightened Empiricism: An Examination of W. V. Quine's Theory of Knowledge* (Tampa: University of South Florida Press, 1988), 특히 3장 참조. 하이데거 해석에 관해서는 John Caputo, "The Thought of Being and the Conversation of Mankind: The Case of Heidegger and Rorty," *Review of Metaphysics*, 36 (1983): 661~85 참조.

달리하게 된다는 점이다.

듀이의 철학적 구도 안에는 원리적 측면과 치유적 측면이 혼재한다. 즉 듀이는 자신의 형이상학을 통해 전통적인 형이상학을 비판함과 동시에 자신의 새로운 형이상학 건설을 시도하는데, 로티는 근원적으로 이 두 측면을 화해될 수 없는 딜레마로 보는 것이다. 로티는 듀이가 나름대로의 형이상학의 건설을 통해 전통적인 형이상학처럼 근원적 원리를 추구함으로써 불가피하게 토대주의적 구도로 되돌아가게 된다고 본다.

로티는 철학이 단지 치유적인 활동으로서 가능할 뿐이며, 근원적 원리에의 탐구를 무용하다고 생각한다. 이러한 관점에서 로티는 듀이의 철학으로부터 치유적인 측면만을 수용하고자 하는 것이다. 그러나 정작 문제가 되는 것은 로티가 듀이 철학의 부분만을 수용한다는 사실보다도 수용하지 않은 부분, 즉 원리적 탐구 부분을 철저히 거부한다는 데에 있다. 그는 철학에서 어떤 이론화나 체계화도 거부하는 것이다. 여기에서 듀이와 로티 사이에 화해될 수 없는 철학적 괴리가 생겨난다.

이러한 로티의 듀이 해석의 바탕에는 어떤 체계적 이론화도 불가피하게 객관주의/상대주의 이분법 문제에 부딪히게 된다는 생각이 자리잡고 있다. 로티는 이 문제에 정면으로 대응하기보다는 그 문제의 근원을 와해시키는 방식을 택한다. 즉 로티는 객관적인 확실성의 추구를 아예 불가능한 것으로 포기함으로써 상대주의의 우려가 사라진다고 믿는다. 그러나 이러한 주장을 위해서 로티는 상대주의에 대한 우려가 객관성이라는 관념에 전적으로 의존하고 있다는 것을 먼저 증명해야만 한다. 객관주의적 신념을 포기함으로써 상대주의가 사라지는 것이 아니라, 오히려 상대주의적 우려가 생겨나는 것으로 보이기 때문이다. 로티는 이 점을 명백하게 보여 주지 못하며, 따라서 로티의 주장은 설득력을 잃게 된다. 로티의 주장처럼 대안 없는 해체는 상대주의의 우려를 제거해 주는 것이 아니라, 오히려 상대주의의 우려를 불러일으키는 것이다.

여기에서 로티의 듀이 해석은 역설적 측면을 갖는다. 필자는 기본적으로 객관주의와 상대주의의 갈등을 해결하려는 것이 아니라 해소시키려는 로티의 시도가 정당하며 또한 가능한 것으로 본다. 그러나 이러한 시도의 선결 과제는 그 갈등의 소재를 정확하게 파악하는 일이다. 로티의 실패는 여기에 있다. 즉 그는 이 문제의 근원을 전통적으로 수행되어 온, 객관적이고 절대적인 원리의 추구라고 보는 것이다. 이 때문에 그는 원리적인 탐구를 전적으로 포기함으로써 상대주의는 물론 회의주의의 문제를 근원적으로 해소하려고 한다. 그러나 바로 그러한 시도가 오히려 로티 자신의 철학에 상대주의라는 비난을 불러온다.

필자는 듀이가 제시했던 '신체화된 마음'이라는 생각이 전통적인 몸/마음 이원론을 거부하는 것일 뿐만 아니라, 동시에 객관주의/상대주의 이분법적을 해소시키는 중요한 가능성을 담고 있다고 본다. 이러한 관점에서 로티는 자신의 방식으로 듀이의 철학 수용함으로써 일방적이고 자의적인 해석이라는 비판을 받게 될 뿐만 아니라 자신의 철학 개념이 야기하는 중대한 난점—상대주의에의 우려—을 피할 수 있는 가능성마저도 스스로 봉쇄하게 된 것으로 보인다.

제7장 체험주의적 접근

앞장의 논의를 통해 객관주의와 상대주의의 이분법적 대립을 해소하는 실마리로 몸에 관한 새로운 해명의 필요성을 제안했다. '연속성'과 '상호작용'의 관점에서 제시된 듀이(J. Dewey)의 '신체화된 마음'(embodied mind)이라는 주제는 논의의 실마리를 풀어 갈 수 있는 핵심적 계기를 제공한다. 그렇지만 이러한 중요한 통찰에도 불구하고 듀이의 시대에는 이 문제를 명료하고 체계적인 방식으로 다룰 수 있는 경험적 자료들이 주어지지 않았다. 이러한 맥락에서 최근에 미국을 중심으로 형성되어 가고 있는 새로운 철학적 흐름인 '체험주의'(experientialism)[1)]는 신체화된 마음이라는 주제에 대한 좀 더 구체적인 해석의 계기를 마련해 준다.

체험주의는 최근 급속히 성장하고 있는 '인지과학'(cognitive sci-

---

1) 'experientialism'은 '경험'(experience)이라는 말에서 파생된 것이어서 '경험주의'라고 번역하는 것이 자연스러울 것으로 생각되지만 종래에 철학 용어로 굳어진 'empiricism'과의 혼동을 피하기 위해 '체험주의'라는 다소 낯선 말을 사용하기로 한다. 그러나 체험주의가 경험주의와는 철학적으로 전혀 다른 맥락과 관심을 갖는다는 것은 본론의 논의를 통해 자연스럽게 드러날 것이다. 우선 여기에서 언급해 두고 싶은 것은 체험주의가 말하는 '경험'이 감각적 인상으로 환원될 수 있는 것이라는 경험주의적 경험 개념보다 훨씬 더 넓은 폭을 갖는다는 점이다. 존슨은 체험주의의 '경험'이 "우리를 인간—우리의 세계에 대한 우리의 이해를 구성하는 복합적인 상호작용 안에서 결합되는 신체적 · 사회적 · 언어적 · 지적 존재—으로 만들어 주는 모든 것을 포함한다"고 말한다. M. 존슨, 『마음 속의 몸: 의미, 상상력, 이성의 신체적 근거』, 노양진 역 (서울: 철학과 현실사, 2000), p. 32.

ence)의 경험적 증거들을 적극적으로 수용함으로써 그것들을 철학적 논의로 확장시켜 가고 있는데, 아직은 그 철학적 구도를 형성해 가는 단계에 있다고 할 수 있다. 체험주의는 그 성격상 우선 전통적인 객관주의에 대한 또 하나의 도전으로 특징지어질 수 있지만, 우리의 전반적 경험에 있어서 몸의 중심성에 대한 독특한 관심을 통해 다른 반객관주의적 견해들과 구별된다.[2)] 즉 체험주의는 전통적으로 철학적 논의에서 무시되거나 간과되어 왔던 몸의 역할에 새로운 관심을 기울임으로써 우리의 경험과 이해에 관해 보다 더 포괄적이고 적절한 해명을 모색한다.

이 장에서는 객관주의/상대주의 이분법의 해소라는 문제를 축으로 삼아 체험주의의 철학적 성격과 전망을 살펴보려고 한다. 이러한 맥락에서 먼저 체험주의를 전통적인 객관주의와 대립되는 입장으로 설정하고, 체험주의의 형성에 중요한 계기를 제공하고 있는 '범주화'(categorization)에 관한 최근 탐구 성과를 개괄할 것이다. 이어서 객관주의의 대안으로 제시되는 체험주의가 어떻게 극단적 상대주의라는 함정을 벗어나는지를 체험주의의 철학적 논의에 중심적 역할을 하고 있는 존슨(M. Johnson)의 '상상력 이론'을 중심으로 검토할 것이다. 이러한 논의를 토대로 체험주의가 객관주의와 상대주의 사이의 '중간 지대'의 가능성을 제시함으로써 우리가 당면한 '객관주의 아니면 상대주의'라는 철학적 딜레마의 해소에 새로운 출구를 탐색할 것이다. 나아가 이러한 체험주의적 시각을 통해 철학적 논의에 있어서 제3의 시각으로서 '완화된 상대주의'(modified relativism)가 어떻게 가능하며, 또 필요한지를

---

2) 몸에 관한 최근 증대되는 관심은 포스트모던 계열의 철학자들에게서도 쉽게 찾아볼 수 있다. 그러나 포스트모던 철학자들이 몸을 '차이'의 원천으로 주목하는 반면, 체험주의가 몸을 '공공성'의 지반으로 주목한다는 점에서 이들과는 매우 다른 길을 가게 된다.

제안할 것이다.

1. 객관주의를 넘어서: 이성과 범주

체험주의의 전개 과정에서 흥미롭고도 중요한 위치를 차지하는 것은 '범주화'에 관한 논의다. 체험주의는 전통적인 객관주의를 비판하기 위해서 객관주의를 대변하고 있는 이성 개념을 분석하는데, 이 이성 개념을 뒷받침하고 있는 것은 매우 특수한 범주 개념이다. 체험주의가 범주 문제에 관심을 갖는 이유는 범주화가 우리의 사고—또한 지각, 행위 및 언어에서마저도—의 기본적 바탕이 된다고 보기 때문이다. 즉 우리가 '저 고양이', '이 탁자', '저 큰 소나무' 등처럼 단순히 개별적인 사물에 관해 이야기하는 것이 아니라 어떤 '종류'의 사물—예를 들면, 나무, 도시, 운동, 느낌, 선(善) 등—에 관해 이야기할 때 우리는 항상 범주를 사용한다. 그리고 실제로 우리 사고의 대부분은 '어떤 종류의 사물'에 관한 것이다. 따라서 "범주 개념을 바꾼다는 것은 우리의 마음의 개념을 바꾸는 것일 뿐만 아니라 세계에 대한 우리의 이해를 전환하는 것"[3]이라고 말할 수 있다.

아리스토텔레스 이래로 유지되어 온 객관주의적 범주 개념은 'p 아니면 ~p'라는 방식으로 도식화된다. 이 범주는 명확한 경계선을 갖는 그릇 같은 것으로 간주되며, 사물들은 그 그릇의 경계선을 기준으로 '안'(inside) 또는 '밖'(outside)에 존재하는 것으로 이해된다. 따라서

---

3) George Lakoff, *Women, Fire, and Dangerous Things: What Categories Reveal about the Mind* (Chicago: University of Chicago Press, 1987), p. 9.

이 범주의 관점에서 본다면 사물은 그 그릇 안에 있는 구성원이거나 그릇 밖에 있는 비구성원으로서의 지위만을 갖는다. 객관주의적 범주는 다음과 같은 특성을 갖는다.

첫째, 범주는 그 구성원들이 내재적으로 공유하는 속성들에 의해 결정되며, 따라서 여기에는 범주를 사용하는 범주자로서 인간의 특성, 이를테면 상상력, 인지 구조, 심리적 · 신체적 요소들은 완전히 무관한 것으로 배제된다. 따라서 범주는 자연적이다.

둘째, 한 범주에 속하는 구성원들은 구성원의 자격의 측면에서 아무런 차별 없이 동등한 것으로 이해된다.

셋째, 범주는 "그 범주의 모든 구성원이, 그리고 오직 그 구성원만이 공유하는 특성을 명시하는 필요충분조건에 의해 정의된다."[4] 따라서 범주의 구성원과 비구성원 간의 경계 또한 명확한 것으로 간주된다.

객관주의 입장에서 범주는 전적으로 객관적인 세계의 구조에 관한 문제일 뿐이며, 이 때문에 적어도 범주에 관한 한 인간은 단순한 발견자이며 관찰자일 뿐이다. 즉 객관주의는 범주자인 인간이 갖는 신체적 · 문화적 특성들을 전적으로 무시한다. 이러한 범주 개념에 바탕을 둔 이성은 따라서 '추상적 · 탈신체적'(abstract and disembodied)[5] 기능이며, 다시 이 이성 개념은 인간의 마음을 기본적으로 컴퓨터와 같은 방식으로 기호를 조작하는 능력으로 간주하게 된다.

> 객관주의는 고정되고 확정적인, 정신과 독립된 실재, 그리고 그 객관적 실재에 직접 사상(寫像)됨으로써 의미를 갖게 되는 임의적 기호들을 가정한다.

4) 존슨, 『마음 속의 몸』, p. 22.

5) Lakoff, *Women, Fire, and Dangerous Things*, p. 7 참조.

〔추론〕은 정확하게 작용했을 때 우리에게 객관적 지식을 주는 이 기호들의 규칙 지배적 조작이다.[6)]

따라서 객관주의는 인간의 이성과 이해에 있어서 신체적 요소들을 객관적 지식 획득을 가로막는 자의적이고 주관적인 장애물로 간주한다. 이러한 객관주의는 자연스럽게 "세계는 인간이 그것에 관해 어떤 신념을 갖는가에 상관없이 그 자체로 존재하며, 또한 세계가 무엇인가에 관해 하나의 올바른 '신적 관점'(God's-Eye View)이 존재한다"[7)]는 가정을 유지한다. 즉 우리의 다양한 믿음에 상관없이 실재 세계의 합리적인 구조가 존재하며, 올바른 이성은 이 합리적 구조를 밝힐 수 있다는 것이다.

그러나 앞으로의 논의를 통해서 드러나겠지만 범주화에 있어서 범주자인 인간은 신체화되고, 따라서 사회적 · 문화적으로 조건 지어진 존재로서 범주화에 불가결한 역할을 한다. 말하자면 범주화란 실질적으로 인간의 활동이며, 따라서 영상도식(image schema), 은유(metaphor), 환유(metonymy), 그리고 심적 영상(mental imagery) 등과 같은 이해의 다양한 요소들에 의해 지속적으로 영향 받는다.[8)] 체험주의는 이처럼 객관주의에 의해 무시되어 온 인간의 특성들에 관심을 돌림으로써 객관주의의 이성 개념을 넘어서려고 한다.

고전적인 인식론적 구도에서 말한다면 체험주의는 관심의 초점을 인

---

6) 존슨, 『마음 속의 몸』, p. 39.

7) 같은 책, p. 20.

8) 레이코프는 객관주의에 반한 체험주의의 입장에서 인간의 사고가 신체화되고 상상적이며, 게슈탈트적 속성을 가지며, 생태학적인 구조를 갖는다는 것을 그 특성으로 든다. Lakoff, *Women, Fire, and Dangerous Things*, pp. xiv~xv 참조.

식 대상으로부터 인식 주체인 우리 자신으로 옮겨가고 있다. 이러한 시각의 전환은 인식에 있어서 인식 주체의 적극적 역할을 최초로 인정한 칸트(I. Kant)의 '코페르니쿠스적 전회'와 근본적으로 궤를 같이하며, 이러한 맥락에서 체험주의는 칸트의 인식론적 혁명의 끝 부분에 서 있다고 할 수 있다. 그러나 칸트는 우리의 사고와 이해가 신체적 · 문화적 · 사회적 요소들에 의해 조건 지어진다는 사실을 간과함으로써 여전히 객관주의적 구도를 유지하려고 한다. 즉 칸트는 모든 인간이 공유하는 단일한 인식의 모형을 건설하려고 했다. 반면에 체험주의는 인간이 신체화된 사회적 존재이며, 인간의 모든 경험이 기본적으로 '신체화된 상상적 구조'—우리의 신체적 경험으로부터 직접 발생하는—에 근거하며, 동시에 그것에 의해 제약된다고 주장한다. 그러나 여기에서 체험주의가 말하는 제약이란 모든 인간에게 단일한 개념체계를 보장하는 제약이 아니라, 상이한 다수의 개념체계들의 존재 가능성을 인정하면서도 그 변이가 해석 가능한 범위 안에 있다는 것을 의미한다.

그렇다면 수많은 경험적 반증에도 불구하고 서구 지성사를 통해 객관주의적 이성 개념이 오랫동안 폭넓게 지지되어 온 이유는 무엇일까? 레이코프(G. Lakoff)는 객관주의가 2,000여 년 동안 지속되어 온 전통으로서 관성적 비중을 차지하고 있어서 하루아침에 사라지지 않을 뿐만 아니라 최근에 이르기까지 이 객관주의를 적절하게 대체할 만한 대안이 없었다는 점을 그 주된 이유로 든다. 말하자면 전통적 견해의 옳은 부분을 포괄할 수 있을 뿐만 아니라 동시에 새롭게 발견된 사실들을 포괄할 수 있는 이론이 주어지지 않았다는 것이다.[9] 한편 동일한 맥락

---

9) 같은 책, p. xii 참조. 물론 레이코프의 이러한 설명은 그것이 사실이라 하더라도 다분히 결과론적이며, 따라서 피상적이다. 실제로 이 문제에 대한 의미 있는 해명은 방대한 철학적

에서 테일러(J. Taylor)는 일상적인 인식에서 보이는 괴리에도 불구하고 객관주의 범주 모형이 지속적으로 유지되어 온 이유들로 형식적 교육을 통한 전문적 개념의 주입, 그리고 또 다른 가능성으로서 창조설을 통한 성서적 권위의 고착 등을 들고 있다.[10)]

아무튼 오늘날 제기되는 부인할 수 없는 반증들을 감안할 때 결과적으로 전통적인 범주 모형은 일상적으로 관찰되는 괴리를 억압하거나 무시하는 방식으로 유지되어 왔다고 말할 수 있다. 그러나 오늘날의 새로운 연구들이 그 난점들을 명백하게 드러낸다고 하더라도 객관주의적 범주 이론이 전적으로 폐기되어야 한다고 단정할 수는 없다. 대신에 우리는 다만 전통적인 범주 모형이 많은 난점을 갖는 하나의 지극히 제한된 모형이라는 점을 중요하게 지적할 수 있을 것이다. 왜냐하면 실제의 범주화에 있어서 여전히 전통적인 모형이 많은 경우에 적절하게 적용되기 때문이다. 그렇다 하더라도 오늘날 범주화에 관한 수많은 연구들은 실제의 범주화가 객관주의의 모형보다 훨씬 더 복잡하고 다양하다는 것을 보여 준다. 결과적으로 객관주의의 범주 개념이 보완되고 수정되어야 한다는 것은 동시에 그것을 토대로 한 이성 개념의 수정을 요구하며, 그것은 전통적인 이론들에 의해 무시되거나 억압되어 온 부분들에 대한 새로운 해명을 요청함으로써 새로운 인식 이론을 예기하게 된다.

논의가 필요한 것으로 보인다. 이러한 관점에서 오늘날 해체론적 경향을 보이는 대륙 철학자들, 이를테면 데리다, 푸코, 리오타르 등에게서 설득력 있는 해명을 찾아볼 수 있을 것이다. 흥미롭게도 이들의 분석이 공통적으로 시사하고 있는 것은 객관주의가 순수한 철학적 요구보다는 사회적 · 정치적 요구에 의해 지지되어 왔다는 점이다.

10) John Taylor, *Linguistic Categorization: Prototypes in Linguistic Theory* (Oxford: Clarendon Press, 1989), p. 75 참조. 테일러는 두 번째의 가능성을 제안하면서 Edmund Leach, *Social Anthropology* (London: Fontana, 1982), p. 72를 인용한다. 즉 창조설에 따르면 "모든 종(species)은 신에 의해서 고정된 실재로 창조된다"는 것이다.

2. 원형 이론의 전개

1) 비트겐슈타인과 오스틴

객관주의 범주화의 부적합성을 보여 주는 대안적 범주 이론으로 주목을 끌고 있는 것은 '원형 이론'(prototype theory)이다. 객관주의적 범주 이론에 따르면 범주의 모든 구성원들은 그 범주 안에서 무차별적이고 동등한 관계를 갖는다. 그러나 원형 이론이라고 불리는 새로운 범주 이론은 범주의 구성원들 간에 중요한 차이를 전제한다. 원형 이론에 따르면 한 범주 안에서 중심 구성원과 주변 구성원이 구분되는데, 중심 구성원을 원형으로 하여 주변 구성원들이 함께 그 범주를 구성한다는 것이다. 나아가 주변 구성원들도 중심 구성원과의 다양한 관계에 따라 상호 차별성을 보인다. 이러한 범주는 그 경계가 모호한 경우가 많으며, 나아가 고정된 한계가 아예 없는 경우도 있을 수 있다. 이 새로운 이론에 의하면 'p 아니면 ~p' 형태의 전통적 범주화는 하나의 은유적 사고의 산물이며, 뚜렷이 설정된 경계를 전제로 하는 「그릇」(Container) 도식의 응용일 뿐이라는 것이다.

원형 이론의 씨앗은 비트겐슈타인(L. Wittgenstein)의 후기 사상을 집약하고 있는 『철학적 탐구』에서 찾아볼 수 있는데, 그는 '가족유사성'(family resemblance)이라는 개념을 도입함으로써 전통적인 범주 개념에 중대한 이의를 제기한다.[11] 전통적인 범주 이론에 따르면 어떤 사물들의 집합은 외견상의 다양한 차이에도 불구하고 공통적인 속성들을 공유하기 때문에 동일한 이름으로 불린다. 그러한 공통적 속성들은 한 사물이 특정한 범주에 속하게 되는 필요충분조건이 된다. 전통적으

11) 루드비히 비트겐슈타인, 『철학적 탐구』, 이영철 역 (서울: 책세상, 2006), 특히 67절 참조.

로 개념에 대한 '내포적 정의'(intensional definition)라고 알려진 정의 방식은 바로 특정한 개념에 속하는 외연들이 공유하는 공통적 속성을 열거하는 방식으로 이루어지는데, 그것은 이러한 범주 개념과 불가분하게 묶여 있다.

그러나 비트겐슈타인은 한 범주의 구성원을 정의하는 공유된 속성 같은 것이 아예 존재하지 않는다고 주장한다.[12] 그는 이러한 주장을 위해 '게임'이라는 단어를 예로 들고 있다. 우리는 농구, 배구, 야구, 올림픽 게임은 물론 다양한 종류의 게임들, 이를테면 카드놀이, 장기, 시소 같은 것들도 '게임'이라는 하나의 이름으로 부르고 있는데, 과연 그것들 모두가 '게임'이라는 이름을 가질 공통적 속성들을 공유하는가? 비트겐슈타인은 이 물음이 그 자체로 공허한 것이라고 단정한다. 왜냐하면 공통적 속성 같은 것이 아예 존재하지 않기 때문이다. 대신에 우리는 그것들 사이에 다양한 유사성이나 관계들만을 볼 수 있다. 즉 그것들은 첫째 것과 둘째 것 사이에 어떤 유사성을 가지며, 둘째 것과 셋째 것 사이에는 또 다른 어떤 유사성을 가지는 그러한 관계 속에 놓여 있다는 것이다. 그는 이러한 관계를 '가족유사성'이라고 부른다.

> 나는 이러한 유사성들을 '가족유사성'이라는 낱말에 의해서 말고는 더 잘 특징지을 수 없다. 왜냐하면 몸집, 용모, 눈 색깔, 걸음걸이, 기질 등등 한 가족의 구성원들 사이에 존재하는 다양한 유사성들은 그렇게 겹치고 교차하기 때문이다. 그리고 나는 '놀이들'은 하나의 가족을 이루고 있다고 말할 것이다.[13]

12) 같은 책, 65절 참조.
13) 같은 책, 67절.

비트겐슈타인의 주장을 옳은 것으로 수용한다면 전통적인 객관주의의 범주 개념은 최소한 부분적으로 수정되어야만 하는 것이 분명하며, 나아가 우리는 전통적 범주와는 다른 새로운 범주들의 탐구라는 과제를 안게 된다. 여기에서 범주에 관한 비트겐슈타인의 통찰을 체험주의가 수용하려고 하는 차원에서 요약해 보면 다음과 같다.

첫째, 전통적인 범주가 공통적 속성들에 의해서 규정되는 명확한 경계를 갖는데 반해 「게임」과 같은 범주는 이 모형에 합치하지 않는다. 모든 게임에 공통되는 속성이 없는 대신에 「게임」이라는 범주는 가족유사성에 의해 구성된다. 다시 말하면 게임들은 상호간에 매우 다양한 방식으로 유사성을 갖는다.

둘째, 「게임」이라는 범주는 고정된 경계를 갖지 않는다. 새로운 게임이 생겨나면 그것이 기존의 게임들과 갖는 다양한 유사성에 의해 다양한 방식으로 「게임」이라는 범주에 포섭된다. 또한 마찬가지로 중요한 것은 우리의 특수한 목적에 따라 인위적으로 범주의 경계를 설정할 수도 있다는 점이다.[14] 이것은 범주의 인위적 확장은 물론 제한도 가능하다는 것을 의미하며, 그것은 다시 범주가 자연적으로 경계지어지지 않는다는 것을 의미한다.

셋째, 전통적인 범주 모형에 따르면 단일한 범주 안의 구성원들은 동등한 자격을 갖는다. 따라서 구성원들 중 어느 것이 더 중심적인지 더 주변적인지는 문제시되지 않는다. 그러나 「수」(數)라는 범주에 관한 비트겐슈타인의 논의는 다양한 수들, 이를테면 정수, 무리수, 실수, 공약수, 소수 중 정수가 중심적이라는 것을 시사한다.[15] 다시 말해서

---

14) 같은 책, 69절 참조.

15) 이것은 비트겐슈타인의 『철학적 탐구』, 66~67절에 근거한 레이코프의 해석이지만, 적어

수에 관한 모든 정의는 최소한 정수의 개념을 포함하고 있어야 한다는 것이다.

비트겐슈타인이 '원형 이론'의 기본적 통찰을 제시하고 있는 것은 분명하지만, 세 번째로 지적된 원형적 구성원 또는 중심 구성원 개념이 더욱 뚜렷하게 드러나는 것은 오스틴(J. L. Austin)의 의미 이론이다. 그는 비트겐슈타인과 매우 유사한 통찰을 통해 한 단어의 여러 의미들이 공통적 속성에 의해 동등한 위치를 갖는 것이 아니라는 점을 보여준다.

> '건강한'이라는 형용사가 '건강한 몸', '건강한 혈색', '건강한 운동'에서처럼 사용될 때 그것이 그저 모호하게 사용되고 있는 것은 아니다. …… 거기에는 우리가 '건강한'이라는 말의 근원적 핵심 의미(primary nuclear sense)라고 부를 수 있는 것이 있다. 즉 '건강한 몸'에서 사용되는 '건강한'이 그것이다. 왜냐하면 그것이 다른 두 의미들, 즉 '건강한 몸으로부터 비롯되는'이라는 의미와 '건강한 몸을 만들어 주는'이라는 의미 둘 다에 부분으로 포함되어 있기 때문이다.[16)]

여기에서 '건강한'의 서로 다른 세 개의 의미는 하나의 언어적 범주를 형성하지만 그 범주 내에서 이 세 가지 의미는 구성원이라는 위상에 있어서 동등하지 않다. 즉 근원적 핵심 의미가 다른 의미들보다 더 중요한 위상을 갖는다. 이처럼 어떤 범주 내에서 더 중심적인 역할을 하

도 『철학적 탐구』에서 비트겐슈타인의 언급만으로는 중심 구성원, 즉 '원형적 구성원'(prototypical member) 개념이 명백하게 드러나지는 않는 것으로 보인다.

16) J. L. Austin, "The Meaning of a Word," in his *Philosophical Papers* (Oxford: Oxford University Press, 1961), p. 71.

는, 또는 더 대표적인 구성원(들)이 존재한다는 것을 알 수 있는데, 이러한 구성원을 '원형적(prototypical) 구성원' 또는 '중심 구성원'이라고 부른다.

2) 로쉬와 원형 이론

앞서 살펴보았던 것처럼 객관주의의 범주 개념에 대한 비트겐슈타인과 오스틴의 비판은 오늘날의 인류학, 인지심리학, 컴퓨터과학, 특히 언어학에서의 지속적인 연구 성과에 의해 섬세하게 보완되고 지지된다.[17] 로쉬(E. Rosch)는 이러한 연구 성과들을 정리하여 범주에 관한 하나의 체계적 이론으로 발전시켰는데, 이것을 '원형 이론'이라고 부른다. 원형 이론의 핵심은 앞서 이미 언급했던 것처럼 한 범주 내에서 '구성원들 사이의 차별성'이다. 원형 효과에 대한 로쉬의 연구들은 구성원들 사이의 비동등성을 생생하게 보여 주는데, 특히 색채에 관한 그녀의 연구는 '초점 색채들'(focal colors)이 존재하며, 그것들이 그 범주에 있어서 '가장 좋은 실례들'에 해당된다는 것을 밝혀냈다.[18]

나아가 로쉬는 범주에 관한 연구를 물리적 대상들에 확장시킴으로써 범주 내의 어떤 구성원들이 다른 구성원들보다 더 대표적이라는 것을

---

17) 이러한 연구 성과들은 Lakoff, *Women, Fire, and Dangerous Things*, 1부, 2장에 잘 요약되어 있다.

18) 색채 용어와 초점 색채에 관한 주요 연구로는 Eleanor Heider(Eleanor Rosch), "'Focal Color Areas and the Development of Color Names," *Developmental Psychology*, vol. 4 (1971): 447~55; Eleanor Rosch(Eleanor Heider), "Universals in Color Naming and Memory," *Journal of Experimental Psychology*, vol. 93 (1972): 10~20; Eleanor Heider and D. Olivier, "The Structure of the Color Space in Naming and Memory for Two Languages," *Cognitive Psychology*, vol. 3 (1972): 337~54; Eleanor Rosch, "Natural Categories," *Cognitive Psychology*, vol. 4 (1973): 328~50 등이 있다.

발견했다. 레이코프는 그 결과를 다음과 같이 소개한다.

> 예를 들면, 로빈 새는 병아리, 펭귄, 타조보다도 「새」라는 범주에 있어서 더 대표적인 구성원으로 생각되며, 탁상용 의자는 흔들의자, 이발소 의자, 자루 의자, 전기의자보다도 「의자」라는 범주에 있어서 더 대표적인 구성원으로 생각된다. 그 범주의 가장 대표적인 구성원들을 '원형적' 구성원이라고 부른다.[19]

원형 이론을 지지하는 최근의 연구들은 전통적인 범주 이론이 설명할 수 없는 수많은 사례들을 제시하고 있으며, 그 결과 우리의 사고를 적절하게 설명할 수 있는 보다 더 복합적인 범주 모형의 필요성을 지적한다. 이러한 맥락에서 최근에 소개된 범주는 '방사상 범주'(radial category)라고 불리는 것이다.[20] 방사상 범주의 구조를 설명하기 위해 우리가 사용하는 '손'〔手〕이라는 말의 일상적 의미들을 예로 들어보자.[21]

A)

손을 흔들다: 신체적 손

손꼽아 기다리다: 손가락

손에 땀을 쥐고: 손바닥

---

19) Lakoff, *Women, Fire, and Dangerous Things*, p. 41.

20) '방사상 범주'에 관한 상세한 논의는 같은 책, 5~6장 참조.

21) 『민중 엣센스 국어사전』 수정판 (서울: 민중서림, 1994), '손' 참조.

B)

손을 보다: 수리, 혼내줌.

손대다: 때리다. 관여.

손을 쓰다: 처리.

손이 크다: 아량, 배짱

손을 끊다: 교제, 관계

손을 씻다: 개입, 관련

손이 모자라다: 일할 사람

남의 손에 넘어가다: 소유, 권력의 범위

통일은 우리 손으로: 힘, 역량

그의 손에 녹아 나다: 수완, 잔꾀

한 단어를 이처럼 다양한 의미로 사용할 수 있게 해 주는 것은 무엇일까? 객관주의자들은 상이한 의미들이 어떤 공통적 속성—이 경우에는 개념—을 공유하고 있다고 말하거나, 아니면 그것들이 우연히 다양한 의미를 갖게 되었다고 말할 것이다. 대신에 체험주의자들은 이 다양한 의미들을 제유(synecdoche)나 환유(metonymy)를 통해 설명할 것이다. 즉 A)에 속하는 의미들은 '손'이라는 말로 손의 부분들을 표현한다. 한편 B)에 속하는 '손'의 상이한 의미들은 우리의 몸의 한 부분으로서의 손의 의미와 다양한 방식으로 관련됨으로써 확장된 경우들이다. 즉 몸의 일부로서의 손이 중심 개념이 되어 다른 의미들은 이 중심 개념과의 다양한 관계를 유지함으로써 하나의 범주, 즉 「손」이라는 범주를 구성한다.

이러한 확장 방식에 근거한 중심 구성원과 주변 구성원의 관계를 비트겐슈타인은 '가족유사성'이라는 포괄적인 개념으로 설명하는데, 체험주의자들은 이러한 확장의 구체적인 방식으로서 은유나 환유를 중시한다. 앞으로 논의하겠지만 우리의 몸을 토대로 한 중심 개념이 '은유적 투사'(metaphoric projection)라는 방식을 통해 주변적 개념으로 확장된다는 것이다. 윈터(S. Winter)는 방사상 범주를 이렇게 설명한다.

> 〔방사상 범주는〕 중심 구성원과 몇몇 관습화된 확장물들로 이루어져 있다. 각각의 외연은 경험적으로 근거지어진 은유 또는 환유의 방식을 통해 중심 구성원과 관련되어 있는데, 다양한 확장물들은 중심 구성원과의 연결 외에는 상호 공통적인 것이 거의 없다.[22)]

물론 이러한 종류의 범주는 경계가 대단히 모호할 수 있으며, 때로는 아예 경계선을 그을 수 없는 경우도 있다.

우리는 방사상 범주를 적어도 명확한 경계를 갖는 것과 모호한 경계를 갖는 것의 두 개의 모형으로 나누어 볼 수 있겠는데, 앞의 것은 여전히 구성원들이 안과 밖으로 나뉘는 'p 아니면 ~p' 형태의 전통적인 「그릇」(Container) 모형에 합치한다. 이 경우에 방사상 범주는 전통적인 그릇 모형을 인정한 상태에서 그 내부 구조에 대한 보완적 설명을 하게 된다. 한편 모호한 경계를 갖거나 또는 경계가 없는 점층적(graded) 범주들, 예를 들면, 「키가 큰」, 「차가운」, 「무거운」 등은 그릇 모형에 전혀 부합하지 않는다.

그러나 새로운 범주 모형을 받아들인다는 것이 전통적인 범주 모형

---

22) Steven Winter, "Transcendental Nonsense, Metaphoric Reasoning and the Cognitive Stakes for Law," *University of Pennsylvania Law Review*, vol. 137, no. 4 (1989), p. 1150. 윈터는 영어의 'hand'의 다양한 의미를 그 예로 사용한다.

을 완전히 폐기해야 한다는 것을 의미하지는 않는다. 여전히 일상적인 많은 경우에 전통적인 모형이 적절하고 유용하게 사용되고 있기 때문이다. 이를테면 「홀수」라는 범주의 경우에는 전통적인 모형이 적절하게 적용될 뿐만 아니라 새로운 방사상 모형은 아예 불필요한 것이 된다.[23] 따라서 이 새로운 범주 이론을 받아들이는 체험주의자들이 중요하게 말할 수 있는 것은 전통적인 범주 모형이 '원형 효과'(prototype effect)를 설명할 수 없는, 지나치게 단순화된 또는 이상화된 모형이라는 점이다. 이러한 결함은 물론 전통적인 범주 이론이 범주자인 동시에 사용자인 인간의 특성을 전혀 고려하지 않는다는 사실에서 비롯된다. 이러한 점에서 새로운 범주 이론은 객관주의 범주 이론과의 전적인 단절을 뜻하는 것이 아니라 범주자인 인간의 특성을 포괄하는 하나의 확장된 이론을 추구하는 것이라고 할 수 있다.

범주에 관한 새로운 논의를 통해 자연스럽게 제기되는 한 가지 중요한 의문이 있다. 그것은 과연 원형 효과가 어디에서 비롯되는가 하는 것이다. 이 물음에 대해 주목할 만한 대답은 범주에 관해 가장 방대한 연구를 수행한 로쉬에게서 찾아 볼 수 있는데, 이것은 이성과 이해에 관한 체험주의적 해명에 있어서 하나의 중요한 가설을 제시하는 것으로 보인다. 즉 자신의 연구를 토대로 한 로쉬의 추정 중의 하나는 인간이 신경과학의 관점에서 보아 본래적으로 어떤 공통된 지각 구조를 공

23) 필자의 이러한 질문에 대해 존슨 교수는 또 다른 섬세한 사실을 알려 주었다. 우선 존슨 교수는 「홀수」라는 범주가 이론상 동등한 자격—필요충분조건의 관점에서의—을 갖는 구성원들로 구성된다는 것을 인정했다. 그러나 그는 이 모형은 실제로 누군가 우리에게 "'홀수'의 예를 들어 보라"고 말했을 때 왜 우리가 2,300,947 또는 8,765,321 등의 숫자보다도 1, 3, 5, 7, 9 등의 숫자를 선호하게 되는지를 설명하지 못한다고 지적했다. 존슨의 지적은 전통적인 모형에 이론상 합치하는 범주의 경우라 하더라도 범주자이며 사용자인 우리의 실제의 사고와는 여전히 괴리를 갖는다는 것을 보여 준다.

유한다는 것이다.[24)]

물론 이러한 가설이 로쉬 자신에게 있어서도 전혀 새로운 것만은 아닐 것이다. 왜냐하면 기본적 색채 용어에 관한 벌린과 케이(B. Berlin and P. Kay)의 획기적인 연구에서도 인간이 기본적인 지각의 차원에서 어느 정도의 공통성을 갖는다는 사실이 이미 지적되고 있기 때문이다.[25)] 이 연구에서 벌린과 케이는 98개의 언어를 조사했는데, 그 결과 그 언어들의 기본 색채 용어 목록에서 놀라운 체계성이 있다는 것을 발견했다. 즉 98개의 상이한 언어가 11개의 기본 색채 용어를 임의로 배열할 경우에 2,048개의 조합이 가능한데, 그 중 오직 22 유형만이 실제로 관찰되었던 것이다. 예를 들어 2개의 색채 용어를 갖는 언어는 예외없이 '흰색'과 '검정'을, 3개의 색채 용어를 갖는 언어는 '흰색', '검정', '빨강'을, 그리고 4개의 색채 용어를 갖는 언어는 앞의 셋에 '노랑', '청색', '녹색' 중의 하나가 추가되는 방식으로 일정한 유형을 갖는 것으로 관찰되었다.

벌린과 케이의 연구는 당시에 팽배해 있던 언어상대주의에 대한 획기적인 반론으로 간주되었다. 당시의 언어상대주의는 주로 새피어(E. Sapir)나 워프(B. L. Whorf)의 입장과 관련해서 논의되었는데, 워프는 다음과 같이 말한다.

---

24) 로쉬는 원형 효과의 가능한 근원으로 경험의 빈도, 학습의 순서, 변이 속성들의 평균값, 사회적 가치의 부과 등을 고려한다. 그러나 색채에 관한 그녀의 연구는 색채 범주들이 우리의 언어적 기호화에 앞서서 존재한다는 것을 강하게 암시한다. Rosch, "Universals and Cultural Specifics in Human Categorisation," in R. W. Brislin, S. Bochner, and W. J. Lonner, eds., *Cross Cultural Perspectives on Learning* (New York: John Wiley, 1975): 177~206 참조.

25) Brent Berlin and Paul Kay, *Basic Color Terms: Their Universality and Evolution* (Berkeley: University of California Press, 1969) 참조.

> 우리는 모국어에 의해 주어진 방식에 따라 자연을 나눈다. 우리는 현상계로부터 분리시킨 범주들과 유형들이 그 세계에서 개개의 모든 관찰자와 마주 대면하고 있기 때문에 그것들을 찾아내는 것이 아니다. 그 반대로 세계는 우리의 마음—주로 우리 마음속의 언어적 체계에 의한 수단—에 의해서 조직되어야 하는 인상들의 변화무쌍한 흐름 안에 주어진다. 우리는 자연을 쪼개어 개념들로 조직하고, 지금의 방식대로 의미를 부여하는데, 그 이유는 우리가 이러한 방식으로 그것을 조직하려는 합의—우리의 언어 집단을 통해 유지되고 우리의 언어의 유형에 따라 기호화되는—의 당사자이기 때문이다.[26)]

이처럼 강력한 상대주의적 주장은 그 나름대로 부인하기 힘든 언어학적 증거를 바탕으로 하는 한편, 벌린과 케이의 연구 또한 이와는 전혀 상반된 주장을 뒷받침하는 언어학적 증거를 제시하고 있다. 한 예에 불과한 것이기는 하지만 이것은 객관주의와 상대주의 사이의 불가피한 대립의 단면을 극명하게 보여 주는 것으로, 이 두 주장 사이에는 서로 마주칠 수 없는 평행선이 놓여 있는 것처럼 보인다. 체험주의는 인간의 사고와 이해에 이러한 대립적 측면이 실제로 공존한다는 것을 인정하고, 나아가 이 두 측면이 어떤 방식으로 공존하는지에 관해 좀 더 구체적인 해명을 시도하는 것이다.

---

26) Benjamin L. Whorf, *Language, Thought, and Relativity: Selected Writings of Benjamin Lee Whorf*, ed. John B. Carroll (Cambridge, Mass.: MIT Press, 1956), p. 213.

3. 은유와 상상력의 새로운 탐구

새로운 범주 이론은 기본적으로 그릇 모형의 범주 개념을 바탕으로 한 전통적인 이성 개념이 지극히 제한되고 추상화된 것이어서 우리의 일상적인 사고와 이해를 적절히 설명하지 못한다는 것을 보여 준다. 그러나 범주에 관한 새로운 논의들은 전통적인 범주 이론의 문제를 심각하게 드러내고 있지만 그 자체로 우리의 인식 구조에 대해 새로운 이론을 제시하는 것은 아니다. 따라서 우리는 새로운 범주 이론이 보여 주는 자료들을 수용하고 포괄적으로 설명할 수 있는 새로운 인식 이론을 예상할 수 있다.

이러한 관점에서 주목할 만한 시도로 존슨의 '상상력 이론'을 들 수 있다. 존슨은 오늘날 체험주의의 논의를 언어철학적 접근을 통해서 주도하고 있는데, 그의 이론은 체험주의의 철학에 핵심적 논의를 제공해 준다. 존슨의 상상력 이론의 출발점은 인간의 몸에 대한 관심이라고 할 수 있는데, 그것은 "몸을 마음 안으로 되돌려 놓음"[27]으로써 인간의 이성과 이해에 관한 포괄적인 해명을 시도하고 있다.

존슨은 철학사를 통해 주류라고 할 만한 논의들이 우리의 사고에 있어서 몸의 역할을 전적으로 무시함으로써 오늘날 우리가 당면한 이원론적인 난제들을 불러오게 되었다고 본다.[28] 우리가 여기에서 주류라

---

27) 존슨, 『마음 속의 몸』, pp. 28, 60.

28) 이러한 철학적 전통에 비추어 예외적으로 주목할 만한 철학자는 듀이와 메를로 퐁티일 것이다. 그들은 일찍이 우리의 인식에 있어서 몸의 중요성을 역설했으며, 체험주의가 보이는 몸에 대한 관심은 주된 측면에서 그들의 주장과 궤를 같이한다. 달리 말하면 체험주의는 오늘날의 경험적 증거들을 통해 이들의 주장을 보완적으로 설명하고 있다고 말할 수 있다.

고 부르는 것은 물론 플라톤적 관념론의 전통을 가리키는 것이며, 이러한 전통에서 몸은 다만 철학적 탐구, 특히 인식론적으로 볼 때 하나의 장애물에 불과한 것이었다. 이러한 전통은 중세의 신학적 세계관 안에서 더욱 강고하게 보완되었으며, 근세의 인식론적 전통에서도 여전히 주류적 태도로 유지된다. 그리고 이들이 공통적으로 공유하고 있는 것은 몸/마음 이원론이며, 나아가 마음의 인식론적 우선성에 대한 확고한 믿음이다.

전통적으로 몸이 왜 객관주의적 논의의 영역에서 멀어져 왔는가에 대해서는 대단히 복합적인 별도의 논의를 필요로 하겠지만, 레더(D. Leder)는 이 문제에 관해 독특하고 흥미로운 주장을 하고 있다. 레더의 주장은 주로 메를로 퐁티(M. Merlaeu-Ponty)의 입장을 따라 전개되고 있는데, 그는 우선 몸이 의도적으로 '억압되기'보다는 자연스럽게 '무시되어' 왔다는 점을 강조한다. 레더는 몸이 역설적인 본성을 갖는다고 보는데, "몸은 우리의 삶에 있어서 가장 뚜렷하게 상주하며, 불가피하게 현전하는 것이면서도 기본적으로 부재(absence)에 의해서 특징지어진다"[29]고 말한다. 즉 몸은 항상 우리와 불가분의 관계를 유지하면서도 우리가 정상적인 활동이라고 간주하는 거의 모든 행위에 있어서 우리의 인식 범위 밖에 있게 된다. 몸은 우리의 인식 작용에 항상 주된 역할을 하고 있으면서도 그 자체는 거의 인식의 대상이 되지 않는 것이다. 이러한 맥락에서 레더는 메를로 퐁티의 다음과 같은 말을 상기시킨다.

> 언어에 있어서 경이로운 것은 그것이 그 자체의 망각을 촉진한다는 점이다. 내 눈은 종이 위 글의 줄을 따라가고 있지만 그것의 의미에 빠져드는 순

---

29) Drew Leder, *The Absent Body* (Chicago: Chicago University Press, 1990), p. 1.

> 간부터 나는 그 줄을 보지 못하게 된다. 종이와 그 위의 글자들, 내 눈과 몸은 어떤 보이지 않는 작용의 최소한의 조건으로서만 존재하게 된다. 표현은 표현되기 전에 소멸해 버리는데, 이 때문에 그 표현의 매개적 역할은 간과되며, 이것이 데카르트가 이것을 전혀 언급하지 않게 된 이유다.[30)]

레더에 따르면 몸은 어떤 불균형의 문제들—이를테면 질병, 고통 같은—이 생겨날 때에만 우리의 주된 관심사로 드러나게 되는데, 그는 이러한 몸의 특성을 '장애적 출현'(dys-appearance)이라고 부른다. 궁극적으로 레더의 주된 주장은 '부재'로 특징지어지는 몸의 본성이 바로 우리 인간이 '신체화'(embodiment)되어 있다는 사실에 기인한다는 것이다.[31)]

그 이유가 무엇이든 몸은 오늘날에 이르기까지도 서양철학의 지배적 전통 안에서 항상 불운한 조역의 자리를 벗어나지 못했다. 존슨은 이처럼 경시되어 온 몸이 우리의 이성과 이해에서 갖는 중요성에 우리의 관심을 전환할 것을 강조하는데, 그의 독특한 상상력 이론은 바로 이러한 시도의 산물이다. 그의 주장은 상상력이 전반적인 인간의 이해에 있어서 중심적인 역할을 한다는 것이며, 다시 우리의 신체화가 상상력의 전반적 작용에 있어서 중심적 역할을 한다는 것이다.

잘 알려져 있는 것처럼 인간의 사고에 대한 해명에 있어서 가장 큰 난점은 우리가 일견에 알 수 있는 것처럼 물리적 · 신체적 측면과 정신적 · 추상적 측면 사이의 괴리를 적절히 설명하는 일이다. 존슨은 전통

---

30) Maurice Merleau-Ponty, *Phenomenology of Perception*, trans. Colin Smith (London: Routledge & Kegan Paul, 1962), p. 401.

31) Leder, *The Absent Body*, p. 103.

적인 이론들이 바로 신체적 측면의 중심성을 간과함으로써 마음/몸, 이성/상상력, 과학/예술, 인식/감성, 사실/가치 등의 이분법적 구분에 묶이게 되었다고 본다. 그래서 그는 자신의 이론적 구도를 다음과 같이 요약한다.

> 우리에게는 하나의 동물로서 자연 세계와 연결된 몸이 있기 때문에 우리의 의식과 합리성은 우리의 신체적 지향성과 연결되어 있으며, 환경 안에서, 환경과의 상호작용들과 연결되어 있다. 우리의 신체화는 우리가 누구인지에 있어서, 의미가 무엇인지에 있어서, 그리고 합리적 추론을 하고 창조적일 수 있는 능력에 있어서 필수적이다. 영상도식적인 체험적 구조와 이해의 추상적 영역에로의 그것의 비유적 정교화 및 투사에 대한 나의 현상학적 기술은 인간의 의미와 합리성에 관한 풍부한 해명의 근거이다.[32]

이러한 존슨의 계획에서 핵심이 되는 관심사는 우리의 인식에 있어서 상상력이 갖는 '통합적'(unifying) 성격이다. 이러한 관점에서 존슨이 주목하는 철학자는 칸트인데, 존슨은 우리의 전반적인 인식에 있어서 상상력의 근원성과 중요성을 파악했던 칸트의 통찰을 매우 중요한 철학적 공헌으로 받아들인다.[33] 그러나 존슨은 칸트의 시도가 우리의 이해 일반에 있어서 상상력의 근원성을 파악하는 데까지 이르지는 못

---

32) 존슨, 『마음 속의 몸』, pp. 61~62.

33) 존슨은 칸트가 상상력을 1) 우리의 표상들을 질서 짓고(재생적 기능), 2) 우리 의식의 시간적 통일성을 구성해 줌으로써(산출적 기능) 우리의 경험과 이해를 정합적이고 의미 있게 만들어 주는 필수 불가결한 기능으로 설정하고 있음에 주목한다. 존슨은 칸트가 상상력의 이러한 기능을 통해 칸트 자신의 철학이 설정하고 있는 지성/감성, 법칙적인 것/비법칙적인 것의 이분법적 구분을 와해시키려고 시도한다는 점에서 그 중요성을 찾고 있다. 같은 책, 특히 p. 290 참조.

했다고 본다. 말하자면 칸트에게 감성, 지성, 이성과 같은 인식 기능들의 구분은 상상력의 작용에 앞서서 존재하는 것으로 가정되고 있으며, 이 때문에 상상력은 이 기능들로부터 독립되어 있으면서 이 기능들의 외부에서 그것들을 결합시키는 제3의 기능으로 설정된 것이다. 존슨은 이 때문에 칸트의 철학에서 상상력이 지성과 감성의 중간쯤에 애매하게 위치하는 난점을 안게 된다고 말한다.[34)]

존슨은 이러한 칸트의 문제를 해결하기 위해서 상상력의 역할을 우리의 사고와 이해의 근원적 바탕까지 철저하게 확장시킴으로써 칸트가 설정했던 것과 같은 인식 기능들의 구분을 그 바탕에서부터 와해시키려고 한다. 여기에서 인식 구조에 대한 존슨의 접근은 발생론적 측면을 포함하고 있다는 사실을 염두에 둘 필요가 있다. 말하자면 존슨은 신체적 활동이라는 측면을 중시함으로써 우리의 인식의 문제를 유기체적 성장의 관점에서 접근하고 있는 것이다. 이러한 존슨의 새로운 상상력 이론에 있어서 핵심적 역할을 수행함과 동시에 칸트의 이론적 난점을 넘어서게 해 주는 것들이 '영상도식'(image schema)과 '은유적 투사'(metaphorical projection)이다.

존슨에 따르면 영상도식은 우리의 개념화에 앞서 있다는 점에서 '선개념적'(preconceptual)이고 '비명제적'(nonpropositional)인데, 이 영상도식들이 우리의 개념화에 앞서 존재하면서 우리의 이해를 근거지을 뿐만 아니라 동시에 제약한다는 것이다. 이러한 존슨의 주장은 대단히 복합적인 논의를 요구하며, 동시에 이 영상도식의 존재는 존슨의 상

---

34) 같은 책, pp. 303~304. 존슨은 칸트의 이러한 난점이 근원적으로는 현상계와 본체계의 형이상학적 구분에서 비롯된다고 본다. 즉 칸트는 그 출발에 있어서 현상적이고 물리적인 자연계와 이성적이고 초월적인 본체계를 나누고 있는 것이다.

상력 이론의 전반적 성패를 가늠하는 첩경이 된다.

존슨은 「포함」(Containment), 「힘」(Force), 「균형」(Balance), 「주기」(Cycle), 「척도」(Scale), 「경로」(Path), 「중심-주변」(Center-Periphery) 등과 같은 영상도식들을 소개하는데, 그것은 주로 언어학적 증거에 의존한 것이다.[35] 예를 들면 「그릇」 도식은 외부와 내부를 구획하는 경계를 갖는데, 그것을 통해서 경험의 확장 방식에 있어서 「안-밖」 지향성의 체험적 근거를 제공한다. 그렇다면 이 도식은 어디에서 오는 것일까? 존슨은 영상도식들이 우리의 신체적 경험으로부터 직접 발생한다고 본다. 즉 우리는 일상적인 활동을 통해 반복적으로 「안-밖」 지향성을 경험하게 되는데, 이것은 시 · 공간적 구조를 갖는다. 이 때문에 우리는 직접적으로 우리의 몸을 3차원적인 그릇으로 지각한다는 것이다.[36] 존슨은 이것을 다음과 같은 말로 설명한다.

> 처음부터 우리는 환경, 즉 우리를 둘러싸고 있는 사물들 안에서 지속적으로 물리적 포함을 경험한다. 우리는 방, 의복, 차량, 그리고 무수한 종류의 경계지어진 공간의 안(in) 또는 밖(out)으로 움직인다. 우리는 물건들을 다루면서 그것들을 그릇(컵, 상자, 깡통, 자루 등) 안에 집어넣는다. 이 각각의 경우에 반복적인 공간적 · 시간적 구조화가 있다. 다시 말해서 물리적 포함에 대한 전형적인 도식들이 존재한다.[37]

한편 이 영상도식은 "관련된 방식으로 유사하게 구조화되는 대상 또

35) 같은 책, 3~5장, 특히 p. 246 참조.
36) 같은 책, p. 93.
37) 같은 곳.

는 사건들에 대한 무수히 많은 경험, 지각, 영상 형성에서 식별의 패턴(identifying patterns)으로서 반복적으로 작용"[38]함으로써 우리의 이해를 제약하는 역할을 한다. 말하자면 우리의 인식의 많은 부분이 바로 이 영상도식의 작용에 의해서 우리에게 의미 있는 것으로 주어진다. 존슨은 이렇게 설명한다.

> 의미 있으며 연결된 경험—우리가 이해하고 사유할 수 있는—을 위해서는 우리의 행위와 지각, 개념에 패턴과 질서가 있어야 한다. **도식은 이러한 지속적인 질서 짓는 활동들 안에서의, 또는 이 활동들의 반복적인 패턴, 형태, 그리고 규칙성이**다. 이 패턴들은 주로 공간 안에서 우리의 신체적 운동과 대상 조작, 지각적 상호작용 수준에서 우리에게 의미 있는 구조들로서 창발한다.[39]

그러한 영상도식은 비교적 소수의 요소들로 구성되어 있으며 매우 일반적이고 포괄적인 수준에서 존재한다. 이러한 방식으로 영상도식은 지각적 차원 및 개념적 차원에서의 우리의 전반적인 이해의 근거로 작용한다. 그러나 이처럼 영상도식이 우리 인식의 바탕으로서 역할을 한다고 해도 그것이 객관주의자가 가정하는 것처럼 토대주의적이고 절대적인 방식으로 작용하는 것은 아니다. 왜냐하면 영상도식이 비교적 안정된 구조를 갖지만 고정되어 있는 것은 아니기 때문이다.

> 〔영상도식은〕 두 가지 중요한 측면에서 역동적이다. 1) 도식은 우리가 이해할 수 있는 방식으로 우리의 경험을 조직화하는 활동의 구조이다. 그것은

---

38) 같은 책, p. 103.

39) 같은 책, pp. 104~105. (고딕은 원문의 강조.)

질서를 건설하거나 구성하는 기본적 수단이며, 경험을 부어넣는 단순히 수동적인 저장소가 아니다. (2) 판형(templates)과는 달리 도식은 다양한 맥락에서 무제한적인 수의 구체적 사례를 가질 수 있다는 점에서 유연한다. 영상도식이 구체적인 지각적 세목들에 의해 '채워진다'고 말하는 것은 다소 오해의 소지가 있다. 오히려 그것은 상대적으로 유연한 것이어서 다수의 유사한, 그러나 상이한 상황들—반복적인 바탕 구조를 드러내는—에 합치하도록 조정될 수 있다.[40]

존슨의 주장은 우리가 일상적으로 경험하는 추상적 개념 구조들이 바로 이 영상도식에 근거한 은유적 확장을 통해 가능하다는 것이다. 즉 존슨은 영상도식이 은유적으로 확장되고 정교화됨으로써 의미, 추론, 화행 등의 다양한 측면들을 연결해 준다고 주장한다.[41] 여기에서 '은유적 투사'는 '영상도식'과 함께 상상력 이론의 핵심을 이루는 한 축으로 드러난다. 그렇다면 '은유적 투사'는 영상도식적 차원의 경험을 추상적 차원의 경험으로 확장하는 중심적 기제로 등장하는데, 은유에 대한 이러한 해명은 은유를 다만 주변적이거나 파생적인 언어 현상으로 간주하는 전통적인 해명에 정면으로 배치된다.

개략적으로 말해 지배적인 객관주의적 의미 이론은 우리의 이해 방식으로부터 독립해서 고정된 문자적 의미의 우선성을 중심으로 전개된다. 이러한 의미 이론에서 은유는 다만 정상적인 언어활동에 부가적으로 파생되는 비정상적인 언어활동의 일부이며, 은유적인 의미는 다양한 기능적 방식을 통해 어떻게든 문자적 의미, 즉 문자적 개념이나 명

40) 같은 책, pp. 105~106.

41) 같은 책, p. 161 참조.

제로 환원될 수 있다고 가정된다. 이에 반해 존슨은 은유가 우리의 인식에 중심적 역할을 할 뿐만 아니라 다른 어떤 것으로도 환원될 수 없는 독자적인 의미를 생성한다고 주장한다.[42] 나아가 이해의 확장 방식으로서 은유적 투사가 자의적인 것이 아니라 기본적 구조들인 영상도식에 근거하고 있으며, 동시에 그것에 의해 제약되고 있음을 강조한다. 따라서 그는 "관습적 은유가 우리의 개념체계를 구조화하는 방식을 인정하고 그것을 다루지 않는 한 어떤 의미와 진리 이론도 적절한 것일 수 없다"[43]고 단정한다.

그렇다면 과연 이 은유적 투사의 구체적인 작용 방식은 무엇인가? 존슨은 이 은유적 투사의 방식을 '~의 관점에서'(in terms of)라는 은유를 사용해서 설명한다. 즉 우리는 다른 종류의 영역에 속해 있는 어떤 구조의 '관점에서' 보다 더 추상적인 영역을 이해한다는 것이다. 존슨은 전자를 '원천 영역'(source domain), 후자를 '표적 영역'(target domain)이라고 부른다. 예를 들면, 우리가 일상적으로 사용하는 '마음 속', '꿈 속', '이야기 속' 등의 표현에서 볼 수 있는 것처럼 시 · 공간적이 아닌 대상들인 마음, 꿈, 이야기 등을 마치 '안', '경계', '밖'을 갖는 물리적 대상처럼 이해한다. 이러한 이해 방식의 근거는 무엇일까? 존슨의 은유적 투사 이론은 바로 이러한 이해 방식을 적절히 설명한다. 즉 이러한 이해는 앞서 언급했던 영상도식들 중 「그릇」 도식을 적용함

---

42) 우리의 사고와 행위에 있어서 은유의 중심성에 대한 논의는 G. 레이코프, M. 존슨, 『삶으로서의 은유』, 수정판, 노양진 · 나익주 역 (서울: 박이정, 2006)에서 상세하게 이루어지고 있는데, 여기에서 그들은 풍부한 언어학적 실례들을 통해 은유가 단순히 파생적인 언어 현상이 아니라 우리의 사고와 행위에 광범위하게 편재하는 기제라고 주장한다.

43) Lakoff and Johnson, "Conceptual Metaphor in Everyday Language," *Journal of Philosophy*, vol. 77, no. 8 (1980), p. 486.

으로써 가능한데, 이는 신체적 활동을 통해 직접적으로 형성되는 이 「그릇」 도식을 은유적 투사라는 방식을 통해 보다 더 추상적인 대상들에 투사함으로써 가능하다는 것이다.[44)]

이러한 설명이 암시하는 것은 은유적 투사가 구성적(constructive)이면서도 결코 자의적이지 않은 작용이라는 것이다. 그것은 영상도식이 우리에게 더 추상적인 대상을 이해하는 데 충분히 상세한 자료를 제공하지 않는다는 점에서 구성적이다. 즉 우리는 주어진 자료를 우리가 근거로 삼고 있는 영상도식의 관점에서 지각 가능한 방식으로 재구성해야만 하는 것이다. 한편 이 재구성이 결코 자의적이지 않은 이유는 원천 영역을 표적 영역에 합치시키는 작용으로서 은유적 투사가 반복적으로 발생하는 모형으로서 영상도식의 제약 아래서, 따라서 그것에 근거해서만 작용하기 때문이다.

예를 들면, 「목적은 물리적 목표」라는 은유는 「경로」(Path)라는 도식에 근거하고 동시에 그것에 의해서 제약되는데, 이것은 ① 원천 또는 출발점, ② 목표 또는 종착점, ③ 그 원천과 목표를 연결하는 지속적인 위치들의 순서로 구성된다.[45)] 이러한 이해에는 물리적 영역(공간적인 위치들)을 보다 추상적인 영역(비공간적인 목표)에 은유적으로 투사하

---

44) 이 책에서는 '은유적 사상'(metaphorical mapping)을 설명하기 위해 1987년에 출간되었던 존슨, 『마음 속의 몸』의 서술에 의거하고 있기 때문에 여전히 '투사'라는 용어를 사용하고 있다. 그러나 최근에 들어 레이코프와 존슨은 '투사' 개념이 지나치게 수학적이고 도식적이라는 비판 때문에 그 은유를 포기할 수밖에 없었다고 말한다. 특히 '투사' 은유에 따르면 마치 슬라이드가 프로젝터를 통해 그대로 투사되는 것처럼 원천 영역의 모든 요소가 투사되는 것으로 이해되는데, 실제로 은유적 사상은 항상 부분적으로 이루어진다는 점에서 그 은유가 적절하지 않다는 것이다. 그렇다 하더라도 은유가 경험 영역들 사이의 '사상'의 문제라는 체험주의적 은유 이론의 기본적 골격이 수정되거나 폐기되는 것은 아니다. 레이코프 · 존슨, 『삶으로서의 은유』, 「후기 2003」, pp. 388~90 참조.

45) 존슨, 『마음 속의 몸』, pp. 228~29 참조.

는 작용이 포함되어 있다. 여기에서 「경로」 도식은 하나의 모형으로 작용하는데, 그것에 의해서 우리는 목적을 「경로」 도식에 맞게 재구성한다. 바로 이러한 방식으로 영상도식은 은유적 확장을 제약한다.

요약하면, 이 상상력 이론에 핵심이 되는 것은 우리의 상상적 구조가 근원적으로 신체적 수준의 경험에서 직접적으로 발생한다는 것이며, 따라서 선개념적이고 비명제적이라는 점이다. 그리고 이 구조가 본질적으로 상상적이기 때문에, 이에 관한 환원주의적이고 산술적인 특징을 갖는 객관주의적 입장에서의 어떠한 해명도 부적절한 것이 된다. 말하자면 은유적으로 확장된 의미 구조는 산술적인 조작을 통해 어떤 고정된 개념이나 명제로 환원될 수 없다.

따라서 존슨의 상상력 이론은 인간의 이해의 다른 두 차원 사이의 상호 연관에 대해 더 복합적이며 포괄적인 해명을 제시한다. 즉 그것은 한편으로는 '영상도식'을 통해서 인식의 공적이고 상호 주관적인 근거로서 몸에 관심을 돌리고 있으며, 다른 한편으로는 '은유적 투사'를 통해서 인식의 상대적 변이를 설명한다. 즉 이 이론은 우리의 인식에 있어서 객관주의적 요소와 상대주의적 요소가 공존하고 있음을 보여 준다는 점에서 포괄성을 갖는다. 그러나 영상도식이 객관적이고 공적인 근거를 제공한다고 하더라도 이렇게 주어진 객관성이 결코 전통적인 객관주의자가 말하는 객관성, 즉 절대적이고 토대주의적인 객관성이 아니다. 왜냐하면 영상도식이 동적이며 유연하다는 것 때문이다. 동시에 은유적 투사는 그 다양한 변이에도 불구하고 여전히 기본적 차원의 영상도식에 근거하고 있으며, 동시에 그것에 의해 제약되고 있다는 점 때문에 자의적이지 않다.

체험주의의 이러한 시도는 전통적인 '객관주의 아니면 상대주의'라는 이분법적 대립을 넘어서는 인식의 구조에 대한 해명을 향한 것이다.

동시에 이러한 해명은 왜 객관주의 또는 상대주의가 인간의 경험과 이해의 구조를 적절히 설명할 수 없는지를 보여 준다. 즉 객관주의나 상대주의는 경험과 이해의 부분적인 측면에 대한, 극단적으로 이상화된(idealized) 이론들이며, 따라서 실제적 해명에 있어서 부분적일 수밖에 없다는 것이다. 이러한 관점에서 윈터는 객관주의/상대주의 이분법을 기본적으로 2차원적인 견해라고 분석하고 그것을 극복하는 하나의 대안으로서 체험주의적 인식론을 다차원적인 제3의 접근 방식이라고 제안한다.[46)]

우리가 객관주의를 거부하면서 마주치는 가장 큰 난점은 극단적인 상대주의를 허용함으로써 인식의 객관적 지반을 잃게 될 것이라는 우려다. 그러나 체험주의는 객관주의를 거부하면서도 여전히 우리에게 허무주의적 극단에로의 나락을 막아 주는 보편성의 틀이 있다고 보는데, 그 틀은 바로 인간이라는 유기체 자체, 즉 인간의 몸과 두뇌라는 것이다. 이러한 맥락에서 윈터는 체험주의를 다음과 같이 규정한다.

> (체험주의의) 주장은 언어와 지식은 오로지 인지 작용의 관점에서만 이해될 수 있다는 것이다. 그 작용은 신체화된 것인데, 신체적 경험으로부터 직접적으로 생겨난다. 〔이해는〕 초월적 진리라는 의미에서의 '객관적'이 아니며, 우리가 갖고 있는 종류의 몸과 그 몸이 우리의 환경과 상호작용하는 방식에 의존한다. 그것은 모든 인간이 대부분 공유하는 실재에 근거한다. 따라서 이 주장은 상대주의이며 실재론—상대주의이면서도 허무주의가 아닌—이다.[47)]

---

46) Winter, "Transcendental Nonsense, Metaphoric Reasoning and the Cognitive Stakes for Law," p. 1109 참조.

47) 같은 논문, p. 1131.

여기에서 체험주의가 우리의 인식 구조에 관해 중요하게 시사하는 것은 우리가 불가피한 딜레마로 받아들이는 이분법적 관점이 결코 적절한 지식의 모형을 제공할 수 없다는 것이다. 말하자면 객관주의와 상대주의는 둘 다 우리의 인식 구조 안에서 가능한 사고의 유형이며, 따라서 그것들이 상호 배타적으로 이해될 성질의 것이 아니라는 것이다. 그렇다면 우리가 필요로 하는 것은 이 두 유형의 사고가 어떤 형태로 공존 가능한지를 보여 주는 일이며, 체험주의는 바로 이러한 시도의 하나로서 그 중요성이 가늠될 수 있다.

이러한 맥락에서 체험주의자의 궁극적인 주장은 인종적 · 문화적 · 사회적 차이에 상관없이 인간이 생리학적 관점에서 공유된 인지 구조를 갖지만 구조의 실제 작용은 다양한 사회적 · 문화적 차원들에 대해 상대적인 변이를 보인다는 것이다. 그러나 그 변이는 무제한적으로 자의적이지는 않으며, 적어도 해석이나 기술 가능한 범위에서 외적 조건에 반응한다고 본다. 이처럼 변이를 제약하는 기제로서 우리는 이미 위에서 존슨의 상상력 이론이 제시하는 '영상도식' 개념을 살펴보았다. 아마도 브라운(H. Brown)이 지각과 관련된 논의에서 '제한된 변이'(limited variation)라는 말을 사용했을 때 그는 아마도 이와 유사한 어떤 가능성을 마음속에 갖고 있었을 것이다.[48] 물론 오늘날 철학적 논의의 장에서 이러한 가능성에 대한 탐구가 몇몇 철학자의 논의에 한정된 것은 아니다. 콰인, 굿맨, 퍼트남, 로티를 비롯한 많은 철학자들이 상이한 방식을 통해 바로 이러한 '제약된 상대주의', 또는 '완화된 상대주의'의 가능성을 가정하거나 지지한다. 그러나 앞장들에서 검토했던 것

---

48) Harold Brown, *Perception, Theory and Commitment: The New Philosophy of Science* (Chicago: University of Chicago Press, 1977), p. 93.

처럼 이들 중 누구도 이 제약의 방식을 적절하고 구체적인 방식으로 제시하지 못하고 있는 것으로 보인다.

체험주의의 입장에서는 전통적인 객관주의와 상대주의는 마치 연속선상의 양극단 같은 것으로 간주되며, 그 사이에 그 어느 쪽의 이론도 적절하게 설명할 수 없는 중간 지대로서의 경험 영역이 존재한다는 것을 보여 준다. 이 영역을 적절하게 '해명'할 수 있는 견해를 우리는 '완화된 상대주의'라고 부를 수 있을 것이다. 따라서 만약 객관주의나 극단적 상대주의가 본성적으로 우리의 경험을 '해명'하려는 이론—우리가 '원하는 것'에 관한 이론이 아니라—이라고 자처한다면 그것은 불가피하게 제한된 경험 영역에 국한되는 이론으로 판정될 것이다. 이러한 관점에서 우리가 여기에서 중요하게 지적할 수 있는 것은 이 두 견해가 극도로 이상화된 것들이라는 사실이다.

이러한 중간 지대의 가능성을 오랫동안 막아 왔던 것은 바로 객관주의적이고 토대주의적인 근거의 포기가 불가피하게 허무주의적 상대주의를 불러올 것이라는 객관주의적 위협이었다. 이러한 관점에서 객관주의의 더 큰 문제는 세계에 대한 기술로서 그 부정확성이라기보다는 그것이 강요하는 사고의 억압이라고 할 수 있을 것이다. 이러한 억압의 결과로서 나타나는 것은 퍼트남이 지적하는 것처럼 인간의 이성과 이해에 관한 '소외된'(alienated) 이론들이다.[49] 이러한 관점에서 체험주의는 근거 없는 이분법적 억압과 대립을 타파함으로써 우리의 철학적 시각을 "동요시키는 동시에 해방시키는"(unsettling and liberating) 견해라고 할 수 있다.[50]

---

49) Hilary Putnam, *Reason, Truth and History* (Cambridge: Cambridge University Press, 1981), pp. xi~xii 참조.

4. 맺는 말

지금까지의 논의를 토대로 우리는 우선 체험주의를 전통적인 객관주의에 대한 도전으로 특징지을 수 있다. 그러나 중요한 것은 객관주의에 대한 체험주의의 도전이 전통적인 우려처럼 허무주의적 상대주의에로의 전락을 초래하지는 않는다는 점이다. 체험주의는 객관주의를 제한된 이론이라고 반박하지만 궁극적으로는 객관주의와 상대주의가 둘 다 공존할 수 있는 인간의 사고방식들이라는 점을 강하게 시사한다. 다시 말하면 전통적 객관주의나 급진적 상대주의는 극단적으로 이상화된 이론적 산물일 뿐이며, 이런 조건에서 그 둘은 필연적으로 화해될 수 없는 대립적 관계를 갖는 것으로 나타난다. 또한 이 때문에 그것들은 우리의 일상적인 이해와 사고를 적절하게 설명하지 못하는 난점을 드러낸다. 대신에 체험주의는 궁극적으로 객관주의와 극단적 상대주의가 연속선상에 있는 양극점이라고 제안할 것이다.

우리가 체험주의의 논의를 옳은 것으로 받아들인다면 그것은 객관주의를 거부하면서도 극단적인 상대주의에 빠져들지 않는 제3의 입장이 된다. 이러한 입장은 객관주의/상대주의 이분법을 우려하는 오늘날의 많은 철학자들이 추구하는 입장이다.[51] 그러나 그들은 공통적으로 이러한 입장이 가능하다는 것을 주장하면서도 그것이 과연 어떻게 가능

---

50) Johnson, *Moral Imagination: Implications of Cognitive Science for Ethics* (Chicago: University of Chicago Press, 1993), p. 1 참조.

51) 우리는 이러한 시도를 퍼트남(H. Putnam), 로티(R. Rorty), 번스타인(R. Bernstein), 마골리스(J. Margolis) 등에서 찾아볼 수 있는데, 패스모어는 이러한 입장을 추구하는 철학자들의 대부분이 객관주의와 상대주의 사이에서 '줄타기 곡예'를 하고 있다고 지적한다. John Passmore, *Recent Philosophers* (La Salle, Ill.: Open Court, 1985), p. 107 참조.

한가에 대해 적절한 해명에 이르기보다 더욱 더 가열되는 논란만을 불러일으키고 있는 것으로 보인다.

이러한 상황에서 체험주의가 제시하는 인식의 구조는 객관주의와 허무주의적 상대주의라는 관점들의 본성을 밝힘으로써 그것들이 이분법적인 대립 속에 놓여 있지 않다는 사실을 설득력 있게 보여 준다. 이러한 설득력의 바탕에는 체험주의가 중요하게 수용하는 다양한 경험과학의 연구 성과들과 증거들이 있다. 경험과학에 대한 이들의 신뢰는 듀이에 의해서 제창되고 콰인으로 이어지는 자연주의적 태도에서 비롯된다.[52] 자연주의는 우리에게 주어진 지식의 도구로서 과학의 성과를 신뢰하며, 우리의 경험을 넘어선 인식적 관점을 배제할 것을 요구한다. 그러나 동시에 이 자연주의가 스스로 인정해야 하는 한계는 우리가 지금 획득한 지식이 결코 완벽하지 않다는 점이다. 마찬가지로 체험주의자는 스스로의 논의가 현재 우리에게 주어진 경험과학적 증거들에 의존하고 있다는 한계를 인정할 수밖에 없으며, 그 진전 또한 경험과학의 발전에 의존하고 있음을 인정해야만 한다.

그럼에도 불구하고 이 장을 통해서 드러나는 체험주의의 가장 큰 성과 중의 하나는 객관주의와 상대주의의 대립이 결코 이분법적으로 이해될 성질의 문제가 아니라는 점이다. 나아가 체험주의는 이렇게 객관

52) 적어도 체험주의의 형성에 있어서 듀이의 직접적인 영향은 찾아보기 힘들다. 듀이와의 관련은 체험주의의 논의가 확장되어 가는 과정에서 추후적으로 드러난 것으로 보인다. 존슨은 미발표 논문 "Good Rorty and Bad Rorty: Toward a Richer Conception of Philosophical Inquiry" (Department of Philosophy, Southern Illinois University, 1989)에서 처음으로 자신의 입장을 듀이와 연관시켜 언급하고 있는데, 그것은 존슨과 함께 서던일리노이대학교 철학과 교수이며 듀이 연구가인 알렉산더(T. Alexander)와의 지속적인 대화의 결과일 것이다. 즉 존슨은 알렉산더와의 대화를 통해 자신이 지지하고 전개하려는 입장이 듀이의 철학과 유사하다는 것을 깨닫게 된 것으로 보인다.

주의와 상대주의의 대립을 해소함으로써 그 어느 쪽도 아닌 '완화된 상대주의'의 필요성과 가능성을 암시하는데, 우리는 이러한 상대주의를 대립 없는 상대주의(relativism without confrontation)라고 부를 수 있을 것이다.

제8장 데이빗슨과 개념체계

오늘날 상대주의 문제와 관련해 주목할 만한 철학적 논의 주제로 '개념체계'(conceptual scheme)를 들 수 있다. 데이빗슨(D. Davidson)은 개념체계를 "경험을 구성하는 방식"이라고 말하는데, 이것은 "감각의 자료에 형식을 주는 범주들의 체계이며, 개개인, 문화 또는 시대가 그것을 통해서 일과적 상황들을 조망하는 관점들"[1]이다. '개념체계'라는 개념은 멀리는 칸트의 철학에서 그 근원적 형태를 찾아볼 수 있으며 가깝게는 콰인(W. V. O. Quine)에 의해서도 중요한 철학적 개념으로 수용되고 있지만, 이것이 상대주의 문제와 관련해서 본격적인 논란의 주제로 부각된 것은 쿤(T. S. Kuhn)의 패러다임 이론의 등장 이후라고 할 수 있다. 이러한 논의의 맥락에서 '개념체계'라는 개념이 함축하는 중요한 철학적 의미는 우리의 인식에 있어서 관찰자가 수용하고 있는 개념체계의 적극적인 역할을 인정한다는 점이며, 나아가 우리가 동일한 것이라고 말하는 대상들이 관찰자가 갖고 있는 다양한 개념체계에 의해 다른 어떤 대상들로 인식된다는 점이다.

그러나 이 '개념체계' 개념은 그 실제적인 설득력에도 불구하고 몇

---

1) Donald Davidson, "On the Very Idea of a Conceptual Scheme," in his *Inquiries into Truth & Interpretation* (Oxford: Clarendon Press, 1984), p. 183. (이하 이 책은 Inquiries로 약함.) 이 책에 실려 있는 데이빗슨의 글들은 거의가 이전에 발표된 것을 재수록한 것이다. 특별히 언급이 필요하지 않은 경우에는 논문 제목 없이 책의 쪽수를 표시했다.

가지 난점을 수반하게 된다. 데이빗슨은 이 난점을 상호 관련된 두 갈래로 나누고 있다. 먼저 이 개념은 상이한 개념체계들 사이에 '번역 불가능성'(intranslatability)을 전제하게 됨으로써 불가피하게 상대주의를 불러오게 되는데, 그것은 궁극적으로 비합리주의 내지는 일종의 유아론에 빠져들게 된다는 것이다. 두 번째 난점은 개념체계라는 개념의 기본적인 구도로 설정되는 '내용'(content)과 '체계'(scheme)의 이원론으로부터 비롯된다. 말하자면 체계가 '조직하는 것'으로 이해되었을 때 이 개념체계에 의해서 '조직되는 것'으로서 내용이 요구되는데, 이 내용은 '모든 개념체계들에 공통되는 중립적인 어떤 것'을 암암리에 전제하게 된다는 것이다. 데이빗슨은 이렇게 설정된 중립적 내용은 이미 개념체계들 사이에 번역 가능성을 제공함으로써 앞서 언급한 번역 불가능성은 무의미하게 된다고 주장한다. 따라서 데이빗슨은 이 개념 자체가 근본적으로 비정합적이고 자기 모순적인, 따라서 실제적 적용 가능성이 없는 공허한 것이며, 우리에게 상대주의의 우려만을 불러오는 위험한 것이라고 단정한다.[2)]

적어도 상대주의는 "무엇이든 된다" 또는 "모든 믿음은 다른 모든 믿음과 동등하게 타당하다"라는 극단적인 형태로 제시될 경우, 그 자체로 자가당착적인 입장이 될 수밖에 없다. 그렇다 하더라도 만약 데이빗슨이 주장하는 것처럼 개념체계라는 개념이 필연적으로 이러한 극단적 상대주의를 초래하는 것이라면 이에 대한 데이빗슨의 비판은 정당성을 갖게 된다. 그리고 실제로 개념체계 개념에 관한 데이빗슨의 비판은 이

---

2) 데이빗슨은 개념체계의 수용으로 인해서 생겨나는 개념적 상대주의를 가리켜, 우리가 만약 그것을 의미 있는 방식으로 말할 수만 있다면 '빠져들기 쉬운 이국적인 이론'이 될 것이라고 말한다. 같은 논문, p. 183 참조.

문제와 관련해서 오늘날 영어권의 철학계에서 제기된 어떤 논의보다도 강력한 것이다.

그러나 데이빗슨의 주장의 핵심은 기본적으로 개념체계라는 관념 자체의 폐기일 뿐이며, 그 자신이 직접적인 새로운 대안을 시도하고 있는 것은 아니다. 데이빗슨은 기본적으로 자신의 철학적 구도 안에서는 이 개념체계라는 개념이 처음부터 아무런 자리도 갖지 않는다는 입장을 유지한다. 그러나 우리가 실제적으로 개념체계라는 개념에 끌리게 되는 가장 큰 이유는, 콰인의 생각을 빌리면 모든 문장들이 항상 단일하게 정확한 방식으로 번역되지 않는다는 사실이다. 즉 하나의 문장에 대해 동등한 증거를 갖는 다양한 번역들이 가능하며, 그 번역들은 때때로 상호 양립 불가능할 수 있다. 개념체계는 이러한 '번역의 비결정성'을 설명하는 데 매우 효과적인 방식으로 보인다. 그러나 데이빗슨은 개념체계 개념을 근원적으로 거부하고 있으며, 따라서 그는 이 개념에 의거하지 않고 자신이 스스로 인정하는 비결정성이라는 실제적 현상을 설명해야만 한다. 데이빗슨의 철학에서 이 문제 해결의 열쇠는 '자비의 원리'(principle of charity)이다. 따라서 데이빗슨 자신은 인정하지 않겠지만, 필자의 관점에서는 이 원리가 개념체계라는 개념에 대한 데이빗슨의 대안적 설명이 되는 셈이다.

그러나 데이빗슨이 제시하는 '자비의 원리'는 그 정당성이 순환적인 논증에 의존하고 있으며, 그래서 그 근거 또한 선험적 초월성에 의존하고 있다. 이 때문에 데이빗슨의 입장은 비결정성 문제에 대처하는 데 있어서 결정적인 한계를 드러낸다. 필자는 이러한 난점이 기본적으로 데이빗슨이 상대주의를 도식적으로 규정하는 데에서 기인하며, 나아가 데이빗슨의 개념체계 비판이 궁극적으로는 상대주의에 대한 그의 이분법적 사고에 의거하고 있음을 밝힐 것이다. 필자는 이러한 논거를 토대로 우리가 이러한 이분법적 사고를 극복할 수 있다면, 개념체계가 반드시 데이빗슨이 주장하는 것처럼 비관적 운명에 직면하는 것은 아니라는 점을 지적하려고 한다. 즉 상대주의의 문제가 데이빗슨이 생각하는 것처럼 개념체계 개념과 맞물려 있다는 것을 인정한다고 하더라도 여전히 자가당착적인 상대주의를 피할 수 있는 대안적 개념체계 개념의 모색이 필요할 뿐만 아니라 가능하다는 것이다.

1. 데이빗슨의 개념체계 비판

데이빗슨은 개념체계를 규정하는 것으로 다음의 두 가지 조건을 든다. 먼저 조직하는 것으로서의 언어 체계,[3] 그리고 조직되는 것으로서의 대상, 즉 경험, 물리적 증거, 감각적 경험 등이 있어야 한다. 그리고 데이빗슨이 중요하게 덧붙이고 있는 것은 상이한 개념체계들 간에 설정되는 번역 불가능성이다. 그는 이 문제에 관해 다음과 같이 말하고 있다.

> 상호 번역 가능성의 부재는 개념체계들 간의 상이성에 있어서 필수 조건이다. 번역이 실패했을 때 고려되는 것이 언어들 또는 체계들이라는 주장을

3) 데이빗슨은 자신의 논의를 위해서 '개념체계' 개념을 언어적인 방식으로 변용하고 있는데, 이렇게 설정되는 개념체계와 언어의 관계는 다음과 같이 말해진다. "개념체계가 다르면 언어도 다르게 된다. 그러나 한 언어가 다른 언어로 번역될 수 있는 방식이 존재한다는 조건 아래에서는 서로 다른 언어의 사용자들이 단일한 개념체계를 공유할 수도 있다. 따라서 번역의 기준에 대한 탐구는 개념체계들에 있어서 동일성(identity)의 기준에 초점을 맞추는 하나의 방식이 된다." 같은 논문, p. 184.

의미 있게 할 수 있도록 도와주는 것은 경험에 대한 공유된 관계, 즉 증거다. 이러한 생각의 바탕이 되는 것은 모든 체계들의 밖에 놓여 있는, 중립적이고 공통적인 어떤 것이 있어야만 한다는 것이다.[4)]

데이빗슨은 먼저 '번역 불가능성'이 그 자체로 불가능한 개념이라는 점을 지적한다. 즉 어떤 개념체계가 다른 개념체계에 대안적인 것으로 되기 위해서는 그것이 서로 구별될 수 있어야 한다. 그러나 번역 불가능성이라는 것은 이러한 구별에 필요한 비교 자체를 처음부터 불가능한 것으로 규정하고 있으며, 따라서 하나의 개념체계의 정체성을 확인할 수 있는 정합적인 방식은 없어지게 된다. 한편 상이한 개념체계들이란 먼저 그것들을 설정할 수 있는 기본적인 장으로서 하나의 공통적인 지반이 존재하는 한에서만 의미를 갖는다. 그러나 이 개념체계들이 전제하게 되는 '중립적이고 공통적인 어떤 것' 자체가 번역의 가능성을 이미 암시하게 되는 것이다.[5)]

따라서 데이빗슨은 체계라는 개념에 대해 "우리가 다양한 체계들을 의미 있게 비교하고 대비할 수 있는 상황이란 있을 수 없지만, 우리가 마치 다른 체계들이 더 있다면 어떤 것이 될지를 알기나 하는 것처럼 체계에 대해서 이야기하는 것을 삼가야 할 것"[6)]이라고 말한다. 그가 결론적으로 주장하는 것은, 우리가 '체계'라는 개념에 대해 어떠한 적절한 내용을 줄 수가 없는 한 그것은 공허한 개념이며, 따라서 이 개념이 어떤 의미 있는 방식으로도 적용될 수 없다는 것이다.

---

4) 같은 논문, p. 190.

5) 같은 논문, p. 184.

6) Davidson, "Psychology as Philosophy," in his *Essays on Actions and Events* (Oxford: Clarendon Press, 1980), p. 243.

데이빗슨의 논의가 드러내는 개념체계라는 개념의 논리적 딜레마는 치명적인 것으로 보이며, 따라서 개념체계라는 개념을 한낮 신기루 같은 것으로 만들고 있다. 그러나 단지 철학뿐만 아니라 경험과학의 여러 분야에서 다양한 형태의 논의를 통해 설득력 있게 지지되어 온 이 개념이 과연 데이빗슨이 주장하는 것처럼 내용/체계라는 근거 없는 이원론의 매력적 허상에 불과한 것일까? 그렇지 않다면 무엇이 데이빗슨의 논의를 이처럼 설득력 있는 것으로 만들어 주는 것일까?

데이빗슨이 논의의 출발점에서 규정하는 것으로서의 개념체계 개념은 기본적으로 두 가지 요소, 즉 개념체계들 간의 '번역 불가능성', 그리고 모든 개념체계에 '중립적이고 공통적인 어떤 것'의 존재를 전제한다. 데이빗슨은 이 '번역 불가능성'을 보여 주는 개념체계의 예로 쿤이 제기한 패러다임 이론을 들고 있다. 쿤은 과학자들의 탐구의 내용과 목적을 규정해 주는 탐구의 모형인 패러다임의 교체는 종래의 패러다임과 새로운 패러다임 사이에 '공약 불가능성'을 불러오며, 새로운 패러다임을 수용한 과학자들은 "다른 세계 안에서"[7] 탐구를 수행하게 된다고 주장한다. 말하자면 패러다임의 변화는 단지 동일한 대상들에 대한 새로운 시각의 도입이 아니라, 아예 새로운 상이한 대상들을 구성한다는 것이다. 이는 패러다임 사이에 전적인 '번역 불가능성'을 인정하는 것이며, 따라서 이 이론에 따르면 데이빗슨이 우려하는 허무주의적 상대주의는 불가피한 귀결이 된다.

데이빗슨이 지적하는 것은 그러한 공약 불가능성에도 불구하고 쿤 자신은 여전히 과학혁명 이후의 언어를 통해 과학혁명 이전의 대상들

---

7) Thomas Kuhn, *The Structure of Scientific Revolutions*, 2nd ed. (Chicago: University of Chicago Press, 1970), p. 135.

이 어떤 것이었는지를 기술하는 오류를 범하고 있다는 것이다.[8] 데이빗슨은 이와 유사한 예로 인디언 언어인 호피(Hopi)에 관한 워프(B. L. Whorf)의 논의를 들고 있는데, 워프가 호피와 영어 사이에 공동 측정이 불가능하다는 주장을 전개하는 과정에서 영어를 사용해서 호피에 관해 기술하고 있음을 지적한다. 따라서 데이빗슨에 따르면 쿤은 이러한 자신의 기술을 정합적인 것으로 만들기 위해서는 스스로 공약 불가능성의 주장을 철회하거나, 아니면 아예 다른 패러다임에 관해서 언급하는 것조차 삼가야만 하는 딜레마를 안게 되는 것이다.

두 번째 요소인 '중립적 내용'의 문제는 퍼트남(H. Putnam)의 내재적 실재론을 통해서 뚜렷하게 드러난다. 퍼트남은 "'대상'은 개념체계에 독립해서 존재하는 것이 아니라 우리가 어떤 기술(記述) 체계를 도입할 때 세계를 대상들로 잘라내는(cut up) 것"[9]이라는 말로 개념체계의 역할을 설명한다. 그러나 퍼트남의 경우에는 개념체계들 간의 '번역 불가능성'은 부정된다. 왜냐하면 그는 우리의 인식의 내용이 이 개념체계에 의해서 결정된다고 하더라도 우리는 여전히 우리가 공유하는 '개념에 오염되지 않은 세계'로부터 공통적으로 경험적 입력을 받아들이기 때문이다. 말하자면 이 공유된 경험적 입력이 개념체계에 의한 상대주의적 분기를 막아 주는 제약의 역할을 하고 있는 것이다.

그러나 퍼트남은 그 경험적 입력에 대해서 아무런 의미 있는 설명을 할 수가 없다. 왜냐하면 그의 내재적 실재론은 처음부터 개념체계를 벗어난 어떤 것에 대해서도 의미 있게 말할 수 있는 가능성을 부정하기

---

8) Davidson, "On the Very Idea of a Conceptual Scheme," p. 184 참조.

9) Hilary Putnam, *Reason, Truth and History* (Cambridge: Cambridge University Press, 1981), p. 52.

때문이다.[10] 이것은 퍼트남에게 있어서 해결할 수 없는 하나의 딜레마이며, 동시에 이러한 딜레마는 그 성격에 있어서 칸트의 '물 자체'가 초래하는 것과 동일한 것이다. 물론 퍼트남이 이러한 난점에도 불구하고 '중립적인 어떤 것'을 상정하는 것은 기본적으로 상대주의에로의 전락을 제약하려는 의도 때문이다. 그러나 데이빗슨은 객관성이라는 것이 퍼트남이 생각하는 것처럼 '개념에 오염되지 않은 실재'에 의존하고 있지 않다고 주장한다.

> 해석되지 않은 실재라는 개념, 즉 모든 개념체계와 과학의 밖에 있는 어떤 것에의 의존을 포기하는 것은 객관적인 진리 개념을 던져 버리는 것이 아니라, 오히려 그 반대가 된다. 체계와 실재의 이원론이라는 독단이 주어지면 우리는 개념적 상대주의, 즉 체계에 상대적인 진리를 갖게 된다. 이 독단이 사라짐으로써 상대주의는 자리를 잃게 되는 것이다.[11]

궁극적으로 데이빗슨은 퍼트남의 내재적 실재론이 어떤 형태로든 개념체계 개념을 수용하고 있는 한 상대주의를 벗어날 수 없다고 보는 것이다. 그래서 데이빗슨은 퍼트남의 내재적 실재론을 일종의 '위장된 상대주의'로 간주한다.[12] 데이빗슨의 주장에 따르면 퍼트남은 상대주의

---

10) 이것은 내재적 실재론의 기본 주장이며, 퍼트남이 이러한 주장의 근거로 도입하고 있는 것은 '인과적 지칭 이론'(causal theory of reference)이다. 이 이론에 따르면 지칭 관계는 오직 인과적 고리 안에서만 가능하며, 따라서 이 인과적 지칭 관계는 특정한 개념체계 안에서만 의미 있게 확인될 수 있는 방식으로 가능하다. 퍼트남은 "세계가 어떤 대상들로 구성되어 있는가라는 물음은 오직 특정한 기술 이론(theory of description) 안에서만 의미를 갖는다"(같은 책, p. 49)고 말한다.

11) Davidson, "On the Very Idea of a Conceptual Scheme," p. 198.

12) Davidson, *Inquiries*, p. xviii 참조. 또한 "A Coherence Theory of Truth and

라는 문제의 위치를 잘못 설정하고 있는 것이다. 퍼트남이 쿤을 상대주의자로 규정하는 이유는 쿤의 패러다임 이론이 전혀 제약되지 않은 개념체계를 제시하고 있다고 보기 때문이다. 따라서 퍼트남은 내재적 실재론을 통해 개념체계라는 개념을 여전히 유지한 채로 이 개념이 상대주의의 나락으로 빠져들지 않는 하나의 제약으로서 '개념 이전의 세계'를 설정한다. 그러나 '개념 이전의 세계'는 그 자체로 또 다른 문제, 즉 칸트의 '물 자체'와 동일한 난점을 보이게 된다.[13)]

르셔(N. Rescher)는 「개념체계」(Conceptual Schemes)라는 논문에서 개념체계가 중립적인 어떤 것을 전제한다는 데이빗슨의 주장에 대한 반론을 제기하고 있다.[14)] 이 논문의 많은 부분은 번잡한 중언부언으로 채워져 있는 것이 사실이지만, 그 주장의 요지는 중립적인 어떤 것을 설정하지 않고서도 여전히 개념체계 개념이 가능하다는 것으로 요약된다. 그는 '중립적인 존재'의 성격이 기본적으로 칸트가 말하는 '물 자체'와 같은 것이며, "그 본성을 설명할 수 없는 어떤 존재를 설정하는 것은 언제나 문제가 있다"[15)]는 것을 인정한다. 그렇다면 이러한 문제를 피할 수 있는 개념체계 개념이란 어떤 것인가? 우리가 쉽게 예상할 수 있는 것처럼 르셔는 대상들은 오직 상이한 개념체계들에 의해서만 어떤 의미를 갖게 되며, 따라서 중립적인 대상이란 아예 존재할 수 없다고 주장한다. 그래서 르셔는 "상이한 개념체계들은 상이한 이론들을 수용

Knowledge," in Ernest LePore, ed., *Truth and Interpretation: Perspectives on the Philosophy of Donald Davidson* (Oxford: Basil Blackwell, 1986), p. 309 참조.

13) 이 문제에 관해서는 이 책 2장 「퍼트남의 내재적 실재론」에서 좀 더 상세하게 다루고 있다.

14) Nicholas Rescher, "Conceptual Schemes," in French A. Peter, et al., eds., *Studies in Epistemology: Midwest Studies in Philosophy 5* (Minneapolis: University of Minnesota Press, 1980): 323~45 참조.

15) 같은 논문, p. 336.

한다. …… 그러나 이것은 단지 '동일한 것들'에 대한 상이한 이론을 의미하는 것이 아니라 상이한 것들에 대한 상이한 이론들을 의미한다"[16] 고 말한다. 르셔는 이어서 자신의 주장을 다음과 같이 기술한다.

> 중요한 것은 상이한 문화적 · 언어적 구도 안에서는 상이한 개념적 기제들이 상이한 세계관에 묶이게 됨으로써 〔상호간에〕 개념적 접근이 어렵고 복잡하며, 아마도 어떤 면에서는 불가능하게 된다는 것이다. …… 상이한 개념체계들은 우리들을 말 그대로 상이한 사고의 영역으로 이끌어 간다. …… 상이한 체계들은 개념적으로 절연되어(disjointed) 있다.[17]

이러한 주장은 쿤, 파이어아벤트(P. Feyerabend), 루이스(C. I. Lewis) 등을 통해서 이미 우리에게 매우 낯익은 종류의 것이지만, 적어도 개념체계에 대한 데이빗슨의 가정들 중의 하나, 즉 중립적인 어떤 것을 부정하는 데는 아주 효과적인 것으로 보인다. 즉 모든 개념체계들에 중립적인 어떤 것의 설정 없이도 우리가 개념체계라는 개념을 가능한 것으로 설정할 수 있다는 것이다. 그러나 르셔의 논점은 그것뿐이다. 르셔는 개념체계라는 개념과 관련해서 처음부터 데이빗슨이 우려했던 '공약 불가능성'과, 이것이 초래하는 상대주의의 문제에 대해서는 아무런 대안도 제시하지 않고 있는 것이다. 그래서 우리의 논의는 다시 원점으로 되돌아오게 된다.

여기에서 언급해 둘 것은 적어도 중립적인 내용을 거부하는 개념체계란 그 자체가 무의미하다는 점이다. 중립적인 어떤 것이 제거된 채로

---

16) 같은 논문, p. 331.

17) 같은 논문, p. 333.

상이한 개념체계들을 언급하는 것은, 그것들의 상이성에 대한 언급 자체를 공허한 것으로 만들기 때문이다. 말하자면 이 경우에는 언급되는 두 개념체계들이 왜, 또 어떻게 관련되어 있는지를 전혀 설명할 수 없다. 만일 르셔의 논의를 받아들인다면 우리는 "개념체계 C_1 안에 대상 a가 있고, 개념체계 C_2 안에 대상 b가 있다"라고 말하게 되는데, 이것은 "a가 있고 b가 있다"는 말과 어떠한 차이도 없을 뿐만 아니라, 동시에 이것은 a와 b의 어떠한 관계에 대해서도 아무런 의미 있는 설명도 할 수 없다. 따라서 여기에서는 C_1나 C_2라는 개념체계들은 아무런 역할도 갖지 않는 공허한 것들이 되어 버린다.

여기에 어떤 사물 O가 있다고 가정하자. 또 갑은 자신의 개념체계 C_1을 통해 이것을 귤로 받아들이고, 을은 자신의 개념체계 C_2을 통해 이것을 사과로 받아들인다고 가정하자. 이 경우에는 우리가 O가 그 자체로 무엇인가에 대한 난점을 우선 접어 둔다면 개념체계는 대단히 중요한 역할을 하게 된다. 그러나 르셔의 논의에 따르면 O는 존재하지도 않는다. 그렇다면 갑에게는 처음부터 귤만이 있고, 을에게는 처음부터 사과만이 있다. 그리고 그것뿐이다. 우리는 왜 갑에게는 귤이 있고, 을에게는 사과가 있다는 사실이 서로 어떤 관계가 있는 것으로 생각해야 하는지조차도 알 수가 없는 것이다. 이러한 관점에서 적어도 개념체계 개념을 '의미 있는' 방식으로 논의하는 데 있어서 '중립적인 어떤 것'의 설정은 필수적이라는 데이빗슨의 생각은 옳은 것으로 보인다.

지금까지의 논의들을 통해서 본다면 데이빗슨의 비판은 개념체계라는 개념의 자체적 비정합성을 필연적인 어떤 것으로 만들고 있다. 그러나 필자는 데이빗슨의 논의가 옳은 것이라 하더라도 개념체계라는 개념을 전적으로 폐기해야 한다는 그의 결론에는 동의하지 않는다. 왜냐하면 데이빗슨의 비판은 다만 자신이 제한적이고 도식적으로 규정하는 것으로서의 개념체계라는 개념에 대해서만 정당성을 갖기 때문이다. 그래서 우리는 과연 개념체계에 대한 데이빗슨의 규정이 그 자체로 타당한가라는 의문을 제기할 수 있다. 쿤이 제기한 개념체계 개념이 상대주의의 문제를 안게 되고, 또한 퍼트남이 수용한 개념체계라는 개념이 '물 자체'와 동일한 난점을 안게 된다고 하더라도 우리는 개념체계라는 개념을 유지하면서 전적인 '번역 불가능성'을 해체할 수 있는 방식을 여전히 하나의 열려 있는 가능성으로 모색할 수 있기 때문이다.

필자는 이러한 가능성을 모색하기 위해서 데이빗슨의 철학을 전체적으로 규정하고 있는 하나의 가정을 살펴보는 것이 그 열쇠가 된다고 본다. 성급하게 말하자면 데이빗슨은 인간을 모종의 합리성을 공유하는 존재로 보고 있다. 그리고 그에게 있어서 이러한 믿음은 직관적인 것이며, 동시에 그의 전 철학을 통해서 유지되고 있는 하나의 중심적 주제다. 필자는 이러한 데이빗슨의 신념이 그가 수용하고 있는 자비의 원리를 통해서 가장 뚜렷하게 드러난다고 보고, 그것을 검토함으로써 데이빗슨의 이러한 신념이 하나의 논증되지 않는 가정에 근거하고 있음을 드러내 보일 것이다.

2. 번역의 비결정성과 자비의 원리

데이빗슨에게 있어서 개념체계와 관련한 우선적 관심사는 개념체계라는 개념이 필수적으로—적어도 그의 생각으로는—수반하게 되는 번역 불가능성과 이것이 초래하는 상대주의다. 따라서 데이빗슨이 '번역 불가능성', 즉 '공약 불가능성'이라는 개념을 정면으로 거부하고 있다는 점은 명백하다. 그러나 데이빗슨이 개념체계와 관련해서 다루어야 할 또 하나의 문제가 있는데, 그것은 '번역의 비결정성'(indeterminacy of translation)이다.

'번역의 비결정성'(이하 '비결정성') 이론은 콰인에 의해서 처음 소개되었는데, 이것은 "한 언어를 다른 언어로 번역하는 데 사용되는 편람은 다양한 방식, 즉 모든 편람이 화행 성향들의 전체와 양립 가능하면서도, 편람들 사이에는 양립 불가능한 방식으로 정해질 수 있다"[18]는 것이다. 말하자면 번역을 하는 데 있어서 언어적 행동과 관련된 모든 경험적 증거들이 주어진다 해도 이 경험적 증거에 일치하면서도 상호 양립 불가능한 다양한 번역들이 있을 수 있다는 것이다. 따라서 우리는 이들 중 어떤 것이 가장 옳은 번역인지를 객관적인 방식으로 결정할 수 없게 된다. 해킹(I. Hacking)의 표현을 빌면 공약 불가능성이 언어들 간의 번역의 가능성이 너무 적다는 것인데 반해 이 비결정성 이론은 그 가능성이 너무 크다는 것을 주장하는 이론이라고 할 수 있다.[19]

이러한 비결정성의 원천이 무엇인가에 관해서는 복합적인 논의가 필요하지만, 우선 콰인의 논의에서 중요하게 주목할 만한 것으로 '지칭의 불투명성'(inscrutability of reference)을 들 수 있다. 기호논리에서 보이는 것과 같은 인공언어의 환원주의적 조작은 다만 어떤 말의 외연을 우리가 임의로 규정할 수 있을 때만 가능한 것이다. 그러나 일상적인 자연언어에는 이 외연이 다양한 방식으로, 말하자면 역사적 · 공간적인

---

18) W. V. O. Quine, *Word and Object* (Cambridge, Mass.: MIT Press, 1960), p. 27. 비결정성 이론은 이 책에서 최초로 소개된 이래로 이후의 그의 저작들을 통해 일관성 있게 유지되고 있는데, 이것은 콰인의 전 철학을 통해 가장 잘 알려져 있으며 동시에 가장 논란적인 이론이기도 하다.

19) Ian Hacking, *Why Does Language Matter to Philosophy?* (Cambridge: Cambridge University Press, 1975), p. 152 참조.

변인 등을 따라 주어져 있기 때문에 완전한 환원주의적 조작은 불가능하다. 따라서 여기에서 지칭의 불투명성이 나타나게 되며, 이것은 직접적으로 번역의 비결정성을 초래하게 된다. 그리고 콰인이 이러한 지칭의 불투명성을 설명하는 과정에서 개념체계라는 개념은 중요한 역할을 하고 있다. 물론 콰인이 이 개념체계라는 개념을 체계적으로 이론화하고 있는 것은 아니지만, 그는 '배경 이론', '언어 체계', 때로는 '개념체계' 등의 말로 이 개념을 수용하고 있다.[20]

데이빗슨은 물론 비결정성의 존재를 분명히 인정한다. 해킹의 지적처럼 데이빗슨이 비결정성에 대해서 다소 "미온적이고 유보적인"[21] 태도를 보이는 것은 사실일 수 있지만, 그것은 비결정성에 대처하는 데이빗슨의 이론적 태도에 관한 것일 뿐이다. 왜냐하면 데이빗슨은 콰인의 지칭의 비엄밀성과 이에 근거한 번역의 비결정성 논제를 자신이 콰인에게서 배운 논의들을 근거해서 받아들이고 있음을 명백하게 밝히고 있기 때문이다.[22] 또한 데이빗슨은 스스로 이렇게 말하고 있다.

> 모든 증거들이 다 제시된 후에도 여전히 중요한 정도의 비결정성이 남게 된다는 콰인의 주장은 옳다고 본다. 즉 뚜렷하게 다른 다수의 진리 이론들이 그 증거에 동등하게 합치되는 것이다.[23]

그러나 데이빗슨은 다만 비결정성이 '의견 일치를 최대화할 수 있는 해석'을 추구하는 과정에서 불가피하게 야기된다고 보며, 콰인이 그것

---

20) Davidson, "On the Very Idea of a Conceptual Scheme," p. 191 참조.

21) Hacking, *Why Does Language Matter to Philosophy?* pp. 154~55 참조.

22) Davidson, "The Inscrutability of Reference," *Inquiries*, p. 227 참조.

23) Davidson, "Semantics for Natural Languages," *Inquiries*, p. 62.

을 설명하는 데 개념체계라는 개념을 도입하는 것을 강력하게 비판한다. 물론 이러한 비판의 주된 이유는 이미 앞에서 논의했던 것처럼 이 개념의 비정합성과 그것이 초래하는 상대주의적 위험성이다. 그러나 데이빗슨은 그 외에도 이 구분을 비판하는 또 다른 이유를 갖고 있다. 즉 콰인이 수용하는 개념체계, 즉 내용/체계 이원론이 암암리에 논리실증주의자들이 유지하는 관찰/이론 구분에 의존함으로써 경험주의적 잔재를 떨쳐 버리지 못하고 있다는 것이다.[24)]

데이빗슨은 내용/체계 이원론이 분석/종합 구분과 미묘한 관련을 갖는 것으로 본다. 말하자면 분석적 진리란 그것이 비록 약정적인 경우라 하더라도 적어도 어떤 체계에 의해서 '선험적 참'으로 인정된 것이며, 종합적 진리란 여기에 외적인 내용이 주어진 것이다. 따라서 분석/종합 구분의 폐기는 당연히 체계/내용의 구분의 폐기를 수반해야 한다는 것이다. 이러한 관점에서 그는 내용/체계의 구분을 '경험주의의 제3의 도그마'라고 부르고 있는데, 이것이 아마도 경험주의의 마지막 도그마일 것이며, 이 도그마가 제거되고 난 후에는 경험주의를 특징지을 아무것도 남지 않을 것이라고 말한다.[25)]

잘 알려져 있는 것처럼 콰인은 「경험주의의 두 도그마」라는 기념비적 논문을 통해 논리실증주의를 하나의 극단적인 경험주의로 보고, 이

---

24) Davidson, "On the Very Idea of a Conceptual Scheme," p. 189 참조. 콰인은 데이빗슨의 이러한 강력한 비판에 대해 자신은 개념체계라는 말을 데이빗슨이 규정하는 것처럼 전문적인 의미에서가 아니라, '일상적인 언어'를 뜻하는 말로 사용했다고 해명한다. 콰인은 자신이 "아주 낯선 개념체계라는 말을 사용했을 때는 …… 번역하기에 어색하고 난감한 언어를 의미하는 정도로서 만족했었을 것이다"라고 쓰고 있다. Quine, "On the Very Idea of a Third Dogma," in his *Theories and Things* (Cambridge, Mass.: Harvard University Press, 1981), p. 41.

25) Davidson, "On the Very Idea of a Conceptual Scheme," p. 189 참조.

경험주의를 지지해 주고 있는 두 도그마, 즉 '관찰/이론 구분'과 '환원주의'를 근거 없는 것으로 논파함으로써 논리실증주의의 붕괴에 결정적인 역할을 했다.[26] 그럼에도 불구하고 콰인은 관찰 명제에 인식적 우선성을 부여함으로써 비록 그것이 논리실증주의자들의 구분과는 중요한 의미에서 다른 것이기는 하지만 여전히 관찰/이론의 구분을 유지하고 있는 것이다.[27]

물론 콰인에게 있어서 이처럼 관찰 명제에 대한 경험주의적 요소가 여전히 남아 있는 것은 데카르트적인 인식론적 토대를 발견하려는 이유에서가 아니라, 그것이 인식에 있어서 상호 주관적인 고리를 형성하는 데 필수적이라고 보기 때문이다. 콰인에게는 적어도 이것이 인식론적인 허무주의에로의 전락을 막을 수 있는 유일한 제약이라고 보는 것

---

26) Quine, "Two Dogmas of Empiricism," in *From a Logical Point of View: Logico-Philosophical Essays*, 2nd ed. (New York: Harper & Row, 1961), pp. 20~46 참조. 데이빗슨이 말하는 '제3의 도그마'란 물론 콰인의 이 '두 도그마'와 관련해서 사용하는 말이다.

27) 콰인은 우리가 동일한 물리적 경험을 공유할 수 있다고 본다. 관찰 명제란 물리적 경험에 의해서 우리에게 '신경 자극'으로서 직접적으로 주어진 경험 내용을 담고 있다. 콰인은 명제들이 이 물리적 경험과 얼마만큼의 거리를 유지하는가에 따라 관찰 명제와 이론 명제를 구분한다. 따라서 이 명제들은 어떤 명확한 선을 따라 구분되는 것이 아니고 물리적 경험과의 거리에 따라 주어지는 상대적인 구분일 뿐이다. 또한 콰인에게 있어서는 어떤 명제도 다른 명제들과 전적으로 독립되어 있지 않고 다양한 거리를 두고 관련을 맺고 있다. 이것이 그가 취하고 있는 의미의 '전체론'(holism)이다. 논리실증주의자들이 취하는 의미의 환원주의는 어떤 명제의 의미가 그것을 확증 또는 반증해 주는 단일한 경험과의 일대일 대응 관계에 의해서 결정될 수 있다고 본다. 반면에 콰인이 제시하고 있는 전체론은 단일한 경험이 어떤 전체로서의 이론, 즉 신념의 체계와 괴리를 나타낼 수 있지만, 그렇다고 해서 이 경험이 그 신념들 중 어느 것이 수정되어야 할 것인지를 명확하게 명시하지는 못한다는 것이다. 콰인은 이러한 전체론을 "외적 세계에 대한 진술들은 감각적 경험에 의해 개별적으로 판정되는 것이 아니라 오로지 하나의 집합적 체계(corporate body)로서만 판정된다"고 말한다. Quine, "Two Dogmas of Empiricism," p. 41.

이다. 그러나 데이빗슨은 콰인이 의미의 상호 주관성의 궁극적 보루로서 의지하고 있는 '자극 의미'가 여전히 경험주의적인 관찰/이론 구분의 잔재라고 보는 한은 이를 받아들이려고 하지 않는다. 그는 대신에 콰인이 수용하고 있는 자비의 원리를 전반적으로 확장해서 적용함으로써 의미의 상호 주관성이 구제될 수 있다고 본다.[28)]

자비의 원리는 콰인의 '원초적 번역'(radical translation) 이론과 관련해서 중요하게 도입되고 있다.[29)] 콰인은 우리에게 전혀 알려져 있지 않은 어떤 원시 종족의 언어를 번역하게 되는 상황을 가정한다. 이러한 상황에서 번역자는 그 원시인의 말이 무엇을 어떻게 지칭하고 있는지, 또는 그가 말하는 것이 과연 하나의 단어인지, 아니면 하나의 문장인지조차도 알 수가 없다. 이러한 상황에서 번역자는 단지 그 원시인의 발성과 행동, 그리고 그가 처해 있는 환경 등에 의존해 번역을 시도하게 된다. 콰인은 이러한 상황을 '원초적 번역'이라고 부른다. 콰인의 낡은 예를 빌면 토끼가 뛰어갈 때마다 그 원시인이 "가바가이!"(gavagai)라고 말한다면 번역자는 그 반복적인 상황을 토대로 그것이 "야, 토끼다!"라고 번역할 수도 있을 것이다. 그러나 콰인의 비결정성 이론이 말하는 것은 과연 그 원시인의 '가바가이'라는 말이 ① 토끼의 몸의 부분, ② 토끼의 특정한 성장 단계, 또는 ③ 토끼가 차지하고 있는 시간과 공간 중 어느 것을 가리키는지는 아무리 동일한 상황이 반복되어도 결정할 수 없다는 것이다. 왜냐하면 이 세 경우가 모두 그 원시인이 '가바가이'라고 말하는 언어적인 상황에서의 모든 경험적 증거들과 동등하게

---

28) 자비의 원리는 윌슨(Neil Wilson)에 의해 처음 소개된 것으로 알려져 있다. Hacking, *Why Does Language Matter to Philosophy?* pp. 147~48 참조.

29) Quine, *Word and Object*, 2장 참조.

합치되기 때문이다.

따라서 원초적 번역 상황에서는 번역자가 전혀 예기치 않은, 또는 번역자의 언어로서 납득하기 힘든 번역이 얼마든지 생겨날 수 있다. 이러한 번역의 난점을 해결하기 위해 도입되고 있는 것이 자비의 원리인데, 콰인은 어떤 번역이 우리가 받아들이기 어려운 어떤 것일 때는 그 이유가 "〔그 원시인의〕 지나친 어리석음이라기보다는 나쁜 번역일 가능성이 크다"[30]고 말한다. 말하자면 자비의 원리는 번역에 있어서 그 원시인에게 우리의 합리적 기준을 넘어서는 과도한 어리석음을 부과하지 말 것을 요구한다.

그러나 데이빗슨은 콰인이 이 자비의 원리를 충분하게 확장시키지 않고 있으며, 그 때문에 콰인이 개념체계라는 개념에 기울게 된다고 본다. 데이빗슨은 이 자비의 원리를 확장시킴으로써 적어도 콰인이 생각하는 비결정성의 정도를 현저하게 줄일 수 있다고 보는 것이다.[31] 그래서 데이빗슨은 그 원시인이 '가바가이'라고 말했을 때, 거짓말을 하지 않고 참된 말을 하고 있다는 것을 우리가 어떻게 결정할 수 있는가 하는 문제, 또는 예를 들어 "이것은 토끼이며, 동시에 토끼가 아니다"와 같은 번역이 되었을 경우의 문제 등을 이 자비의 원리를 통해 대처할 수 있게 된다. 말하자면 대부분의 경우에 그 원시인이 자신의 일상적 신념과 이해에 반한 거짓을 말해야 할 이유가 없을 뿐만 아니라 그들이 우리에게 있어서는 명백하게 모순적인 것을 전혀 모순이 아닌 것으로 받아들이는 비합리적 종족이라고 간주해야 할 이유도 없다는 것이다.

그러나 우선 지적할 수 있는 것은 이 자비의 원리가 실제적인 해석의

---

30) 같은 책, p. 59.

31) Davidson, "The Inscrutability of Reference," *Inquiries*, pp. 228~29 참조.

적용 과정을 설명하거나 기술하는 이론이 아니라는 점이다. 이 점은 월러스(J. Wallace)의 논문에 대한 램버그(B. Ramberg)의 반론을 통해서 뚜렷이 드러난다. 월러스는 벤트리스(M. Ventris)의 B 선문자(Linear B) 해독의 경우에 비추어 콰인-데이빗슨이 주장하는 원초적 번역/해석[32] 이론을 비판하고 있는데, 이 경우에 자비의 원리가 구체적으로 적절하게 적용되지 않는다는 점을 들어 이 원리가 내용이 없는 무의미한 것이라고 주장한다.[33] 여기에서 월러스가 중요하게 지적하고 있는 것은 벤트리스가 B 선문자를 해독하는 과정에서는 콰인-데이빗슨이 근원적 번역/해석을 통해서 제안하고 있는 것처럼 문장과 문장이 일대일의 방식으로 해독되는 것이 아니라 거기에 덧붙여 '주석'(gloss)이 필요하다는 것이다.

그러나 램버그는 월러스의 주장이 중대한 오해를 바탕으로 하고 있으며, 이것은 데이빗슨의 원초적 해석 이론을 "어떻게 해석하면 안 되는지를 보여 주는 교훈적 실례"[34]라고 혹평한다. 램버그는 벤트리스의 B 선문자 해독의 경우에는 콰인-데이빗슨의 원초적 번역/해석의 조건이 기본적으로 제외하고 있는 해석자의 '전제적 믿음들'이 개입된다는 점에서 서로 관련지어 논의될 수 없다고 주장한다. 즉 고대 문자를 해

---

32) 데이빗슨은 콰인의 '근원적 번역'과 유사한 상황으로 '원초적 해석'(radical interpretation)이라는 상황을 도입한다. 물론 이 글에서는 무시될 수 있는 것이지만 이 둘의 차이란 '번역'이 두 언어의 구조적 관계에 중점을 두는 반면, '해석'은 어떤 언어의 구조와 의미의 관계에 중점을 두고 있어서 의미론적인 강조를 보인다는 점이다. Davidson, "Radical Interpretation," *Inquiries*, p. 126의 각주와 pp. 129~30, 또 Quine, *Word and Object*, p. 28 참조.

33) John Wallace, "Translation Theories and Decipherment of Linear B," in Ernest LePore, ed. (1986): 211~234 참조.

34) Bjorn Ramberg, *Donald Davidson's Philosophy of Language: An Introduction* (Oxford: Basil Blackwell, 1989), p. 66.

독하는 상황에서는 그 해독자들은 이미 자신들이 무엇을 왜 해석하려고 하는지에 관해, 그것이 심리학적이든 생물학적이든, 또는 역사학적이든 해석의 단초로서 어떤 선결된 신념들을 갖고 있다는 것이다. 그래서 램버그는 "원초적 해석 과정은 언어 능력에 대한 이론적 기술(記述), 즉 화행 해석을 실행하는 것에 대한 합리화이지, 번역자가 사용하는 방법들과 같은 실제 과정에 대한 기술을 의미하는 것이 아니다"[35]라고 결론짓는다.

램버그의 반론은 물론 기본적으로 데이빗슨의 편에 서는 것이지만, 동시에 정당성을 갖는 것으로 보인다. 램버그는 자비의 원리를 다음과 같이 기술한다.

> 자비의 원리는 …… 해석자인 우리에게 아무런 조언도 제공하지 않으며 어떠한 해석적 전략도 제시하지 않는다. 그것은 자기 발견적 장치가 아니며, 그렇다고 해서 그저 지나쳐 버릴 수 있는 어떤 것도 아니다. 즉 그것은 해석의 가능성의 조건이다.[36]

그러나 우리가 이 원리의 실제적 적용의 문제를 유보한다 하더라도 이 원리가 왜 하나의 원리로 수용되어야만 하는가를 물을 수 있다. 즉 램버그의 견해처럼 그것이 '해석 가능성의 조건'이라면 이 조건의 정당

---

35) 같은 곳. 램버그는 계속해서(pp. 74~75) 해킹이나 루크스도 역시 이 점에 있어서 월러스와 동일한 혼동을 하고 있다고 지적한다. 램버그는 여기에서 Hacking, *Why Does Language Matter to Philosophy?* pp. 149~50, 그리고 Steven Lukes, "Relativism in Its Place," in Martin Hollis and Steven Lukes, eds., *Rationality and Relativism* (Oxford: Basil Blackwell, 1982), p. 262에서의 논의를 들고 있다.

36) 같은 책, p. 74.

성은 어디에서 오는가 하는 것이다. 이 문제에 관한 한 우리는 데이빗슨 자신의 명쾌한 해답을 기대할 수 없다. 왜냐하면 데이빗슨 자신도 여전히 스스로에게 이 의문을 제기하고 있을 뿐만 아니라 이에 대한 어떠한 대답도 일종의 순환성을 갖게 된다는 것을 인정하고 있기 때문이다.[37] 데이빗슨 자신은 자비의 원리가 우리가 '합의의 최대화'—또는 불일치의 최소화—를 달성하기 위해서, 그리고 그것도 '일종의 올바른 합의'에 도달하기 위해서 요구되는 필수적인 원리라고 말하고 있지만, 과연 올바른 합의가 무엇인지를 자신도 구체적으로 규정하지는 못하고 있다.[38] 대신에 그는 이렇게 말한다.

> 자비는 선택이 아니고 실제적인 〔원초적 해석〕 이론을 확보하는 조건이기 때문에, 이것을 보증함으로써 대규모적 오류에 빠지게 될 수도 있다는 생각은 무의미하다. …… 자비는 우리에게 강요되는 것이다. 즉 우리가 좋아하든 좋아하지 않든, 우리가 타인들〔의 언어〕를 이해하고자 한다면, 그들이 대부분의 경우에 있어서 옳은 〔신념을 갖고 있는〕 것으로 간주해야만 한다.[39]

> 만약 우리가 어떤 존재의 발화나 다른 행위들을 우리의 기준에 의거해서 볼 때 대체로 무모순적이고 참된 몇몇 신념을 드러내는 것으로 해석할 수 있는 방식을 발견할 수 없다면 우리는 그 존재가 합리적이며, 신념들을 갖고 있으며, 또 무슨 말인가를 하고 있는 것으로 간주해야 할 아무런 이유도 갖지 못하게 될 것이다.[40]

---

37) Davidson, "Belief and the Basis of Meaning," *Inquiries*, p. 142, 또 같은 책, pp. xvii, 137 참조.

38) 같은 책, p. xvii.

39) Davidson, "On the Very Idea of a Conceptual Scheme," p. 197.

여기에서 우리는 심각한 논란의 가능성을 보게 된다. 즉 이 원리에 의하면 우리(의 언어)와 합치하지 않는 언어 집단은 비합리적인 것으로 규정될 수도 있다. 더구나 합리성 자체가 상대적이라는 상대주의적 주장을 받아들이게 될 경우에는 이 자비의 원리는 아무런 쓸모도 없게 될 뿐만 아니라 번역자의 상대적 합리성을 원시인에게 부과하는 제국주의적 원리가 될 수도 있다. 물론 데이빗슨은 이러한 가능성을 인정하지 않는다. 왜냐하면 이 원리는 그들이 이미 합리적인 언어 집단이라는 사실을 인정할 것을 요구하고 있기 때문이다. 데이빗슨은 이 주장을 지지하는 논의를 제시하지 않고 있다. 그러나 사실은 그것을 제시할 수 없다는 것이 더 정확한 말이 될 것이다. 그래서 맥긴(C. McGinn)은 데이빗슨이 주장하는 자비가 "모종의 초월론적인 논증"에 근거한 "고집되어야 할 교훈"일 뿐이라고 말한다.[41)]

이러한 데이빗슨의 논의의 순환성은 그가 취하고 있는 기본적인 철학적 태도와 밀접하게 관련되어 있다. 이러한 맥락에서 우리는 먼저 데이빗슨을 일종의 반상대주의자라고 규정할 수 있는데, 이것은 개념체계 개념에 대한 그의 비판을 통해서 명백하게 드러난다. 그리고 데이빗슨이 상대주의를 거부하는 가장 큰 이유는 앞서 지적했던 것처럼 그것이 초래하는 비합리주의다. 그래서 합리성에 관한 데이빗슨의 논의는 그의 철학을 일종의 합리론적 관념론으로 이끌게 된다.[42)] 말하자면 그

---

40) Davidson, "Radical Interpretation," *Inquiries*, p. 137. 이와 유사한 언급은 같은 책, pp. 153, 169에서도 보인다.

41) Colin McGinn, "Charity, Interpretation, and Belief," *Journal of Philosophy*, 74 (1977), p. 522.

42) 관념론의 철학적 난점에 대해서는 여기에서 상론할 필요는 없다고 본다. 그러나 데이빗슨의 이러한 철학적 태도가 자신의 철학적 체계 안에서 하나의 갈등으로 드러나게 된다는 점은 지적할 만하다. 에브나인은 데이빗슨이 자신의 심리철학적 논의에서 뚜렷하게

는 우리에게 하나의 이분법적 딜레마를 제시함으로써 증명될 수 없는 어떤 것을 받아들이도록 요구하고 있는 것이다. 데이빗슨이 우리에게 제시하는 이분법은 우리가 자비의 원리를 받아들임으로써 상이한 언어 집단들 간에 공유된 합리성을 인정하고 그것에 근거한 해석의 가능성을 인정하거나, 아니면 이 원리를 부인함으로써 자가당착적인 상대주의에 굴복하는 것이다.

3. 개념체계의 재고

지금까지의 논의를 통해 우리는 개념체계에 대한 데이빗슨의 논의가 자신의 철학 체계에 있어서 가장 독창적이며 동시에 가장 논란적인 논제라고 할 수 있는 '규범적 합리성'에 근거하고 있음을 보았다. 필자는 여기에서 다시 상대주의에 관한 데이빗슨의 논의를 간략하게 재검토함으로써 이 글의 결론적 논의로 나아가려고 한다.

먼저 개념체계라는 개념이 내포하고 있는 주된 주장은 우리의 인식에 있어서 관찰자의 특성이 적극적인 역할을 하며, 따라서 동일한 대상이 관찰자가 수용하는 개념체계에 따라 상이한 대상으로 인식된다는 것이다. 이러한 주장은 이론과학뿐만 아니라 경험과학의 여러 분야에서 거부하기 힘든 설득력을 갖고 집요하게 지지되고 있는데, 이것은 동시에 오늘날 제기된 거의 모든 상대주의적 논의들에서 찾아볼 수 있는

인과론을 지지하는 경험주의적 태도를 유지하고 있기 때문에, 이것이 때로 자신의 언어철학적 논의를 통해서 나타나는 관념론적인 태도와 해명하기 힘든 마찰을 가져온다고 지적한다. 이에 관해서는 Simon Evnine, *Donald Davidson* (Stanford, Cal.: Stanford University Press, 1991), 8~9장 및 「결론」 참조.

공통적인 주제다. 그러나 데이빗슨의 주장에 따르면 '개념체계'라는 개념은 그 자체로 풀 수 없는 딜레마를 안게 된다는 것이다. 즉 상이한 개념체계라는 것이 가능하기 위해서는 개념체계들 사이에 비교가 가능해야 하지만, 개념체계라는 개념 자체가 전제하는 '번역 불가능성'이 이것을 부정하게 된다. 따라서 데이빗슨은 이 개념을 그 자체로 비정합적이며, 적용 가능성이 없는 공허한 개념으로 단정하고 그것을 전적으로 폐기할 것을 요구한다.

필자는 기본적으로 개념체계가 상대주의를 야기한다는 데이빗슨의 주장을 옳은 것으로 본다. 그러나 개념체계라는 개념 자체를 전적으로 폐기해야 한다는 그의 주장은 좀 더 상세한 논의를 필요로 한다고 본다. 이러한 논의의 계기로 우리는 데이빗슨이 공격의 표적으로 설정한 개념체계라는 개념이 필연적으로 '번역 불가능성'과 '중립적 내용'을 수반하는 것으로서 도식적으로 해석되고 있다는 점에 주목할 필요가 있다. 적어도 데이빗슨의 논의는 자신이 규정하는 것으로서의 개념체계 개념을 거부하는 데에는 성공적인 것이 사실이다. 그러나 여기에서 필자가 주장하려는 것은 개념체계라는 개념이 반드시 번역 불가능성을 전제해야 할 이유가 없으며, 따라서 반드시 극단적인 상대주의를 야기해야 할 이유도 없다는 것이다. 왜냐하면 우리가 개념체계라는 개념을 어떤 적절한 방식으로 수정함으로써 개념체계들 간에 전적인 번역 불가능성을 피할 수 있는 이론이 가능할 수도 있기 때문이다. 데이빗슨의 논의는 처음부터 이러한 가능성을 전적으로 배제한 채 진행되고 있는 것이다.

이러한 데이빗슨의 태도는 비결정성의 해결을 위해서 그가 의지하는 자비의 원리의 한계를 통해 드러난다. 콰인에 의해서 제기된 비결정성 이론은 개념체계라는 개념에 중요한 방식으로 의존하고 있지만, 데이빗슨은 자비의 원리를 충분히 확장함으로써 개념체계라는 개념을 제거한 채로 비결정성의 문제에 대처할 수 있다고 본다. 그러나 앞서 지적했던 것처럼 자비의 원리는 규범적인 본성을 갖는다. 데이빗슨은 자신의 논의를 통해서 이 자비의 원리를 불가피한 어떤 것처럼 보이도록 애쓰고 있지만 그것은 결국 강한 권고일 뿐, 결코 어떤 실제적인 설명력을 지닌 원리가 될 수는 없다. 말하자면 자비의 원리는 그 정당성을 데이빗슨의 반상대주의적 철학적 신념에 근거한 객관적 합리성이라는 개념에 의해서만 보증 받을 수 있는 규범적 원리인 것이다. 그리고 다시 이 객관적 합리성이라는 개념의 정당성은 그가 주장하는 바의 상대주의의 비정합성에 의해서 보증된다. 이것은 기본적으로 데이빗슨이 자신의 객관주의적 신념과 상대주의를 이분법적으로 받아들이고 있다는 것을 보여 준다.

자비의 원리는 우리에게 원초적 해석에 있어서 생겨나는 비결정성에 대해서 관대하게 대처하라고 요구할 뿐, 실제로 비결정성의 문제에 대해 그 이상의 아무것도 설명하지 않는다. 데이빗슨은 비결정성의 문제가 하나의 독립된 이론, 이를테면 개념체계 같은 것에 의해서 설명되기보다는 자비의 원리에 의해 해소될 수 있는 정도의 문제로 과소평가하는 것으로 보인다. 그래서 우리는 데이빗슨이 상대주의를 다루는 데 있어서는 철저하게 도식적인 엄밀성을 요구하면서도 자신의 자비의 원리에 대해서는 너무 관대한 태도를 갖지 않는가 하는 의구심을 갖게 된다. 아무튼 우리는 데이빗슨의 자비의 원리가 비결정성이라는 문제에 직접적으로 대처하는 데 적절한 원리가 아니라고 말할 수 있으며, 그래서 우리는 데이빗슨 류의 초월론적 논의를 벗어날 수 있는 새로운 접근의 필요성을 제안할 수 있다. 물론 하나의 체계적 대안을 제시한다는 것은 이 글의 한계를 넘어서는 과제가 될 것이다. 그러나 우리가 개념체계라는 개념을 좀 더 유연한 방식으로 수용할 수 있다면, 비합리주의적이며 허무주의적인 상대주의를 피할 수 있는 개념체계 개념이 가능하다는 것을 제안할 수 있다.

셀리나스(R. Selinas)의 논의는 이러한 가능성을 시사해 주는 좋은 예가 된다. 그는 명백한 것으로 보이는 개념체계 개념의 정당성과 데이빗슨이 지적하는 비정합성 사이의 갈등이 개념체계에 대한 두 가지의 논의 방식에서 생긴다고 본다. 즉 '부분적' 개념체계와 '보편적' 개념체계가 그것이다.[43] 이 구분에 의하면 데이빗슨의 논의는 전적으로 보편적 개념체계에 국한되어 있다. 따라서 만일 이러한 부분적 개념체계의 구성이 가능하게 된다면 개념체계 개념이 상대주의와 맞물려 있다는 데이빗슨의 주장을 수용한다 하더라도 우리는 상대주의에 대한 새로운 논의의 가능성을 찾을 수 있게 된다. 즉 '완화된 상대주의'(modified relativism)의 가능성이 그것이다.

실제로 오늘날의 많은 철학자들은 객관주의와 상대주의 사이에 자리하는 일종의 완화된 상대주의의 가능성을 모색하고 있다.[44] 이러한 상대주의는 마골리스(J. Margolis)의 표현을 빌면 "제3의 비교적 알려져 있지 않은, 그러나 무해한 종류의 상대주의"[45]다. 마골리스는 이러한

43) Roberto Salinas, "Realism and Conceptual Schemes," *Southern Journal of Philosophy*, 27, no. 1 (1989), p. 104 참조.

44) 이러한 가능성은 상이한 방식을 통해서 콰인, 굿맨, 퍼트남, 로티, 번스타인 등에 의해 모색되고 있다. 논의의 전개에서 드러나는 몇몇 중요한 차이들을 무시하고 이야기한다면 이들의 기본적인 태도는 일단 상대주의적 요소를 어떤 한계 내에서 인정하고 그것이 극단적인 형태로 전락하는 것을 막아 주는 제약을 확보하려는 방식으로 이루어진다. 오늘날 철학자들 간에 찾아볼 수 있는 이러한 지배적인 경향을 감안할 때 데이빗슨의 완고한 반상대주의적 태도는 상대주의에 어떠한 자리도 할애하려고 하지 않는다는 점에서 다소 예외적이라고 할 수 있다.

유형의 상대주의의 모색이 오늘날 거의 모든 철학자들이 참가하고 있는 게임이라고 말한다.[46] 필자는 이러한 맥락에서 데이빗슨의 예외성이 그가 상대주의의 문제를 다루는 데 있어서 취하고 있는 이분법적인 태도에서 비롯된다고 본다. 말하자면 데이빗슨의 철학적 구도 안에서는 '상대주의 아니면 객관주의'만이 가능한 것이다. 그리고 상대주의의 철저한 거부가 자신의 객관주의적 신념의 정당성을 확보하기 위해 그가 취하고 있는 기본 전략이다. 그러나 그의 자비의 원리는 자신의 객관주의적 신념과 상호 순환적 보증이라는 난점을 드러내게 되며, 따라서 실제적으로는 아무런 새로운 것도 보여 주지 못한다는 것은 이미 앞서 지적했다.

필자는 객관주의와 상대주의 사이의 이분법적 사고가 오늘날 철학이 극복해야 할 가장 큰 난제라는 퍼트남의 지적에 기본적으로 동의한다.[47] 퍼트남은 이 이분법적 사고의 해체라는 과제를 자신이 제시하는 내재적 실재론의 자체적인 딜레마 때문에 성공적으로 해결하지는 못했지만, 그가 설정한 과제는 여전히 정당성을 갖는 것으로 보인다.

넓은 의미에서 본다면 데이빗슨의 시도도 이 범주에 속하는 것이지만, 그의 시도는 기본적으로 이 이분법적 구도에서 출발해서 그 한쪽을 철저히 제거함으로써 문제를 해결하려는 노력이다. 말하자면 그 기본 전략 자체가 여전히 이 이분법적 구도 안에 사로잡혀 있는 것이다. 로티는 거꾸로 객관주의적 요소를 철저히 제거하는 방식을 시도했지만, 그도 여전히 데이빗슨과 동일한 구도에 묶여 있기는 마찬가지다. 그들

---

45) Joseph Margolis, *Pragmatism without Foundations: Reconciling Realism and Relativism* (Oxford: Basil Blackwell, 1986), p. xiii.

46) Margolis, *The Truth about Relativism* (Oxford: Basil Blackwell, 1990), p. 191 참조.

47) Putnam, *Reason, Truth and History*, "Preface" 참조.

은 이분법적 사고 안에서 이것을 해체하려고 하지만, 이것은 흘러내리는 빗물을 피해 방안의 가구들의 위치를 바꾸는 것 이상의 결과를 기대할 수 없다. 객관주의와 상대주의의 이 이분법적 갈등을 해체하는 데 있어서는 문제를 근원적으로 재구성하는 새로운 전략이 필요한 것이다. 이렇게 해서 전개되는 새로운 이론은 우리의 인식에 있어서 개념체계라는 개념을 전적으로 제거하는 것이 아니라, 그 작용 방식을 긍정적으로 설명할 수 있는 어떤 것이 되어야 할 것이다.

제9장 번역은 비결정적인가?

콰인(W. V. O. Quine)이 제시하는 '번역의 비결정성'(indeterminacy of translation) 이론은 일련의 동일한 경험적 증거에 각각 합치하면서도 상호 양립 불가능한 다양한 번역(또는 해석) 체계가 상이한 두 언어 사이에 가능하다는 주장을 담고 있다. 비결정성 이론의 핵심적 의도는 의미에 있어서 경험에 의해 제약되지 않는 변이가 존재한다는 것을 보이려는 것이다. 이러한 제안은 모든 경험적 명제의 의미가 경험의 법정에서 검증되어야만 하며, 동시에 모든 의미 있는 명제는 궁극적으로 경험적 명제로 환원될 수 있다는 '환원주의적 의미 이론'에 대한 정면 도전이다. 철학자들은 이 이론에 대해 지난 30여 년 동안 지속적인 논란을 벌여 왔지만 이 이론의 핵심적 문제들에 관해 아직 어떠한 합의에도 이르지 못하고 있는 것으로 보인다. 이러한 맥락에서 깁슨(R. Gibson)은 비결정성 이론의 정확한 공식화가 무엇인지, 이 이론의 주장이 무엇인지, 이 이론과 콰인의 다른 이론들과의 관계가 무엇인지, 또한 이 이론이 옳은지 그른지에 관해 어떠한 합의도 이루어지지 않고 있다고 지적한다.[1)]

이러한 지속적인 논란의 난맥상은 이 이론에 대한 지지자들—콰인

---

1) Roger Gibson, "Translation, Physics, and Facts of the Matter," in Lewis Hahn and Paul Schilpp, eds., *The Philosophy of W. V. Quine* (La Salle, Ill.: Open Court, 1986), p. 139.

자신을 포함한—과 반대자들 사이에 양측이 접근하지 못했던 논의의 공백 지대가 존재한다는 생각을 갖게 하는데, 필자는 그 공백 지대가 바로 콰인 자신이 드러내려고 했던 경험에 의해 제약되지 않는 변이라고 본다. 즉 이 부분에 대한 좀 더 구체적인 해명이 주어지지 않는 한 비결정성 이론에 관한 논란은 공전을 피할 수 없을 것이다. 이 글의 주된 목적은 바로 이 논의의 공백 지대에 대한 좀 더 구체적인 해명을 시도함으로써 비결정성 이론의 핵심적 주장을 명료하게 드러내고, 나아가 이 이론의 긍정적 해석의 가능성을 제시하려는 것이다.

동시에 여기에서 필자가 주목하는 것은 비결정성 이론이 상대주의라는 유혹과 위협에 긴밀하게 묶여 있다는 사실이다. 그리고 이것은 비결정성 이론이 그릇된 것이라고 주장하는 대부분의 비판자들이 공유하는 우려이기도 하다. 따라서 상대주의에의 우려라는 과제가 해결된다면 콰인의 비결정성 이론은 훨씬 더 넓은 철학적 논의의 입지를 확보하게 될 것이다. 다시 말해서 비결정성 이론의 중요성은 객관주의적 의미 이론에 의해 간과되었던 의미의 상대성에 대한 해명의 가능성을 열어 주는 데 있다. 말하자면 의미의 상대성은 거부되거나 해소되어야 할 문제가 아니라 해명되어야 할 문제다. 그러나 비결정성 이론의 이러한 긍정적 의도에도 불구하고 콰인 자신은 이 문제에 대한 충분한 해명에 이르지는 못한 것으로 보인다.

여기에서 필자가 의지하려는 관점은 최근 미국을 중심으로 새롭게 형성되어 가고 있는 '체험주의'다. 체험주의는 오늘날 인지과학과 관련된 다양한 경험과학의 광범위한 성과를 바탕으로 우리의 사고와 이해에 관해 포괄적인 해명을 시도하는데, 그것은 '완화된 상대주의'의 가능성을 제시함으로써 상대주의가 반드시 자가당착적 허무주의의 위험성을 초래하지는 않는다는 것을 보여 준다. 필자는 콰인의 비결정성 이론이 바로 완화된 상대주의의 가능성에 대한 하나의 제안이라고 생각하며, 이러한 맥락에서 체험주의가 비결정성 이론이 함축하는 상대주의적 전향에 대한 적절한 해명의 가능성을 제시해 준다고 본다.

이러한 논의에서 중요한 주제가 되는 것은 '개념체계'(conceptual scheme)라는 개념이다. 필자는 콰인이 제시하는 번역의 비결정성이 상이한 언어 체계가 갖는 상이한 개념화 방식, 즉 개념체계의 산물이라고 본다. 그러나 콰인에게 있어서 개념체계라는 개념에 관한 적극적인 논의를 가로막고 있는 것은 이 개념이 그 자체로 공허한 것일 뿐만 아니라 궁극적으로 허무주의적 상대주의를 초래한다는 데이빗슨의 강력한 비판일 것이다. 그러나 체험주의에 따르면 개념체계라는 개념이 데이빗슨이 주장하는 것처럼 결코 공허하지도 않으며, 또한 그 개념의 수용이 반드시 허무주의적 상대주의를 초래하지도 않는다. 개념체계에 대한 이러한 해명은 비결정성 이론이 허무주의적 상대주의라는 우려로부터 벗어날 수 있게 함으로써 이 이론에 대한 좀 더 포괄적이고 긍정적인 해석의 가능성을 제시해 준다.

필자는 먼저 원초적 번역 상황에 대한 서술을 통해 비결정성 이론의 기본적 주장을 요약하고, 이어서 비결정성이 학습을 통해 극복될 수 있다는 일련의 반론을 검토함으로써 이 이론이 제기하는 문제의 위치를 명확히 설정하는 예비적 논의로 삼을 것이다. 나아가 필자는 체험주의의 입장을 빌어 '개념체계'를 보다 더 포괄적으로 해명함으로써 개념체계 개념에 의거한 비결정성 이론의 긍정적 해석 가능성을 제시할 것이다. 이러한 시도가 성공적일 수 있다면 콰인의 비결정성 이론은 '완화된 상대주의'의 가능성에 대한 하나의 적극적 표현으로서 중요한 철학적 생명력을 갖게 될 것이다.

1. 원초적 번역과 비결정성

비결정성 이론은 두 사람의 화자가 동일한 감각 자극에 대해 동일한 성향의 언어적 행동을 공유하고 동일한 발화를 사용한다고 하더라도 그들이 표현하는 의미와 관념은 상호 양립 불가능한 방식으로 다양하게 나타날 수 있다고 주장한다. 콰인 자신은 이 이론을 "한 언어를 다른 언어로 번역하는 데 사용되는 편람은 다양한 방식, 즉 모든 편람이 화행의 성향들의 전체와 양립 가능하면서도 편람들 사이에는 양립 불가능한 방식으로 정해질 수 있다"[2]는 말로 표현한다.

비결정성 이론을 극적으로 예시하기 위해 콰인은 '원초적 번역'(radical translation)이라는 상황을 소개하는데,[3] 원초적 번역이란 번역자에게 전혀 알려져 있지 않은 낯선 언어, 예를 들면 어떤 원시 종족의 언어를 사전이나 번역 지침 등과 같은 부가적 자료의 도움이 없이 번역자의 모국어로 번역하는 상황을 말한다. 이 경우에 "〔그 번역자〕가 갖게 되는 객관적 자료는 그 원시인의 표피에 부과되는 것으로 보이는 작용들, 그리고 그 원시인의 관찰 가능한 행동—음성 등—뿐이다."[4] 즉 번역자에게 주어지는 정보란 원시인들이 발성하는 소리와 그들이 발성할 때의 동작 등을 포함한 물리적 상황이 전부다.

콰인의 예를 다시 한 번 상기해 보자. 우리가 '토끼'라고 부르는 동물이 뛰어가는 것을 보고 그 원시인이 '가바가이'(gavagai)라고 소리 질렀을 때, 번역자는 그것이 과연 토끼를 가리키는 것인지는 물론이고,

---

2) Quine, *Word and Object* (Cambridge, Mass.: MIT Press, 1960), p. 27.

3) 같은 책, 2장 참조.

4) 같은 책, p. 28.

그것이 하나의 문장인지 단어인지조차도 알 수가 없다. 따라서 번역자는 외부적으로 주어진 물리적 자료를 토대로 임의의 추측을 할 수밖에 없다. 번역자는 우선 시험적으로 '가바가이'를 '토끼'라고 정할 수 있다. 번역자는 유사한 상황에서 그 원시인에게 긍정과 부정의 답을 할 수 있는 질문을 반복함으로써 그 시험적 번역을 검증해 볼 수 있을 것이다. 그리고 그러한 과정을 통해 '가바가이'가 흰색 토끼만을 가리킨다든지, 또는 맑은 날 뛰어가는 토끼만을 그렇게 부른다든지 등을 알아낼 수 있을 것이다.

그러나 그 번역자가 '가바가이'에 대해서 그러한 상세한 모든 것들을 알아냈다고 하더라도 '가바가이'가 과연 '토끼', '토끼 단계', '토끼의 분리되지 않은 몸의 부분', '토끼가 차지하고 있는 시간과 공간' 중 어느 것을 가리키는지는 알아낼 수 없을 것이다. 이 의미들은 모두가 화자와 번역자가 경험하는 물리적 경험 내용과 각각 아무런 괴리 없이 맞아들어 가지만 이 의미들 사이에는 합치될 수 없는 괴리가 있을 수 있다. 따라서 번역자는 모든 경험적 증거가 다 주어진다고 해도 여전히 어떤 화자의 '가바가이'라는 발화가 이것들 중 어느 것과 일치하는지를 결정할 수 없다. 이것이 콰인이 제시하는 '번역의 비결정성'이다.

콰인은 『언어와 대상』(*Word and Object*)에서 비결정성 이론을 제기한 이래로 30여 년이 지난 오늘날까지도 여전히 이 이론에 대해 확고한 입장을 유지하고 있다. 콰인은 최근의 그의 저작에서 다소 변화된 언급을 하고 있지만, 그것은 이 이론의 본질적 변화가 아니라 비판자들을 염두에 둔 좀 더 다듬어진 재진술에 불과하다. 그는 최근의 저술에서 원초적 번역 상황의 여러 요소들을 하나하나 재검토한 뒤에 비결정성 이론을 다음과 같이 요약한다.

이러한 고찰을 통해서 볼 때 정글에서 독자적으로 작업하는 두 사람의 원초적 번역자가 교환 가능한 편람에 도달하리라고 기대해야 할 이유는 거의 없다. 그들의 편람들은 원시인들의 모든 행동—그 편람들에 의해 기대의 이유가 주어지는—의 관점에서 구별이 불가능할지도 모른다. 그렇지만 각각의 편람은 다른 번역자가 거부하는 몇몇 번역을 규정하고 있을지도 모른다. 그것이 번역의 비결정성이다.[5)]

비결정성 이론은 동일한 물리적 경험에 부합되는 상호 양립 불가능한 다양한 의미들이 가능하다고 주장한다. 이 때문에 원초적 번역 상황처럼 동일한 경험적 상황에서 원시인의 문장이 번역자 언어 체계의 문장과 불일치할 가능성이 있다. 다시 말해서 옳은 번역을 결정하기 위해 의거해야 할 제3의 중립적 '사실'이 존재하지 않는다는 것이다.[6)] 즉 원초적 번역 상황에서 그 원시인이 여러 의미 중 어떤 것을 사용하고 있다는 사실 자체를 부정하는 것이 아니라 번역자가 여러 가지 가능한 경쟁적 번역들 중 어떤 것을 옳다고 결정하는 데 의거해야 할 객관적 기준이 존재하지 않는다는 것이다.

이것은 의미에 있어서 감각적 경험을 넘어서는 요소들이 개입된다는 것을 말하며, 그 요소들이 산술적 또는 환원주의적 조작에 의해 결정되지 않는다는 것을 말한다. 콰인 자신의 지적처럼 우리가 낯선 언어의

---

5) Quine, *Pursuit of Truth* (Cambridge, Mass.: Harvard University Press, 1990), pp. 47~48.

6) Quine, *Word and Object*, pp. 70, 73; *Ontological Relativity and Other Essays* (New York: Columbia University Press, 1969), p. 38; "Things and Their Place in Theories," in his *Theories and Things* (Cambridge, Mass.: Harvard University Press, 1981), p. 23 참조.

원초적 번역이라는 관점에서 사고하는 것은 다만 관련된 사실들을 극적으로 보여 주려는 것이며, 실제로 이 사고 실험의 중심적 의도는 의미에 있어서 경험에 의해 제약되지 않는 변이, 즉 '경험적 이완'(empirical slack)의 존재를 보이려는 것이다.[7)]

우리는 원초적 번역 상황에서 원시인과 번역자가 사용하는 문장이 순수하게 물리적 경험 내용만을 담고 있다면 정확한 번역이 가능할 것이라고 가정해 볼 수 있다. 그러나 콰인은 문장의 의미가 단순히 물리적 경험 내용에 의해서만 결정되는 것은 아니라고 본다. 이 때 동일한 경험 내용에 대해 의미의 변이를 불러오는 요소의 하나로 콰인은 '부대적 정보'(collateral information)를 든다. 말하자면 번역 상황에서 직접 주어지지는 않지만 원시인의 의미 결정에 영향을 미치는 과거의 경험, 상황의 특수한 변화 등의 영향이 커질수록 문장의 관찰성은 감소하게 된다.[8)] 그러나 이러한 특별한 부대적 정보의 유입은 다양한 시간과 장소에서 '가바가이'의 반복적인 긍정과 부정을 시험함으로써 분리해 낼 수도 있다. 실제로 콰인이 비결정성 이론을 통해 드러내려는 것은 의미의 결정에 있어서 이러한 특수한 유형의 부대적 정보보다 훨씬 더 근원적인 종류의 변이 요인이 존재한다는 것이다.

김재권의 지적처럼 비결정성 이론의 핵심은 "물리적 사실의 전체를 결정하는 것이 의도적 · 심리적인 것들을 결정하기에 충분하지 않다"[9)]는 것이다. 따라서 물리적인 것과 정신적인 것의 관계를 어떻게 설명하는가에 따라서 비결정성 이론에 대한 태도는 크게 지지와 반대의 두 갈

---

7) Quine, *Word and Object*, p. 78 참조.

8) 같은 책, pp. 37~42 참조.

9) Jaegwon Kim, "Psychophysical Laws," in Ernest LePore and Brian McLaughlin, eds., *Actions and Events* (Oxford: Basil Blackwell, 1986), p. 384.

래로 나뉘게 된다. 그러나 이 이론에 대한 지지나 반대에 선행되어야 할 것은 우리의 인식에 있어서 경험적 내용이 결정하지 못하는 부분에 대한 구체적 해명이며, 이것이 비결정성 이론이 제기하는 진정한 과제라고 본다. 그리고 이 부분이 오늘날까지 비결정성 이론을 둘러싼 논의의 공백 지대이기도 하다.

따라서 이러한 대안적 해명 없이 비결정성 이론이 흥미 없는 사소한 이론이라거나 또는 이 이론이 콰인 철학 안에서 내적인 갈등만을 초래한다는 유형의 비판은 비결정성 이론 자체에 대한 핵심적 반론이 될 수 없으며, 이 이론에 대해 불필요한 오해를 불러일으킬 뿐이다. 즉 비결정성 이론을 지지하는 옹호자들—콰인 자신을 포함해서—의 과제가 '경험에 의해 제약되지 않은 변이'를 적절하게 해명하는 일이라면, 같은 맥락에서 이 이론을 거부하는 비판자들의 핵심적 과제는 어떤 방식으로든 이 변이의 존재를 적절한 설명을 통해 해소시키는 일이 될 것이다.

2. 학습과 비결정성

비결정성 이론에 대한 반론으로 주목할 만한 것은 의미의 비결정성이 학습을 통해 극복될 수 있다는 일련의 주장이다. 필자는 이러한 유형의 비판의 배후에 자리 잡고 있는 언어적 가정의 정당성에도 불구하고 오히려 이것이 비결정성 이론의 중심적 주제에 관해 일종의 혼란을 불러온다고 본다. 여기에서는 이러한 비판들에 대한 검토를 통해 그 혼란의 소재를 밝히려고 한다.

해킹(I. Hacking)은 '추론의 유형'(styles of reasoning)이라는 개념을 도입해서 번역의 비결정성 이론, 나아가 상대주의에 대한 반론을 제기한다. 그러나 해킹의 시도는 '개념체계'와 '추론의 유형'이라는 불분명한 구분에 의존하고 있을 뿐만 아니라 궁극적인 논점을 세우는 데도 성공적이지 못하다. 그에 따르면 개념체계는 단순히 참인 명제들의 집합인 반면, 추론의 유형을 습득한다는 것은 어떤 것을 참 또는 거짓으로 결정하는 방식을 아는 것이다.[10] 해킹은 자신이 제시하는 '추론의 유형'이 개념체계와 다르다는 점을 드러내려고 시도하지만, 앞으로 체험주의에 관한 논의를 통해 드러나는 것처럼 이 구분은 그 자체로 모호할 뿐만 아니라 그 근거도 불투명하다. 이러한 모호성에도 불구하고 해킹은 계속해서 다음과 같은 결론으로 나아간다.

> 번역의 비결정성은 …… 그릇된 생각이다. 그것은 경험적으로 공허한 것이다. 왜냐하면 관련을 갖는 어떤 두 집단 간에도 명확한 번역이 전개된다는 것을 알 수 있기 때문이다. 그것은 그릇된 이론적 개념인데, 그 이유는 그것이 문장들 사이의 진리 보유적(truth-preserving) 상응이라는 생각으로부터 출발하기 때문이다. 사실상 어떤 언어에 존재하는 가능성들이 다른 언어에는 없기도 한다. 그것들을 제2의 언어로 끌어들이기 위해서는 **사유의 방식을 배워야 하며, 그것이 이루어지면 비결정성은 물론 번역의 문제는 전혀 없게 된다.**[11]

여기에서 주목해야 할 것은 사유의 방식이 학습될 수 있는 어떤 것이라는 해킹의 주장이다. 즉 상이한 추론의 유형이라 할지라도 학습될 수 있으며, 따라서 번역의 비결정성이 학습을 통해서 극복될 수 있다는 것

---

10) Ian Hacking, "Language, Truth and Reason," in Martin Hollis and Steven Lukes, eds., *Rationality and Relativism* (Cambridge, Mass.: MIT Press, 1982), p. 60 참조.

11) 같은 논문, pp. 60~61. (고딕은 필자의 강조.)

이다.

그러나 해킹의 논의는 사실상 비결정성 이론에 아무런 반론도 되지 않는다. 왜냐하면 비결정성 이론을 수용한 상태에서도 해킹의 주장은 여전히 성립할 수 있기 때문이다. 말하자면 원초적 번역 상황의 원시인이 '가바가이'를 '토끼', '토끼 단계', '토끼의 몸의 부분' 또는 그와는 전혀 다를 수도 있는 어떤 것 중 적어도 고정된 하나를 의미하리라는 것은 당연한 가정이며, 그 원시인이 또한 학습을 통해서 특정한 의미를 사용하게 되었으리라는 것도 당연한 가정이다. 그러나 이 모든 가정을 다 받아들인다고 하더라도 콰인이 설정한 원초적 번역 상황에서 주어진 물리적 경험만을 토대로 번역자가 원시인의 고정된 의미를 결정할 수 없다는 것 또한 여전히 사실이다. 즉 '원초적 번역이 비결정적'이라는 콰인의 주장과 '언어 또는 추론의 유형이 학습될 수 있다'는 해킹의 주장은 양립할 수 있는 주장이다.[12] 필자의 생각으로는 후자의 주장이 전자의 주장을 논파하기보다는 오히려 보완하는 역할을 한다. 말하자면 이론적으로 다른 언어의 학습은 가능하지만, 콰인이 제기하는 진정한 문제는 번역자의 입장에서 볼 때 학습되지 않은 (원시인의) 언어가 왜 (이미 학습된) 번역자의 언어를 통해 단일한 객관적 방식으로 번역되지 않는지의 문제다. 따라서 어떤 언어 체계가 학습될 수 있다는 주장은 번역이 비결정

12) 비결정성 이론에 대한 이명현의 비판은 해킹의 주장과 궤를 같이한다. 이명현은 우선 원초적 번역 상황을 보는 관점을 '언어 학습 차원'과 '이론 구성 차원'으로 나누고 콰인의 비결정성 이론이 이론 구성 차원에서는 적절한 이론일 수 있지만 언어 학습 차원에서는 적용되지 않는다고 주장한다. 즉 언어의 학습을 통해 비결정성이 실제로 극복된다는 것이다. 따라서 이명현은 콰인의 비결정성 이론이 그릇된 모형—이론 구성 차원의—에 근거한 이론이며, 이 때문에 번역의 비결정성 이론이 성립되지 않는다고 결론짓는다. 이명현, 「언어, 사유와 존재」, 한국분석철학회 편, 『실재론과 관념론』 (서울: 철학과 현실사, 1993), pp. 407~12 참조.

적일 수 있다는 주장에 대해 아무런 반론도 되지 않는다.

한편 커크(R. Kirk)는 비결정성이라는 단일한 주제에 관해 한 권의 방대한 책을 썼다. 커크는 자신의 책머리에서 비결정성 이론에 대해 아직 명료한 입론도 반론도 세워지지 않았다고 지적하면서, 자신의 책을 통해 비결정성 이론이 그릇된 것이라고 결론짓는다.[13] 그러나 필자의 생각으로는 커크의 주장도 자신이 지적하고 있는 상황을 변화시킬 수는 없는 것으로 보인다. 커크의 논의는 다음과 같은 전형적인 후건부정식(modus tollens)의 구조를 갖는다.

① 콰인이 주장하는 비결정성이 존재한다면 모국어에도 비결정성이 존재한다.
② 모국어 경우의 비결정성은 존재하지 않는다.
③ 따라서 콰인적 비결정성은 존재하지 않는다.

이러한 커크의 논증의 성패를 좌우하는 것은 ②의 성립 여부다. 커크는 어린아이의 단계적 모국어 학습 과정에 대한 예시를 통해 모국어의 비결정성이 극복된다고 주장한다.[14] 그러나 이러한 커크의 주장은 앞서 보았던 해킹의 논의와 동일한 바탕에 서 있으며 이 때문에 비결정성 이론을 논파하려는 커크의 논증은 성공적이지 못하다.

또한 커크의 논증의 부적절성은 모국어의 비결정성 문제에 대한 콰

---

13) Robert Kirk, *Translation Determined* (Oxford: Oxford University Press, 1986), p. vii. 그는 콰인의 다른 이론들에 대해서는 대체로 동조하는 입장이지만 이 비결정성 이론을 하나의 일탈로 간주하며, 따라서 이 이론을 '콰인호(Quinean ship)의 썩은 널빤지'라고 부른다. 같은 책, p. xxi.

14) 같은 책, 10~11장 참조.

인 자신의 최근의 진술—커크의 주장을 염두에 둔 것인지의 여부는 불분명하지만—을 통해 명료하게 드러난다. 콰인은 자신이 비결정성 문제를 원초적 번역 상황과 같은 극단적 상황을 통해 설명해 왔던 것은 자신의 주장을 부각시키려는 의도에서였지만, 그 상황에서 비결정성이 성립한다면 그것은 여전히 원리적으로 모국어에도 아무런 차이 없이 적용된다고 말한다.

> 왜냐하면 정글 언어와 영어 사이에 〔비결정성이 성립함으로써〕 경쟁적 편람들이 주어진다면 우리는 한 편람을 토대로 영어를 정글 언어로 번역한 다음 다른 편람을 토대로 그것을 다시 영어로 번역함으로써 괴상하게도 영어를 영어로 번역할 수 있기 때문이다.[15)]

콰인의 이 주장은 원초적 번역 상황에서의 비결정성을 인정하는 한 논리적 결함이 없다. 따라서 커크가 콰인의 전제 ①을 받아들이게 되면 커크 자신의 전제 ②의 가능성이 원천적으로 봉쇄된다. 따라서 커크가 콰인의 비결정성 이론을 논파하려면 원초적 번역 상황에서의 비결정성은 물론 모국어에서의 비결정성도 동시에 부인하는 증거를 제시해야만 한다. 그러나 커크는 자신의 논의를 통해 이 문제를 해결하지 못하고 있다. 왜냐하면 콰인이 비결정성 이론을 통해 제기하는 진정한 문제는 각각의 언어 집단의 구성원들이 학습을 통해 성공적으로 사용하고 있는 언어 체계가 왜 다른 언어 체계와 단일한 객관적 번역 체계를 허용하지 않는가라는 문제이기 때문이다. 말하자면 콰인의 이론은 언어(또는 추론의 유형)가 학습된다는 사실을 부정하는 것이 아니라 학습되지

15) Quine, *Pursuit of Truth*, p. 48.

않은 언어와 우리 언어 사이에 왜 비결정성이 드러나게 되는지에 대한 인식론적 해명을 요구하는 것이다. 따라서 이러한 해명이 주어지지 않은 채로 비결정성 이론의 성패를 결정하려는 시도는 문제의 핵심을 벗어난다. 그리고 이것이 비결정성 이론에 회의적인 대부분의 철학자들이 공유하는 태도이기도 하다.

퍼트남의 지적처럼 콰인의 비결정성 이론을 다루는 많은 비판자들이 간과하고 있는 사실은 콰인이 번역의 비결정성을 주장함에도 불구하고 관찰 명제를 번역하는 경우에는 그만큼의 결정성을 주장하고 있다는 점이다.[16] 즉 콰인은 관찰 명제와 이론 명제가 가질 수 있는 객관성을 정도의 문제로 보는 것이다. 이 때문에 콰인의 철학에서 종종 이 두 측면은 불명료한 긴장 상태를 유지하고 있는 것으로 보이게 된다.[17]

콰인은 신체적 · 물리적 층위와 정신적 · 추상적 층위에서의 비결정성의 정도가 다르게 나타난다는 사실을 여기저기에서 중요하게 암시하지만 이 '정도의 차이'를 적절하게 설명할 수 있는 좀 더 상세한 논의를 스스로 제시하지 못했다.[18] 필자는 이것이 콰인 자신과 비결정성 이론에 대해 우호적인 비판자에게 남겨진 과제이며 동시에 비결정성 이론이 제기하는 진정한 철학적 문제라고 본다.

---

16) Hilary Putnam, *Realism with a Human Face*, ed. James Conant (Cambridge, Mass.: Harvard University Press, 1990), p. 272 참조.

17) 예를 들면, 솔로몬(M. Solomon)은 비결정성 이론에 대한 콰인의 진술들에서 나타나는 이 두 측면 사이의 긴장을 양립될 수 없는 것으로 해석함으로써 콰인 철학이 내적 모순을 안고 있다는 결론에 이른다. Miriam Solomon, "Quine's Point of View," *Journal of Philosophy*, vol. 86, no. 3 (1986), p. 127 참조.

18) Quine, *Word and Object*, pp. 76~77; "Epistemology Naturalized," in his *Ontological Relativity & Other Essays* (New York: Columbia University Press, 1969), p. 89; *The Roots of Reference* (La Salle, Ill.: Open Court, 1974), pp. 35~36; "On Empirically Equivalent Systems of the World," *Erkenntnis*, 9 (1975), p. 314 참조.

3. 비결정성과 개념체계

비결정성 이론에 대한 비판의 다양성에도 불구하고 이들 비판의 대부분의 배후에 자리 잡고 있는 것은 비결정성 이론이 불가피하게 초래하는 것으로 보이는 의미의 회의주의 내지는 상대주의에 대한 우려다. 실제로 콰인의 비결정성 이론은 명백한 상대주의적 편향을 드러내고 있으며, 이러한 편향의 배후에는 개념체계라는 개념이 자리 잡고 있다. 이 절에서는 개념체계 개념에 대한 데이빗슨의 논의와 관련해서 비결정성 이론을 검토하려고 한다.

콰인의 비결정성 이론을 접하면서 마주치게 되는 하나의 의문은 번역의 비결정성이 무엇 때문에 생기는지, 즉 비결정성의 근원이 무엇인지에 대한 콰인의 미온적 해명이다. 콰인은 이 물음에 대해 어디에서도 명쾌한 답변을 제시하고 있지 않다. 예를 들어 콰인은 의미의 전체론이 자신의 번역의 비결정성 이론을 뒷받침해 주는 '결정적인 생각'임을 분명히 밝히고 있다.[19] 의미의 전체론 이외에도 번역의 비결정성의 근원과 관련해서 콰인이 제시하는 논의들은 '경험주의', '지시의 불투명성', '의미의 비결정성', '이론의 미결정성' 등을 들 수 있지만 이들 중 어떤 것도 명확하게 "비결정성이 어디에서 비롯되는가?"라는 물음에 대한 궁극적인 답변이 되지 않는다. 오히려 이것들은 번역의 비결정성의 근원을 제시하기보다는 비결정성 이론과 서로 맞물려 있는 상호 보완적

---

19) 콰인은 다음과 같이 말한다. "우리가 퍼스를 따라서 어떤 명제의 의미가 순수하게 그 명제의 진리성에 대한 증거라는 것을 인정한다면, 또 우리가 듀헴을 따라서 이론적 명제들이 개별적인 명제들로서가 아니라 이론의 구획들로서만 그 증거를 갖게 된다는 것을 인정한다면 이론적 명제들에 있어서 번역의 비결정성은 자연스러운 귀결이 된다." Quine, "Epistemology Naturalized," pp. 81~82.

이론들일 뿐이다.[20)]

비결정성의 근원에 대한 콰인 자신의 가장 근접한 대답은 그가 수용하고 있는 '개념체계'(conceptual scheme)라는 개념일 것이다. 물론 콰인이 이 개념체계라는 개념을 체계적으로 이론화하고 있는 것은 아니지만, 그의 저술을 통해 이 개념을 거의 제약 없이 사용하고 있다.[21)] 하지만 콰인이 '개념체계'라는 개념에 대해 매우 모호한 태도를 취하는 주된 이유는 이 개념이 상대주의를 불러오는 공허한 개념이라는 데이빗슨의 강력한 비판 때문일 것이다.

데이빗슨이 비결정성의 존재 자체를 부인하는 것은 아니지만,[22)] 콰인이 개념체계 개념을 수용함으로써 비결정성의 존재를 적극적으로 인정하는 데에는 반대한다. 데이빗슨은 비결정성이 '의견 일치를 최대화

---

20) 다소 다른 맥락에서이기는 하지만 이승종은 이 문제에 관해 매우 섬세하고 유용한 분석을 보여 준다. 그는 콰인의 의미의 비결정성, 번역의 비결정성, 지시의 불투명성이라는 세 가지 논제가 공통적으로 콰인의 경험주의와 의미의 전체론에 근거하고 있지만, 동시에 이 세 가지 논제가 상호 순환적으로 추론이 가능하다는 점을 보임으로써 이들의 연관관계가 불명료함을 지적한다. 이승종, 「의미와 해석에 관한 콰인-데이빗슨 논쟁」, 『철학』, 제39집 (1993 봄), 특히 pp. 325~38 참조.

21) 해킹은 개념체계 개념의 연원을 칸트로부터 찾고 있으며 이 개념의 현대적 정립을 콰인에게 돌린다. Hacking, "Language, Truth and Reason," p. 58 참조.

22) 데이빗슨은 콰인의 지칭의 비엄밀성, 따라서 번역의 비결정성 논제를 자신이 콰인에게서 배운 논의들에 근거해서 받아들이고 있음을 명백하게 밝히고 있다. Davidson, "The Inscrutability of Reference," in his *Inquiries into Truth and Interpretation* (Oxford: Clarendon Press, 1984), pp. 227~28 참조.

또한 데이빗슨은 다음과 같이 말한다. "모든 증거들이 다 제시된 후에도 여전히 중요한 정도의 비결정성이 남게 된다는 콰인의 주장은 옳다고 본다. 즉 뚜렷하게 다른 다수의 진리 이론들이 그 증거에 동등하게 합치되는 것이다." Davidson, "Semantics for Natural Languages," in *Inquiries into Truth and Interpretation*, p. 62. 이와 유사한 언급은 "Truth and Meaning," *Synthese*, 17 (1967), p. 27; "Belief and the Basis of Meaning," *Synthese*, 27 (1974), p. 321의 각주; "Radical Interpretation," *Dialectica*, 27 (1974), p. 327 등에서도 보인다.

할 수 있는 해석'을 추구하는 과정에서 불가피하게 야기된다고 본다. 그러나 데이빗슨은 콰인이 이 비결정성을 중요한 것으로 옹호할 것이 아니라 '자비의 원리'(principle of charity)에 의거함으로써 그것을 훨씬 더 완화시킬 수 있다고 본다.[23] 예를 들면 원초적 번역 상황에서는 번역자가 전혀 예기치 않은, 또는 번역자의 언어 체계로 납득하기 힘든 번역의 가능성이 있다. 이 경우 콰인은 어떤 번역이 우리가 받아들이기 어려운 것일 때에는 그 이유가 "〔그 원시인의〕 지나친 어리석음이라기보다는 나쁜 번역일 가능성이 크다"[24]고 말한다. 말하자면 자비의 원리는 그 원시인에게 우리의 합리적 기준을 넘어서는 과도한 어리석음을 전가하지 말 것을 요구한다.

데이빗슨은 콰인이 비결정성을 인정하는 대신에 자비의 원리를 좀 더 확장시켜야 한다고 주장하며, 그래서 콰인이 비결정성 문제를 개념 체계라는 개념에 의거해서 설명하려는 태도에 반대한다. 그러나 콰인은 자비의 원리를 원칙적으로 수용한다고 하더라도 여전히 극복되지 않는 중요한 정도의 비결정성이 남게 된다고 본다. 이 때문에 자비의 원리의 적용과 관련해서 콰인은 원시인의 문법이나 의미론에 있어서 어느 정도의 기이성을 피하기 위해서 우리가 그들에게 어느 정도의 기이성을 허용할 것인지를 결정할 수 없다는 난점을 지적한다.[25]

우선 개념체계 개념에 대한 데이빗슨의 비판을 살펴보자. 데이빗슨

---

23) Davidson, "Belief and the Basis of Meaning," *Synthese* (1974), p. 321; "The Inscrutability of Reference," p. 228 참조.

24) Quine, *Word and Object*, p. 59. '자비의 원리'라는 말은 윌슨(N. Wilson)에 의해 처음 소개되었다고 한다. Hacking, *Why Does Language Matter to Philosophy?* (Cambridge: Cambridge University Press, 1975), p. 148, 각주 참조.

25) Quine, *Pursuit of Truth*, p. 47 참조.

에 따르면 개념체계는 "경험을 구성하는 방식이며 …… 감각의 자료에 형식을 주는 범주들의 체계이며, 개개인, 문화 또는 시대가 일과적 상황들을 조망하는 관점들"[26]이다. 먼저 데이빗슨은 이러한 개념체계 개념의 성립 조건으로 ① 조직하는 것으로서의 언어 체계, ② 조직되는 것으로서의 대상, 즉 경험적 · 물리적 증거 또는 감각적 경험, ③ 개념체계들 사이의 번역 불가능성의 세 가지를 든다.[27]

그러나 데이빗슨은 이렇게 규정되는 개념체계라는 개념 자체가 비정합적이며, 따라서 공허하다고 주장하는데, 그의 비판은 크게 두 갈래로 나누어 볼 수 있다.[28]

첫째, '번역 불가능성'이 자체로 불가능한 개념이라고 주장한다. 즉 어떤 개념체계가 다른 개념체계에 대안적인 것이 되려면 그것들이 서로 구별될 수 있어야 하는데, 번역 불가능성은 이러한 구별에 필요한 비교 자체를 처음부터 불가능한 것으로 규정한다. 따라서 어떤 개념체계의 정체성을 확인할 수 있는 정합적 방식이 존재하지 않는다.

둘째, 상이한 개념체계들이란 먼저 그것을 설정할 수 있는 기본적 장으로서 하나의 공통 지반이 존재하는 한에서만 의미를 갖는다. 그러나 개념체계들이 전제하게 되는 '중립적이고 공통적인 어떤 것' 자체가 이

---

26) Davidson, "On the Very Idea of a Conceptual Scheme," in his *Inquiries into Truth & Interpretation*, p. 183.

27) 같은 논문, p. 190 참조. 데이빗슨은 여기에서 개념체계들 간의 번역 불가능성에 관해 다음과 같이 말한다. "상호 번역 가능성의 부재는 개념체계들 간의 상이성에 있어서 필수 조건이다. 번역이 실패했을 때 고려되는 것이 언어들 또는 체계들이라는 주장을 의미 있게 할 수 있도록 도와주는 것은 경험에 대한 공유된 관계, 즉 증거다. 이러한 생각의 바탕이 되는 것은 모든 체계들의 밖에 놓여 있는, 중립적이고 공통적인 어떤 것이 있어야만 한다는 것이다."

28) 같은 논문, p. 184 참조.

미 번역의 가능성을 암시하게 된다.

결국 데이빗슨은 개념체계라는 개념이 적절한 내용을 갖지 못하는 비정합적이고 공허한 개념이라고 단정하며, 이 개념이 다만 상대주의라는 유혹만을 불러온다고 본다. 그는 다음과 같이 말한다.

> 〔구성하는〕 체계와 〔조직되는 중립적 내용으로서〕 실재의 이원론이라는 독단이 주어지게 되면 우리는 개념적 상대주의, 즉 체계에 상대적인 진리를 갖게 된다. 이 독단이 사라짐으로써 상대주의는 자리를 잃게 된다.[29)]

개념체계 개념에 대한 데이빗슨의 비판은 그 자체로 강력한 것이다. 그리고 적어도 데이빗슨의 논의를 따른다면 개념체계의 상이성을 통해 비결정성을 해명하려는 시도는 근원적으로 봉쇄된다. 데이빗슨이 규정하는 개념체계 개념은 상이한 개념체계들 사이의 '번역 불가능성'을 전제로 하는 반면에 비결정성 이론은 개념체계들 사이에 다양한 번역이 가능하다고 가정하기 때문이다. 해킹의 지적처럼 공약 불가능성이 상이한 개념체계들 사이에 번역의 가능성이 너무 작다는 주장이라면 비결정성 이론은 번역의 가능성이 너무 크다는 주장이기 때문이다.[30)]

---

29) 같은 논문, p. 198. 데이빗슨은 체계와 실재의 이원론이 경험주의적 잔재라고 보며, 이것을 '경험주의의 제3의 독단'이라고 부른다. 그는 이것이 경험주의의 마지막 독단이며, 이 독단이 제거되고 나면 경험주의를 특징지을 수 있는 아무것도 남지 않을 것이라고 말한다.(같은 논문, p. 189 참조.) 물론 데이빗슨의 이러한 비판은 콰인의 경험주의 비판을 염두에 둔 것이다. 잘 알려진 것처럼 콰인은 「경험주의의 두 독단」이라는 논문에서 '분석/종합 구분'과 '환원주의'를 경험주의의 두 독단으로 간주하고 이에 대해 강력한 비판을 제기했다. Quine, "Two Dogmas of Empiricism," in his *From a Logical Point of View*, 2nd revised ed. (New York: Harper Torchbooks, 1961).

30) Hacking, "Language, Truth and Reason," p. 59; *Why Dose Language Matter to Philosophy?* pp. 152, 179 참조.

콰인은 데이빗슨의 이러한 강력한 비판에 대해 자신은 '개념체계'라는 말을 데이빗슨이 규정하는 것처럼 전문적인 의미에서가 아니라 다만 '일상적인 언어'를 뜻하는 말로 사용했다고 해명한다. 콰인은 자신이 "아주 낯선 개념체계라는 말을 사용했을 때는 …… 번역하기에 어색하고 난감한 언어를 의미하는 정도로 만족했었을 것"[31]이라고 쓰고 있다. 콰인이 이처럼 개념체계라는 개념에 대해 모호한 입장을 취하는 것은 데이빗슨의 비판에 대한 적절한 반론이 그에게 주어지지 않았음을 암시하는 것으로 보인다.

4. 체험주의적 해명: 신체화된 개념체계

데이빗슨의 규정을 받아들인다면 개념체계라는 개념은 그 자체로 공허할 뿐만 아니라 상대주의에의 우려만을 불러온다는 비관적 결론은 불가피한 것으로 보인다. 그러나 앞서 보았던 것처럼 개념체계 개념에 대한 데이빗슨의 비판의 근저에는 개념체계가 일정한 방식으로 고정된 사고의 틀이라는 완고한 생각이 자리 잡고 있다. 그리고 이러한 그의 생각은 개념체계라는 개념을 '번역 불가능성'을 통해서 규정하려는 그의 태도에서 잘 드러난다.

오늘날 새롭게 형성되어 가고 있는 '체험주의'(experientialism)[32]는 데이빗슨이 다루었던 방식의 개념체계 개념의 난점을 해소하는 새로운

31) Quine, "On the Very Idea of a Third Dogma," in his *Theories and Things* (Cambridge, Mass.: Harvard University Press, 1981), p. 41.

32) 체험주의의 철학적 배경과 특성에 관해서는 이 책 7장 「체험주의적 접근」 참조.

해석 가능성을 제시한다. 체험주의에 따르면 우리가 갖는 개념체계란 "현재와 같은 유형의 존재인 우리 자신과 우리가 물리적 · 문화적 환경과 상호작용하는 방식의 산물"[33]이다. 따라서 이러한 개념체계는 결코 완결된 형태로 고정된 모형이 아니라 신체화된 인간이 세계와 지속적으로 상호작용하는 과정에서 지속적으로 변화해 가는, 그러나 대체로 안정된 틀이다.

그러나 여기에서 주목할 만한 것은 우리의 개념체계가 본성상 대부분 '은유적'(metaphorical)이라는 체험주의의 주장이다. 즉 우리의 개념이 은유적이며, 따라서 우리의 개념체계도 은유적인 방식으로 구조화된다는 것이다. 존슨(M. Johnson)은 자신의 상상력 이론을 통해 우리의 경험에 신체적 · 물리적 층위와 정신적 · 추상적 층위가 존재한다는 것을 인정하지만, 이 두 측면이 명확한 하나의 기준에 의해 구분되지 않으며 지속적인 상호작용의 과정에 놓여 있다고 주장한다. 그리고 이 두 차원의 상호작용이 대부분 은유적이라는 것이다.

존슨의 상상력 이론의 핵심을 이루는 두 축은 '영상도식'(image schema)과 '은유적 투사'(metaphorical projection)다. 먼저 존슨은 우리의 신체적 활동에서 직접 발생하는 기본적 차원의 개념인 '영상도식'이 존재한다고 주장한다. 그리고 이 영상도식을 토대로 보다 더 추상적인 개념들이 확장되어 간다고 주장하는데, 존슨은 이 확장 방식을 '은유적 투사'라고 부른다. 영상도식은 우리의 신체적 활동을 통해 직접적으로 발생하는 비명제적 · 선개념적(nonpropositional and preconceptual)인 구조다.[34] 예를 들면, 존슨은 「그릇」 도식의 발생에

33) G. 레이코프, M. 존슨, 『삶으로서의 은유』, 수정판, 노양진 · 나익주 역 (서울: 박이정, 2006), p. 214.

관해 다음과 같이 말한다.

> 처음부터 우리는 환경—우리를 둘러싸고 있는 사물들—안에서 지속적으로 물리적 포함(containment)을 경험한다. 우리는 방, 의복, 차량, 그리고 무수한 종류의 경계 지어진 공간의 안 또는 밖으로 움직인다. 우리는 물건들을 다루면서 그것들을 그릇(컵, 상자, 깡통, 자루 등) 안에 집어넣는다. 이 각각의 경우에 반복적인 공간적 · 시간적 구조화가 있다. 달리 말하면 물리적 포함에 대한 전형적인 도식들이 존재한다.[35)]

이처럼 신체적 활동을 통해 직접적으로 발생하는 영상도식들은 비교적 소수의 요소들로 구성되어 있으며, 매우 일반적이며 포괄적인 수준에서 존재하면서 우리의 지각적 차원과 개념적 차원의 전반적 이해의 근거이면서 동시에 제약으로 작용한다.[36)] 말하자면 우리는 무수한 대상들—물리적이든 추상적이든—이 '안'과 '밖'을 갖는 것으로 이해한다. 그러나 과연 그 모든 것들이 본유적으로 '안'과 '밖'을 갖는 것일까? 존슨은 대상들에 대한 그러한 이해 방식이 그 대상들의 본유적 속성에 의한 것이 아니라 전형적으로 '안-경계-밖'의 구조를 갖는 「그릇」 도식을 우리가 그 대상들에 투사함으로써 발생한 결과라고 본다. 예를 들

---

34) 존슨은 주로 언어학적 증거들을 토대로 「그릇」, 「힘」, 「균형」, 「경로」, 「중심-주변」 등과 같은 영상도식들이 존재한다고 주장한다. Mark Johnson, *The Body in the Mind: The Bodily Basis of Meaning, Imagination, and Reason* (Chicago: University of Chicago Press, 1987), 3~5장, 특히 p. 126 참조.

35) 같은 책, p. 21.

36) 같은 책, pp. 28~30 참조. 그러나 영상도식이 우리의 인식의 근거로 작용한다고 하더라도 그것이 객관주의가 가정하는 것처럼 토대주의적인 방식으로 작용하는 것은 아니다. 왜냐하면 영상도식은 비교적 안정된 구조를 갖지만 명확하게 고정된 것은 아니기 때문이다.

면, 우리가 일상적으로 '마음속', '꿈속', '이야기 속' 등의 표현을 사용하는데, 여기에서는 시·공간적이 아닌 마음, 꿈, 이야기 등이 마치 '안-경계-밖'을 갖는 물리적 대상인 것처럼 이해된다. 존슨은 이러한 이해 방식을 은유적 투사의 산물이라고 주장한다.

이러한 이해는 앞서 언급했던 영상도식들 중 「그릇」 도식을 적용한 경우인데, 여기에서 신체적 활동을 통해 직접적으로 형성되는 「그릇」 도식이 은유적 투사라는 방식을 통해 보다 더 추상적인 대상들에 투사되었다는 것이다. 존슨은 이 은유적 투사의 방식을 '~의 관점에서'(in terms of)라는 또 하나의 은유를 사용해서 설명한다. 즉 우리는 한 종류의 사물(A)을 다른 종류의 사물(B)의 '관점에서' 이해하는데, 이 때 B를 '원천 영역'(source domain), A를 '표적 영역'(target domain)이라고 부른다. 이러한 관점에서 레이코프(G. Lakoff)는 은유를 개념체계 안에서의 '영역 간 사상'(cross-domain mapping)이라고 정의한다.[37)]

체험주의에 따르면 우리 경험의 대부분은 영상도식에 근거해서 은유적으로 확장되는 방식으로 구조화되어 있으며, 따라서 우리의 이해의 대상인 의미 또한 은유적 본성을 갖는다. 나아가 이러한 관점에서 체험주의는 은유가 전통적으로 생각되어 왔던 것처럼 단순한 언어적 표현의 문제가 아니라 우리의 사고와 행위를 지배하는 중심적 원리라고 주장한다.[38)]

요약하면 체험주의는 우리의 인식에 신체적·물리적 층위와 정신적·추상적 층위라는 두 층위가 공존한다는 것을 인정하고, 이 두 층위

---

37) George Lakoff, "The Contemporary Theory of Metaphor," in A. Ortony, ed., *Metaphor and Thought*, 2nd ed. (Cambridge: Cambridge University Press, 1993), p. 203.

38) 레이코프·존슨, 『삶으로서의 은유』는 이러한 주장을 뒷받침하는 언어적 실례들을 풍부하게 제시하고 있다.

의 관계를 좀 더 복합적이고 포괄적인 방식으로 설명한다. 즉 한편으로는 '영상도식'을 통해 인식의 공적이고 상호 주관적인 근거인 신체적 활동에 관심을 돌리며, 다른 한편으로는 '은유적 투사'를 통해 인식의 상대적 변이를 설명한다. 우리의 인식이 신체적 · 물리적 층위에서는 주목할 만한 공통성을 갖지만 점차 정신적 · 추상적 층위로 확장되면서 변이의 정도가 더 커진다는 것이다.

그러나 더욱 중요한 것은 우리의 전반적 인식 작용이 '은유', '환유'(metonymy), '심적 영상'(mental imagery)과 같은 **상상적 구조**(imaginative structures)를 갖는다는 체험주의의 주장이다. 이러한 작용 방식 때문에 의미 또한 그것이 발생했던 신체적 근거로 산술적인 방식을 통해 환원될 수 없다. 그래서 추상적 차원에서의 변이를 우리가 추후적으로 해석할 수는 있겠지만 그 변이를 구체적으로 예측할 수는 없다. 그러나 그 변이가 전적으로 자의적이지 않은 이유는 그 변이가 우리의 공유된 신체적 조건, 그리고 거기에서 직접 발생하는 상상적 구조에 근거하고 있다는 사실 때문이다. 말하자면 체험주의의 궁극적 주장은 인간이 생리학적 관점에서 공유된 인지 구조를 갖지만, 구조의 실제 작용은 다양한 자연적 · 사회적 · 문화적 층위들에 대해 상대적인 변이를 보인다는 것이다. 그러나 그 변이는 무제한적으로 임의적이지는 않으며, 적어도 해석이나 기술 가능한 범위에서 외적 조건에 반응한다는 것이다.[39]

우리의 개념체계란 바로 경험의 신체적 · 물리적 층위와 정신적 · 추상적 층위의 지속적인 상호작용을 포괄하는 경험의 틀이며, 이것이 우리의 개념화 방식을 지배한다. 따라서 우리는 원초적 번역 상황에서 원

39) 신체화된 경험의 구조에 대한 좀 더 상세한 해명은 이 책 7장 「체험주의적 접근」 참조.

주민의 '가바가이'가 콰인이 제시하는 것처럼 '토끼가 차지하는 시간과 공간', '토끼의 분리되지 않은 몸의 부분', '토끼 단계' 등의 양립 불가능한 의미를 갖게 되는 근거를 개념화 방식의 상이성으로 설명할 수 있다. 앞서 보았던 것처럼 그 변이에는 산술적 확장이 아니라 은유적 투사와 같은 특수한 확장 방식이 개입되기 때문에 특정한 개념체계가 어떤 변이를 드러낼 것인지에 대한 산술적 예측은 불가능하다. 이 때문에 그 특정한 언어 체계의 의미에 대해 객관적이고 중립적인 번역 또는 해석이 불가능할 수 있다. 우리는 주어진 특정한 선택에 대해 추후적인 이해를 할 수는 있겠지만 그 이해 또한 불가피하게 해석자의 개념체계에 상대적인 어떤 것이 될 것이다.

그러나 그 변이가 무제한적으로 자의적일 것으로 보이지는 않는다. 예를 들면, 원초적 번역 상황에서 원시인의 '가바가이'가 상이한 개념체계를 갖는 번역자에 의해 과연 '곡마단의 빨간 풍선', '대머리 총각', '기찻길 옆 오막살이' 등을 의미하는 것으로 번역될 가능성이 있을까? 아마 비결정성을 주장하는 콰인 자신도 이처럼 전적으로 무제약적으로 생각되는 변이를 염두에 두지는 않았을 것이다. 말하자면 그 변이에 최소한의 어떤 제약이 전제되었을 것이라는 점이다. 콰인은 그러한 가능성을 '관찰 문장'이라는 개념을 통해 여전히 유지하고 있는 것으로 보인다. 즉 콰인은 동일한 물리적 상황에서 비경험적 변이가 최소화된 경우에 관찰성이 최대화되며, 이 때 관찰 문장은 두 사람에게 동일한 자극 의미 내용을 담게 된다. 그러나 그 변이는 경험과의 상이한 거리에 의해 결정되는 것일 뿐, 경험과 전적으로 독립된 것일 수 없다. 따라서 체험주의는 콰인의 의미의 전체론이라는 기본적 틀을 유지하면서 그 구조에 관해 좀 더 구체적인 해명을 제시하는 것으로 볼 수 있다.

O_1이라는 대상과 O_2라는 대상이 다르다고 말할 수 있기 위해서는

'공통 지반'이 어떤 방식으로든 전제되어야 한다. 말하자면 동일한 경험적 증거에 합치하는 다수의 번역 편람이 가능하다고 말하기 위해서 우선 '동일한 경험적 증거'라는 인식의 공통 지반이 전제되어야 한다. 그리고 콰인은 적어도 이 동일한 경험적 증거를 받아들일 수 있는 인식의 공통 지반의 존재를 인정한다는 사실에 주목할 필요가 있다. 만약 이러한 공통 지반이 없다면 '다양한 번역'이란 전혀 상관없는 어떤 것들에 대한 각각 다른 진술들이 될 뿐이며, 또한 그것들이 무엇 때문에 동일한 맥락에서 언급되어야 하는지조차도 알 수 없게 될 것이기 때문이다. 하지만 콰인의 비결정성 이론을 극단적으로 해석하는 사람들은 콰인이 인식의 공통 지반을 전제한다는 점을 간과—의도적이든 아니든—함으로써 마치 이 이론이 '번역 불가능성'을 전제하는 절망적인 회의주의의 서곡으로 간주하려고 한다.

한편 레이코프는 개념체계 문제를 논의하면서 '개념체계'와 '개념화 능력'(conceptualizing capacity)을 구분하고, 개념체계가 학습될 수 있기 때문에 비결정성이 불가능하다는 주장은 바로 이 구분을 무시하고 있음을 지적한다. 레이코프는 동일한 개념화 능력이 상이한 개념체계들을 가져올 수 있음을 지적하고 이러한 구분을 무시함으로써 번역과 이해의 문제에 대해 전혀 상이한 견해를 갖게 된다고 말한다.[40] 이러한 맥락에서 레이코프는 번역과 이해의 차이를 다음과 같이 요약한다.

> 간단히 말해서 개념체계의 차이가 반드시 이해와 학습이 불가능하다는 것을 함축하지는 않는다. 그리고 어떤 사람이 전적으로 다른 언어를 배울 수 있

---

40) George Lakoff, *Women, Fire, and Dangerous Things: What Categories Reveal about the Mind* (Chicago: University of Chicago Press, 1987), pp. 310~12 참조.

> 다는 사실이 다른 개념체계를 갖지 않았다는 것을 의미하지는 않는다.
>
> 번역은 한 언어에서 다른 언어에로의 사상을 요구한다. 이해는 인간에게 내적인 어떤 것이다. 이해는 한편으로는 그 사람의 개념화와 그 개념들을 경험에 합치시키는 능력, 다른 한편으로는 그 개념들을 새로운 언어의 표현들과 합치시키는 능력과 관련되어 있다. 번역은 이해가 없이도 생길 수 있으며, 이해는 번역의 가능성이 없이도 생길 수 있다.[41)]

여기에서 우리가 주목해야 할 것은 의미가 단순히 어떤 문장의 객관적으로 고정된 진리 조건이 아니라 우리의 특정한 개념체계에 의거한 이해의 대상이라는 체험주의자들의 생각이다. 따라서 우리와 독립된 절대적이고 중립적인 개념체계란 있을 수 없으며, 따라서 절대적 진리도 존재하지 않는다.[42)] 즉 우리의 모든 믿음은 특정한 개념체계 안에서의 믿음이며, 의미와 진리 또한 특정한 개념체계 안에서의 의미이며 진리일 수밖에 없다는 것이다.

> 진리에 대한 해명이 다르면 의미에 대한 해명도 다르게 된다. 우리에게 의미는 이해에 의존한다. 우리가 한 문장을 이해하지 못하는 한, 그 문장은 우리에게 아무것도 의미할 수 없다. 더구나 의미는 항상 누구에게 있어서의 의미이다. 인간으로부터 독립된, 문장 그 자체의 의미 같은 것은 존재하지 않는다. 우리가 어떤 문장의 의미에 관해서 이야기한다면 그것은 실재의 인물이거나, 한 언어 집단의 가상적이고 전형적인 구성원인 어떤 사람에게 있어서의 의미이다.[43)]

---

41) 같은 책, p. 312.

42) 레이코프 · 존슨, 『삶으로서의 은유』, p. 317 참조.

존슨의 상상력 이론은 영상도식과 은유적 투사라는 설명을 통해 물리적으로 결정되지 않는 경험 차원의 작용 방식과 함께 그것이 물리적인 경험 차원과 어떤 관계에 놓여 있는지를 해명한다. 이러한 해명은 상대주의적 위협으로부터 벗어나는 개념체계 개념을 제시함으로써 비결정성 이론에 안전한 근거를 마련해 준다. 물론 체험주의의 해명은 그 자체로 완결된 것은 아니며 또 완결되지도 않겠지만 적어도 콰인이 비결정성 이론을 통해 제시했던 '경험에 의해 제약되지 않는 변이', 즉 '경험적 이완'의 존재를 훨씬 더 구체적이고 설득력 있게 보여 준다는 점에서 비결정성 이론에 대해 강력한 옹호가 된다. 궁극적으로 콰인은 원초적 번역이라는 사고 실험을 통해 상이한 개념체계들 사이에 개념화 방식의 차이가 존재할 수 있음을 보이려고 하는 것이다. 이러한 관점에서 '번역의 비결정성'은 오해의 소지가 있는 부적절한 이름인지도 모른다. 콰인이 제시하는 것은 오히려 '의미의 비결정성'이며 동시에 '이해의 비결정성'이다.

5. 맺는 말

지금까지의 논의를 통해 번역의 비결정성 이론이 여전히 '생명력 있는 미완성의 이론'이라는 것을 살펴보았다. 이러한 논의는 상대주의를 축으로 이루어진 것이며, 그 방향은 체험주의라는 새로운 견해에 의해 설정된 것이다. 비결정성 이론이 갖는 구체적인 설득력에도 불구하고 여전히 비판의 대상이 되는 가장 큰 이유를 필자는 이 이론이 자연스럽

43) 같은 책, p. 302. (고딕은 원문의 강조.)

게 초래하는 상대주의의 위협 때문이라고 본다. 따라서 이 상대주의라는 위협을 완화시킴으로써 우리는 비결정성 이론을 좀 더 유용한 관점에서 비추어 볼 수 있다고 본다.

필자는 번역의 비결정성이 근원적으로 개념체계의 상이성으로부터 비롯된다고 보며, 따라서 개념체계 개념에 대한 적절한 해명이 비결정성 이론의 성패를 결정하는 핵심적 관건이 된다고 본다. 그러나 개념체계라는 개념은 오늘날 상대주의 문제와 밀접하게 관련해서 가열된 논란의 핵을 이루고 있다. 따라서 이 글에서는 개념체계라는 개념을 체험주의의 입장에서 해명함으로써 비결정성 이론에 새로운 입지를 확보하려고 시도했다.

체험주의는 개념체계가 전적인 공약 불가능성이나 전적인 비결정성을 불러오는 도식적인 모형이 아니라 인식의 공공성과 상대성이라는 두 측면을 포괄하는 하나의 비교적 안정된 인식의 틀이라는 것을 보여준다. 말하자면 개념체계는 신체적인 공공성을 바탕으로 추상적인 변이를 허용하는 이중적 구조를 갖는다. 그러나 이 이중적 구조는 단절된 두 측면의 결합이 아니라, 앞서 보았던 것처럼 지속적인 상호작용의 결과로서 드러나는 어떤 것이다. 따라서 개념체계의 상이성에 의해 발생하는 번역의 비결정성은 추상적 차원으로 나아갈수록 점점 더 커진다고 말할 수 있다. 그러나 이 변이가 무제한적으로 임의적이지 않은 이유는 그것이 공공성의 기반인 신체적 활동에 바탕을 두고 있기 때문이다. 따라서 우리가 이러한 체험주의의 새로운 주장을 받아들인다면 개념체계는 결코 공허한 것도 위험한 것도 아니다.

이러한 관점에서 콰인의 번역의 비결정성 이론은 그 자체로 완결된 언어 이론이라기보다는 보다 더 포괄적인 언어 이론, 나아가 인식론을 요청하는 문제 제기라고 할 수 있다. 비결정성 이론의 핵심은 콰인 자신의 지적처럼 의미 문제에 있어서 경험에 의해 제약되지 않는 변이의 가능성을 주장하려는 것이다. 따라서 이 이론이 제기하는 의문은 1) 그 변이 요소는 무엇이며, 왜 그것이 경험에 의해 결정되지 않는가, 2) 그 변이 요소의 구체적 작용 방식은 무엇이며, 또 그 요소는 물리적 경험과 어떤 관계에 놓여 있는가 하는 것이다. 사고와 이해에 관한 체험주의의 해명은 이러한 문제들에 대해 적어도 부분적인 답을 제시하며, 이러한 관점에서 비결정성 이론의 정당성을 보완해 주는 역할을 한다.

결론적으로 비결정성 이론은 우리를 언어와 사고에 관한 허무주의적 상대주의로 이끌어 가는 비관적 이론이 아니라, 상대주의를 허용하면서도 허무주의에 빠지지 않는 새로운 이론의 출현을 예기하는 낙관적 예언이다. 콰인은 자신의 이론적 요청에 부합하는 해명을 성공적으로 제시하지는 못했지만, 그러한 이론의 윤곽을 마음속에 그리고 있었던 것으로 보인다. 체험주의적 해명은 비결정성 이론을 통해 콰인이 구상했던 철학적 제안이 생명력 있는 것임을 좀 더 구체적으로 보여 준다. 콰인의 제안은 그 자체로 하나의 완결된 체계는 아니지만 분명히 우리가 고민해야 할 철학적 문제에 관해 새로운 논의의 지평을 열어 주고 있으며, 그것은 아마도 한 철학자가 남길 수 있는 가장 값진 유산의 하나가 될 것이다.

제10장 대립 없는 상대주의

상대주의에 대한 수많은 비판적 논의의 배후에는 철학적이든 일상적이든 상대주의를 허용하는 것이 궁극적으로 우리를 지적 · 도덕적 무의미로 이끌어 갈 것이라는 우려가 자리 잡고 있다. 그것은 상대주의적 분기가 제약되지 않을 경우 우리가 진리, 선, 합리성 등에 대한 공통 지반을 잃게 될 것이라는 우려이며, 나아가 우리의 삶이 허무주의적 혼란에 빠져들게 될 것이라는 우려다. 이것은 반상대주의자와 상대주의자 모두를 사로잡는 불안이다. 따라서 긍정적 유형의 상대주의를 탐구한다는 것은 객관주의적(또는 토대주의적) 지반으로 되돌아가지 않으면서도 이러한 우려를 극복하는 일이라고 할 수 있다. 이러한 상대주의는 고전적으로 객관주의와 이분법적 대립을 유지해 왔던 허무주의적 상대주의가 아니라, 그 둘 사이에 자리 잡은 일종의 완화된 상대주의다.

사실상 완화된 상대주의를 추구하려는 이러한 시도를 가로막았던 가장 큰 장애는 전통적으로 유지되어 온 객관주의다. 필연적인 것은 아니지만 객관주의는 거의 예외 없이 '신적 관점'(God's-Eye view)을 가정해 왔으며, 이러한 가정을 통해 다른 모든 탐구들에 대한 우선성을 자임해 왔다. 객관주의는 다양한 시도에도 불구하고 신적 관점을 직접적으로 제시하지 못했으며, 또 그것이 우리에게 주어지지 않으리라는 것은 너무나 분명해 보인다. 이러한 주장은 단지 객관주의의 반복적인 실패에 근거하고 있는 것이 아니라 오히려 우리 자신의 조건에 대한 반성적 성찰에 근거한 것이다. 로티의 표현을 빌면 절대적 진리 같은 것이 설혹 주어진다 하더라도 우리에게 그것을 식별할 능력이 주어지지 않았다는 것이다.[1)]

대신에 객관주의는 만약 우리가 단일하고 올바른 진리를 포기하게 되면 불가피하게 절망적인 허무주의에 빠지게 되며, 따라서 그것을 피하는 유일한 길이 객관주의적 회귀뿐이라고 주장한다. 다시 말해서 객관주의를 지탱해 주는 주된 논거는 이분법적 대립이라는 구도 안에서만 적절하게 성립한다. 나아가 이러한 객관주의를 유지하기 위해서 우리는 우리 경험의 많은 부분의 '억압'이라는 값비싼 대가를 치러야만 한다. 즉 객관주의는 철학적 열망이 불러온 하나의 관점이며, 따라서 그것이 성립하기 위해서는 많은 경험적 사실들이 이런저런 형태로 간과되거나 무시되어야만 하기 때문이다. 그 결과의 하나가 바로 퍼트남이 말하는 수많은 '소외된 이론들'(alienated views)[2)]이다.

전통적 객관주의와 허무주의적 상대주의가 그 대립적 구도 안에서 드러내는 수많은 난점들을 감안할 때, 이 양극단의 사이에 위치하는 어떤 중간 지대를 찾으려는 시도는 일면 자연스러운 것이다. 즉 객관주의와 신적 관점의 추구에 대한 다양한 측면에서의 지속적인 도전은 객관주의가 근원적으로 잘못 설정된 견해임을 보여 준다. 반면에 그 대안처럼 보이는 상대주의는 허무주의적 위협을 안고 있을 뿐만 아니라 너무나 쉽게 논파되는 자가당착적 견해다. 이러한 대립 구도를 극복하는 데 하나의 핵심적 열쇠는 이 두 견해의 철학적 본성과 역할에 관해서 새롭

---

1) Richard Rorty, *Philosophy and Social Hope* (London: Penguin Books, 1999), p. 82 참조.

2) Hilary Putnam, *Reason, Truth and History* (Cambridge: Cambridge University Press, 1981), p xii 참조.

게 묻는 것이다. 즉 이 두 견해들이 모두 우리의 실제적인 경험을 해명하는 데 여전히 난점을 안고 있다는 경험적 사실에도 불구하고 왜 우리가 이론들 사이에 여전히 이분법적 선택을 요구받아야 하는지를 다시 물을 수 있다.

요약하면, 이 두 이론들은 우리 경험에 대한 해명의 차원에서가 아니라 이론적 요청의 차원에서 대립 구도를 형성하게 된다는 것이다. 우리는 체험주의를 따라 해명이라는 차원으로 시각을 옮겨감으로써 이 두 견해의 본성을 좀 더 분명하게 드러낼 수 있을 뿐만 아니라 그것들의 이분법적 대립이 철학적 열망의 차원에서 이루어지고 있다는 사실을 지적할 수 있다.

2~6장에서 보았던 것처럼 퍼트남과 굿맨, 그리고 로티는 객관주의와 상대주의 사이의 중간 지대를 찾으려는 동일한 목적을 공유하면서도 거의 화해될 수 없는 색다른 접근 방식을 택한다. 로티의 주장에 따르면 퍼트남과 굿맨은 여전히 데카르트적 인식론의 구도에 묶여 있으며, 이 때문에 '개념 이전의 실재'라는 수수께끼 앞에서 무기력하게 대응할 수밖에 없다. 그렇지만 로티 자신 또한 객관주의와 상대주의의 이분법적 대립이라는 문제를 해소하는 올바른 길을 가고 있는 것은 아니다. 좀 더 면밀히 살펴보면 문제에 대한 해결 방식의 차이에도 불구하고 이들은 모두 동일한 바탕에서 이 문제를 진단하고 있다. 말하자면 그들은 객관주의/상대주의 이분법이 마음과 세계의 관계 문제와 맞물려 있다는 생각을 공유한다. 퍼트남과 굿맨은 이 관계를 좀 더 정교한 방식으로 다루려고 하는 한편, 로티는 이 관계 자체를 전적으로 와해시키려고 한다.

만약 로티가 가정했던 것처럼 상대주의의 우려가 마음과 세계의 분리 구도에서만 비롯된 것이라면 그의 해체적 전략에 따라 상대주의적 우려가 말끔히 제거되어야만 할 것이다. 그러나 그의 시도는 오히려 상대주의에의 우려를 가중시키는 역설적 결과를 낳고 있다. 이것은 상대주의의 우려라는 문제가 단순히 마음—세계의 구도에만 국한된 문제가 아니라는 사실을 말해 준다. 이 때문에 로티의 시도는 퍼트남과 굿맨의 아포리아에 대한 급진적인 해소의 전략이 될 수 있으면서도 여전히 객관주의/상대주의 이분법에 대한 완전한 해결책이 되지는 못한다.

이들의 실패를 통해 우리는 객관주의/상대주의 이분법이라는 문제가 새로운 차원의 접근을 요구한다는 것을 알 수 있다. 필자는 듀이의 실용주의에 이 문제에 대한 새로운 접근 가능성이 암시되어 있음을 지적했는데, 그것은 자연세계 안의 유기체인 인간의 경험에서 몸의 중심성에 대한 반성적 성찰이다.[3] 로티는 듀이적 실용주의를 자신의 철학적 기조로 수용한다고 공언하고 있음에도 불구하고 자신의 성급하고도 편향적인 해석을 통해 듀이의 실용주의를 왜곡하고 있을 뿐만 아니라 객관주의/상대주의 이분법 문제에 접근하는 결정적 계기인 '신체화된 마음'이라는 생각 또한 간과하게 된 것으로 보인다.

듀이의 '신체화된 마음'이라는 개념은 우리의 사고와 이해에 관한 체험주의적 해명을 통해 적절하게 수용되고 있으며, 그렇게 함으로써 객관주의/상대주의 이분법에 대한 새로운 접근의 가능성을 제시하고 있다. 7장에서 서술했던 것처럼 체험주의는 인간의 경험과 이해가 객관

---

3) 경험에 있어서 몸의 중요성은 듀이, 메를로 퐁티, 그리고 아마도 비트겐슈타인에 의해 일찍이 암시된 것이다. 듀이나 메를로 퐁티처럼 명시적이지는 않지만 우리는 비트겐슈타인의 후기 사상을 대변하는 『철학적 탐구』에서의 몇몇 언급들을 통해 그가 몸의 중요성을 인식하고 있었다고 추정해 볼 수 있다. 특히 비트겐슈타인이 우리가 일상적으로 사용하는 정당화의 최종적 지반으로 설정하고 있는 '삶의 형식'(forms of life)은 적어도 우리의 몸을 포함한 자연적 조건의 중요성을 드러내는 것으로 보인다. 특히 루드비히 비트겐슈타인, 『철학적 탐구』, 이영철 역 (서울: 책세상, 2006), 217절, p. 399 참조.

주의나 상대주의의 해명을 거부하는 상상적 구조를 갖는다고 주장하며, 이러한 상상적 구조가 직접적으로 우리의 신체적 활동에 근거하고 있음을 보여 준다. 이러한 측면에서 체험주의는 인간의 이해에 대한 보다 더 포괄적인 해명을 제시한다. 그렇지만 체험주의의 해명이 완결된 어떤 것이라고 간주되어서는 안 될 것이다. 듀이의 자연주의가 암시하는 것처럼 우리의 지식은 과학적 탐구의 진전에 따른 발전의 여지를 남겨 두고 있다. 즉 우리의 탐구는 항상 열려 있는 가능성이다.

체험주의의 해명처럼 우리의 경험과 이해에 '신체화된 상상적 구조들'(embodied imaginative structures)이 존재한다는 사실은 객관주의나 허무주의적 상대주의가 적절하게 설명할 수 없는 제3의 영역이 존재한다는 분명한 사실을 보여 준다. 동시에 이러한 영역이 존재한다는 사실은 그 두 견해 사이의 이분법적 대립이 어떤 방식으로든 해소되어야 할 가상적 대립이라는 것을 보여 주기에 충분한 증거가 된다. 그리고 이 이분법의 거부는 결과적으로 그 양 극단 사이의 중간 지대에 대한 하나의 해명 방식으로서 '완화된 상대주의'의 가능성을 확보해 준다. 이러한 가능성을 예증하려는 시도로 필자는 개념체계에 대한 데이빗슨의 비판과 콰인의 번역의 비결정성 이론을 다루었다. 개념체계라는 개념이 공허하다는 데이빗슨의 논의에 반해, 체험주의는 전적인 공약 불가능성을 전제하지 않는 완화된 개념체계 개념이 가능하다는 것을 보여 주며, 따라서 이에 상응하는 '완화된 상대주의'가 가능하다는 것을 보여 준다.

이러한 상대주의는 상이한 개념체계를 수용하는 상이한 문화나 사회가 각각 상이한 방식으로 세계를 구획하며, 그것들은 데이빗슨이 원하는 정도로 적절하게 상호 해석되거나 번역되지 않으리라는 것을 인정한다. 따라서 진리, 선, 옳음 등은 개념체계들에 상대적이다. 그렇지만 그것이 우리가 상이한 개념체계들을 전혀 이해하거나 해석할 수 없다는 것을 뜻하지는 않는다. 비록 우리가 다른 문화, 다른 삶의 형식, 다른 언어, 다른 패러다임을 수용하거나 사용하지 않는다고 하더라도 우리는 그것들이 이러저러한 주어진 조건들의 작용을 통해 왜, 어떤 방식으로 형성되고 작용하는지를 여전히 의미 있는 방식으로 이해하고 해석할 수 있다. 물론 이러한 이해와 해석은 적어도 내가 속한 개념체계에 상대적일 수밖에 없다. 그러나 이렇게 드러나는 상대성이 의사소통을 불가능하게 하는 전적인 공약 불가능성을 함축하는 것은 결코 아니다.

어떤 것들이 '다르다' 또는 '상대적이다'라고 의미 있게 말할 수 있기 위해서는 그것들이 모종의 공통 지반을 공유하고 있다는 사실이 전제되어야만 한다. 공유된 지반이 전제되지 않고서는 주어진 어떤 것들 사이의 차이 자체는 의미화될 수 없기 때문이다. 예를 들면, "철수와 영희는 달라"라는 말의 의미를 이해하기 위해서는 철수와 영희 사이에 어떤 공통 지반이 전제되어야 한다. 한편 "철수와 사자는 달라"라는 말을 이해하는 데에는 앞의 것과는 또 다른 어떤 지반이 전제되어야 한다. 말하자면 모든 차이들은 항상 그 차이의 크기를 규정하는 공통 지반을 전제하고 있는 것이다. 개념체계들 사이의 차이들 또한 예외가 아니다. 개념체계들 사이의 차이가 의미를 갖기 위해서는 그 차이의 의미를 제공하는 어떤 지반이 전제되어야만 하는 것이다.

이러한 점에서 의미 있는 대안적 개념체계 개념이 어떤 공통 지반을 전제한다는 데이빗슨의 주장은 옳은 것이다. 그러나 개념체계들 사이의 차이들이 그 공통 지반으로 환원되거나 또는 다른 어떤 방법으로 그 공통 지반에 의해 해소될 수 있을 것이라는 데이빗슨의 주장은 하나의 해명이 아니라 입증되지 않는 '철학적 요청'일 뿐이다. 말하자면 데이빗슨의 주장은 개념체계들 사이에 생겨난다는 전적인 번역 불가능성을 부정하는 데는 분명히 효과적이기는 하지만, 그러한 논의를 토대로 데이빗슨이 제시하는 결론은 성급한 것이다. 데이빗슨의 이러한 결론은 다만 객관적 지반에 대한 선험적 요청에 근거한 것일 뿐이다. 공통 지반으로부터 발생한 변이들은 그 지반으로 환원될 수도, 또 환원되어야 할 이유도 없기 때문이다.

그렇다면 인간이 경험하는 다양한 개념체계들이 공유하는 궁극적인 공통 지반은 무엇일까? 사고와 이해에 관한 체험주의의 해명을 토대로 우리는 다양한 개념체계들의 궁극적인 공통 지반이 바로 인간이라는 종(種)이 공유하는 자연적 조건들—몸과 그 직접적 활동을 포함한—이라고 생각할 수 있다. 다시 말해서 우리는 인간이라는 종으로서 유사한 자연적 조건을 공유하고 있으며, 이 때문에 상이한 개념체계들에 관해 의미 있게 이야기할 수 있는 것이다.[4] 우리는 이러한 공통 지반의 존재 때문에 개념체계들 사이에 드러나는 '상대적 변이'가 무한정 자의적이라고 말할 수 없다. 그렇지만 다양한 개념체계들의 변이에는 체험주의자들이 주장하는 것처럼 광범위한 상상적 기제들의 작용이 개입되기 때문에, 우리의 사고의 확장은 전통적 객관주의자들이 가정했던 것처럼 산술적인 방식으로 이루어지지 않으며, 따라서 산술적인 환원 또한 불가능하다.

경험의 이러한 구조는 고전적인 객관주의에 의해서도, 허무주의적 상대주의에 의해서도 적절하게 설명되지 않는다. 이러한 구조는 아마

---

4) 우리는 우리의 개념체계와 고양이나 딱정벌레의 개념체계를 비교하지 않으며, 또 설령 그런 경우라 하더라도 그것이 어떤 의미를 갖는지 이해하기 힘들다. 물론 그러한 비교가 전적으로 불가능한 것은 아니지만, 그 경우 우리는 인간의 다양한 개념체계들을 이야기할 때보다 훨씬 더 넓은, 우리에게 일상적으로 익숙하지 않은 공통 지반—예를 들면, '동물', '생물', 또는 '존재' 등과 같은—을 전제해야 한다.

도 '완화된 상대주의'를 통해서 가장 적절하게 설명될 수 있을 것이다. 그러나 완화된 상대주의를 논의하면서 중요하게 지적되어야 할 것은 객관주의와 마찬가지로 상대주의가 일상적인 의미에서의 하나의 철학적 '이론'이 아니라 우리의 경험과 이해의 상이한 방식들이라는 점이다. 상대주의에 대한 데이빗슨의 반론이 논의 자체로는 탁월하고도 정확한 것이면서도 상대주의의 본성에 대해 유용한 설명을 하지 못하는 것은 데이빗슨이 바로 이 점을 간과하고 있기 때문이다. 즉 데이빗슨은 상대주의를 하나의 이론으로 정형화하고 있으며, 그것을 논파하고 있는 것이다. 동시에 이것이 퍼트남이나 굿맨이나 로티가 하나의 '이론'으로서 제시된 상대주의가 자가당착적인 본성을 갖는다는 사실을 인정하면서도 여전히 모종의 상대주의에 대한 가능성을 남겨 두는 이유이기도 하다. 이러한 의미에서 '극단적 상대주의'는 상대주의의 가능한 형태 중의 하나이며, 동시에 고도로 이상화된 형태라고 말할 수 있다.

상대주의의 문제, 특히 개념체계의 문제와 관련해서 매우 빈번히 다루어지는 것으로 실재론/반실재론 문제를 들 수 있다. 우리가 세계를 구획하는 것으로서의 개념체계 개념을 인정하게 되면 개념 이전의 세계를 공허한 것으로 거부하고 반실재론자가 되거나, 아니면 칸트적 본체계라는 미궁에 빠질 수밖에 없는 것으로 보인다. 나아가 인식 주관의 외부에 일상적 사물들이 존재한다는 상식적 실재론의 여지마저도 없는 것으로 보인다. 사실상 이것은 퍼트남이 내재적 실재론에서 개념체계 개념을 수용함으로써 생겨난 불운한 딜레마다. 그렇지만 퍼트남의 내재적 실재론에서 '개념 이전의 세계'라는 딜레마는 실재론과 상대주의를 화해시키려는 그의 시도에서만 오는 것이 아니라 세계와 마음(또는 언어)의 분리를 가정하는 그의 지칭 이론적 구도에서 오는 것이다. 따라서 만약 우리가 마음과 세계의 분리를 가정하는 지칭 개념을 포기한다면 실재론과 상대주의의 화해는 여전히 열려 있는 가능성이다.

한편 마음과 세계의 분리 문제를 해결하기 위해서는 인간이 몸을 통해 지속적으로 변화하고 진화해 가는, 세계와 직접 상호작용하는 존재라는 사실에 주목할 필요가 있다. 이러한 시각에서 우리는 적어도 특정한 유형의 실재론적 믿음이 가능하다고 말할 수 있다. 우리는 몸을 가진 유기체로서 세계 안에 존재하며, 적어도 그러한 사실과 동등한 차원의 사물들에 대해서 소박한 수준의 실재론을 쉽사리 인정할 수 있다. 즉 나무, 의자, 책상, 바위 등의 일상적 사물들은 우리의 몸이 존재하는 것과 동일하거나 매우 유사한 방식으로 세계 안에 존재한다고 믿는 것은 매우 자연스럽다.

이러한 믿음을 입증하거나 반증하기 위해 우리가 사용할 수 있는 또 다른 논거가 있다면 그것은 과연 무엇일까? 내 몸이 이러한 대상들과 직접적으로 접촉하고, 그것들로부터 이런 저런 형태의 감각을 받아들인다는 사실을 넘어서 무엇을 할 수 있는 것일까? 적어도 이러한 믿음을 정당화하기 위해 더 이상 커다란 철학적 수수께끼가 개입되어야 할 이유는 없어 보인다. 그러한 경험은 이론들이 끼어들 틈바구니가 없을 만큼 밀착된 경험이다. 그래서 물리적 대상들이 지금과 같은 방식으로 존재한다고 믿는 것은 마치 내 눈앞에 내 두 손이 있다는 사실을 믿는 것만큼이나 자연스럽다.

그러나 이러한 실재론은 '형이상학적 실재론'이 아니다. 왜냐하면 이러한 실재론은 무엇이 어떻게 존재하는지를 알기 위해서 신적 관점을 필요로 하지 않기 때문이다. 거기에는 우리가 회의적으로 바라보아야 할 '개념 이전의 실재'라는 미궁은 없다. 사실상 실재론은 적어도 이론적으로 정교화되지 않은 소박한 존재의 수준에서는 매우 설득력 있는 견해로 보인다. 적어도 이러한 차원에서의 실재론은 설(J. Searle)이 말하는 것처럼 하나의 이론이나 가설이 아니라 이론들과 가설들을 가능하게 하는 하나의 조건으로서의 믿음일 것이다.[5)]

그러나 그것이 이야기의 전부는 아니다. 우리의 경험은 물리적인 것들과의 소박한 차원의 상호작용으로 국한되지 않기 때문이다. 우리의 경험은 물리적 차원의 것들로부터 출발해서 추상적이고 정신적인 차원으로 확장되어 가면서 점차 큰 복잡성을 띠게 되는데, 그러한 복잡성은 실재론적 차원의 대상들의 속성으로부터 비롯되는 것이 아니라, 그것들과 상호작용하는 우리의 정신적 작용으로부터 비롯된다. 이처럼 우리는 확장된 경험의 차원에서 점차 증가하는 반실재론적 요소들을 볼 수 있다. 그렇다면 실재론과 반실재론은 우리 경험의 연속적 스펙트럼에서 부분들을 설명하려는 제한된 견해들이다. 우리의 경험은 실재론적 요소들과 반실재론적 요소들의 공존의 구조를 드러내고 있는 것이다. 이 때문에 실재론이 성립하는 강력한 증거에도 불구하고 반실재론이 그릇된 것으로 판정되지 않으며, 그 역도 마찬가지다. 실재론과 반실재론은 이분법적으로 대립되는 견해들이 아니다.

이러한 시각에서 본다면 일견 강한 반실재론자처럼 들리는 몇몇 주장에도 불구하고 로티는 여전히 일종의 소박한 실재론자로 간주될 수 있을 것이다.[6)] 그리고 이러한 태도는 미국의 실용주의적 자연주의자들

5) John Searle, *Intentionality* (Cambridge: Cambridge University Press, 1983), pp. 158~59 참조. 이러한 설의 주장은 적어도 제한된 의미에서 옳은 것이다. 그러나 실재론에 대한 설의 이러한 논변에 의해 반실재론적 믿음이 전적으로 해소되거나 논파되는 것은 아니라는 점을 염두에 두어야 할 필요가 있다. 그럼에도 불구하고 설은 더 나아가 궁극적으로 실재론과 함께 진리 대응설을 옹호하고 있다.

6) 로티는 칸트의 본체계를 '잘 잃어버린 세계'(the world well lost)라고 부름으로써 진리 대응설과 함께 그것을 거부한다는 사실 때문에 반실재론자처럼 보이게 된다. 그렇지만 데비트의 주장처럼 로티는 여전히 실재론자다. 왜냐하면 "로티는 존재 차원에서의 실재론을

에게는 논쟁의 차원을 떠나서 매우 자연스러운 것이며, 그것을 받아들이는 로티에게 있어서도 자연스럽게 보인다. 그러나 앞서 지적했던 것처럼 실재론이 "적어도 무엇인가 존재한다"라는 차원의 것이라면 로티뿐만 아니라 어느 누구도 실재론자일 수밖에 없다. 사실상 로티를 실재론 진영으로, 또는 반실재론 진영으로 끌어들이는 것은 로티의 견해에 대한 부분적인 이야기일 뿐이다. 오히려 우리가 주목할 것은 로티의 언급들이 실재론이나 반실재론을 적극적인 의미에서 옹호하기 위한 것이 아니라 실재론과 반실재론의 문제점들을 지적하기 위해서 부정적으로 제시되고 있다는 사실이다. 따라서 실재론에 대한 그의 비판적 언급들을 토대로 로티를 반실재론자로 간주한다거나, 반실재론에 대한 비판적 태도를 토대로 그를 실재론자로 끌어들이는 것은 성급한 일이다.

오히려 로티는 고전적인 실재론/관념론 논쟁이든, 오늘날 언어철학적으로 재구성된 실재론/반실재론 논쟁이든 그 자체가 더 이상 유용성을 갖는 주제가 아니라고 주장하고 있다. 로티는 그러한 논쟁을 거부하고 있다고 말하는 것이 더 정확할 것이다. 로티는 이 논란 자체를 흥미없는 어떤 것으로 잠재우려고 하는 것이다. 어떤 의미에서 로티의 이러한 태도는 옳은 것이다. 실재론과 반실재론을 대립적인 이론으로 간주하는 논쟁 구도는 적절한 것이 아니기 때문이다. 그러나 로티를 따라 단지 이 논쟁이 몸/마음, 마음/세계 분리라는 공허한 인식론적 구도 위에서 성립하고 있다는 것을 인정하고, 따라서 그러한 구도를 포기한다 하더라도, 우리는 여전히 이 논란에 개입된 것들 중에 무엇이 왜 잘못

언급할 필요도 없이 명백한 것"으로 받아들이기 때문이다. 그러나 이 때 로티가 받아들이는 실재론은 아마도 소박한 실재론이라고 부를 수 있는 유형의 실재론일 것이다. Michael Devitt, *Realism and Truth*, 2nd ed. (Oxford: Basil Blackwell, 1991), p. 205.

되었는지에 관해 진지하게 물을 수 있다. 나아가 우리 경험의 구조를 설명하는 데에는 여전히 실재론적 요소들과 반실재론적 요소들의 복합적인 작용은 중요한 문제로 드러나기 때문이다.

로티에게 철학은 셀라스(W. Sellars)의 표현을 따라 "사물들이 어떻게 …… 어울려 있는지를 이해하려는 시도"[7)]이다. 물론 사물들이 어떻게 어울려 있는지를 이해하는 것은 철학적 작업에 있어서 중요한 부분이다. 그러나 그러한 작업을 체계적 방식으로 수행하지 말아야 한다는 로티의 주장은 뚜렷한 근거를 갖지 못하는 것으로 보인다. 체계에 대한 로티의 근원적 거부는 '포스트모던'이라고 불리는 철학자들이 공통적으로 공유하는 전략적 태도가 강하게 드러난다. 이들은 이론의 운명을 마치 '추락하기 위해서 날개를 다는 것'으로 간주하며, 처음부터 그 날개를 거부함으로써 추락을 피할 수 있다고 생각하는 것으로 보인다. 그러나 모든 이론이 본성적으로 그러한 운명을 지고 있다고 하더라도 그것이 이론 자체를 거부해야 하는 유일한 이유가 될 수는 없다. 이론화를 거부하는 것보다도 더 중요한 것은 그러한 이론의 본성을 반성적으로 되돌아볼 수 있는 우리의 깨달음과 함께 그 이론들과 성공적으로 공존하는 일일 것이다. 오히려 퍼트남의 주장처럼 "재구성적 반성은 우리 신념 체계의 완전하고 유일한 재구성에의 희망이 절망적으로 유토피아적이라는 이유만으로는 그 가치를 상실하는 것은 아니기 때문이다."[8)]

예를 들면, 체험주의는 명백하게 인간의 이해에 대한 체계적 해명을 시도한다. 그러나 이러한 유형의 체계 건설이 로티가 강력히 주장하는 것처럼 대화를 가로막는 것은 아니다. 오히려 체험주의는 이러한 체계

7) Rorty, *Consequences of Pragmatism*, p. xiv 재인용.

8) Putnam, *Realism with a Human Face*, p. 25.

적 탐구의 가능성에 대한 믿음을 통해 객관주의/상대주의 이분법을 극복하는 데 무엇이 필요한지를 좀 더 설득력 있게 보여 준다. 체험주의가 제안하는 것은 우리의 경험과 이해의 구조에 관한 '자연주의적'(naturalistic) 탐구다. 따라서 체험주의가 지향하는 체계적 탐구는 단일하고 올바른 완결된 체계가 아니다. 체험주의는 경험과학적 연구 성과들을 통해 지속적으로 제공되는 증거들을 수용하고, 반성적으로 검토함으로써 그것을 토대로 우리가 더 나은 가설에 이를 수 있을 것으로 믿는다.

그러한 탐구는 그 자체로 완결된 것은 아니라 할지라도 전통적인 이론들의 부적절성을 드러내기에 충분한 증거를 제공하는 것으로 보인다. 말하자면 우리의 경험과 이해는 객관주의나 상대주의에 의해 적절하게 해명될 수 있는 구조를 갖고 있지 않다. 이러한 관점에서 만약 객관주의나 상대주의가 우리의 경험과 이해를 '해명하는' 이론으로서 제시된 것이라면, 그것들은 이분법의 양편이 아니라 하나의 연속체의 양극단에 위치한 것으로 이해되어야 할 것이다. 체험주의의 이러한 제안은 객관주의의 억압과 상대주의의 위협으로부터 우리를 해방시켜 주며, 그렇게 함으로써 대화의 더 넓은 지평을 열어 줄 수 있을 것이다.

이제 우리는 객관주의와 상대주의가 일상적인 의미에서의 철학적 이론들이 아니라 일종의 '철학적 태도'라고 이해함으로써 이 문제에 대처하는 좀 더 나은 위치에 설 수 있다. 대신에 만약 객관주의가 하나의 '이론'일 수 있다면 그것은 우리의 경험에 관한 '기술(記述)적 이론'이 아니라 일종의 '규범적 이론'이 될 것이다. 이것은 객관주의가 우리가 세계를 이해하고 해석하는 데 의지하게 되는 방식의 하나일 수 있다는 사실을 부정하는 것은 아니다. 말하자면 객관주의에 대한 지속적인 비판에도 불구하고 객관주의는 마치 종교, 예술, 산술 등과 같은 방식으로 여전히 그 자리를 갖게 될 것이다. 그러나 그것은 결코 생물학이나 지질학이나 신경과학과 같이 이 세계의 사실을 기술하는 이론들과 나란히 서 있지 않다. 만약 객관주의가 그러한 자리를 갖는다면 그것은 너무나 쉽사리 그릇된 이론으로 판명될 수 있을 만큼 이제 우리는 그에 반하는 충분한 경험적 증거들을 갖고 있는 것이다.

객관주의의 이러한 본성 때문에 우리는 객관주의를 수용하기 위해서는 값비싼 대가를 치러야만 한다는 사실에 항상 주목해야 한다. 마지막 장에서 언급했던 것처럼 객관주의는 우리의 경험과 이해의 많은 부분을 억압함으로써만 옳은 것으로 유지될 수 있기 때문이다. 따라서 만약에 객관주의가 우리 자신과 세계의 모습에 대해 '절대적인 정확성'을 제공한다고 주장하는 것이라면 그것은 단적으로 그릇된 것이며, 따라서 거부되어야 한다. 객관주의는 매혹적이기는 하지만 세계를 기술하고 해명하는 데 적절한 견해는 아니다. 아마도 극단적 상대주의에 대해서도 우리는 거의 같은 말을 할 수 있을 것이다. 그리고 이것은 오랫동안 철학사를 사로잡은 중요한 '혼동들' 중의 하나다. 그리고 이러한 혼동을 불러온 주된 요인은 비트겐슈타인(L. Wittgenstein)이 지적하는 '철학적 열망들'이었을 것이다.[9] 그렇지만 비록 객관주의와 상대주의의 가정된 이분법적 대립이 해소된다고 하더라도 이 양 진영의 지지자들 간의 대립 가능성이 완전히 제거된다는 것을 뜻하지는 않는다. 퍼트남의 지적처럼 하나의 태도로서의 상대주의는 결코 사라지지 않을 것이

9) Ludwig Wittgenstein, *The Blue and Brown Books* (New York: Harper & Row, 1965), p. 17, 또 비트겐슈타인, 『철학적 탐구』, 이영철 역 (서울: 책세상, 2006), 104절 참조. 그러한 철학적 열망들에 의해 추동된 이론들은 '우리가 원하는 것'으로서 태어났지만, 어느 지점에서인가 '우리의 것'으로 변형됨으로써 쉽사리 타자에 대한 억압으로 변질될 수 있는 것이다.

며, 따라서 우리는 그것과 함께 살아가는 방식을 배워야 할 필요가 있기 때문이다.[10] 우리는 객관주의에 대해서도 같은 말을 할 수 있을 것이다. 그러나 중요한 것은 이제 우리가 그것들과 함께 살아가기 위한 좀 더 나은 위치에 와 있다는 점이다. 즉 우리는 이 대립이 오랫동안 가정되어 왔던 것처럼 불가피한 것도 보편적인 것도 절대적인 것도 아니라는 점을 알 수 있기 때문이다.

완화된 상대주의의 필요성과 가능성은 객관주의/상대주의 이분법이 좀 더 의미 있는 대화의 통로를 가로막는 '사이비 이분법'(pseudo dichotomy)일 뿐이라는 사실을 깨닫게 됨으로써 분명해진다. 이러한 완화된 상대주의와 함께 우리는 허무주의적 상대주의에 의해 위협받지 않으면서도 자유롭게 신적 관점에 대한 희망을 포기할 수 있다. 이러한 상대주의는 일상적 의미에서의 하나의 철학적 이론이 아니다. 그것은 우리에게 직접적으로 진리, 선, 옳음, 합리성이 무엇인지를 말해 주지 않는다. 대신에 그것은 불필요한 대립으로부터 벗어나 우리의 탐구와 대화를 열어 줄 또 하나의 철학적 조건이다. 그래서 완화된 상대주의의 정립은 새로운 철학적 지평의 발견을 의미하는 것이 아니라 객관주의와 허무주의적 상대주의의 이분법적 대립에 의해 오랫동안 부당하게 억압되고 은폐되어 왔던 정당한 철학적 조건의 복권을 의미한다.

---

10) Putnam, *Renewing Philosophy* (Cambridge, Mass.: Harvard University Press, 1992), p. 178.

| 참고문헌 |

김동식. 『로티의 신실용주의』. 서울: 철학과 현실사, 1994.

레이코프, G. · M. 존슨. 『삶으로서의 은유』. 수정판. 노양진 · 나익주 역. 서울: 박이정, 2006.

______. 『몸의 철학: 신체화된 마음의 서구 사상에 대한 도전』. 임지룡 외 역. 서울: 박이정, 2002.

비트겐슈타인, 루드비히. 『논리-철학 논고』. 이영철 역. 서울: 책세상, 2006.

______. 『철학적 탐구』. 이영철 역. 서울: 책세상, 2006.

이명현. 「언어, 사유와 존재」. 한국분석철학회 편. 『관념론과 실재론』. 서울: 철학과 현실사, 1993.

이승종. 「의미와 해석에 관한 콰인-데이빗슨 논쟁」. 『철학』, 제39집 (1993 봄): 325~58.

정대현. 「서양철학에서의 맞음」. 『맞음의 철학』. 서울: 철학과 현실사, 1997.

존슨, 마크. 『마음 속의 몸: 의미, 상상력, 이성의 신체적 근거』. 노양진 역. 서울: 철학과 현실사, 2000.

Alexander, Thomas. *John Dewey's Theory of Art, Experience & Nature: The Horizons of Feeling*. Albany, N.Y.: SUNY Press, 1987.

______. "Richard Rorty and Dewey's Metaphysics of Experience." *Southwest Philosophical Studies*, 5 (1980): 24~35.

Austin, J. L. *Philosophical Papers*. Oxford: Oxford University Press, 1961.

Barnes, Barry and David Bloor. "Relativism, Rationalism, Sociology of Knowledge." In Martin Hollis and Steven Lukes, eds. (1982).

Berlin, Brent and Paul Kay. *Basic Color Terms: Their Universality and Evolution*. Berkeley: University of California Press, 1969.

Bernstein, Richard. *John Dewey*. New York: Washington Square Press, 1966.

______. "Philosophy in the Conversation of Mankind." *Review of Metaphysics*, 33 (1980): 745~76.

______. *Beyond Objectivism and Relativism: Science, Hermeneutics, and Praxis*. Philadelphia: University of Pennsylvania Press, 1983. 『객관주의와 상대주의를 넘어서』. 정창호 외 역. 서울: 보광재, 1996.

Boisvert, Raymond. *Dewey's Metaphysics*. New York: Fordham University Press, 1988.

______. "Rorty, Dewey, and Post-Modern Metaphysics." *Southern Journal of Philosophy*, 27, no. 2 (1989): 173~93.

Brown, Harold I. *Perception, Theory and Commitment: The New Philosophy of Science*. Chicago: University of Chicago Press, 1977.

Campbell, James. "Rorty's Use of Dewey." *Southern Journal of Philosophy*, 22, no. 2 (1984): 175~87.

Cavell, Stanley. *The Claim of Reason: Wittgenstein, Skepticism, Morality, and Tragedy*. Oxford: Oxford University Press, 1979.

Davidson, Donald. "Truth and Meaning." *Synthese*, 17 (1967): 304~23.

______. "Belief and the Basis of Meaning." *Synthese*, 27 (1974): 309~23.

______. "Radical Interpretation." *Dialectica*, 27 (1974): 314~28.

______. "Psychology as Philosophy." In his *Essays on Actions and Events*. Oxford: Clarendon Press, 1980.

______. "On the Very Idea of a Conceptual Scheme." In Davidson (1984).

______. "The Inscrutability of Reference." In Davidson (1984).

______. "Semantics for Natural Languages." In Davidson (1984).

______. *Inquiries into Truth and Interpretation*. Oxford: Clarendon Press, 1984.

______. "A Coherence Theory of Truth and Knowledge." In Ernest LePore, ed. (1986).

______. "The Myth of the Subjective." In Michael Krausz, ed. *Relativism: Interpretation and Confrontation*. Notre Dame, Ind.: University of Notre Dame Press, 1989.

Devitt, Michael. "Rorty's Mirrorless World." In Peter French, et al., eds. *Realism and Antirealism: Midwest Studies in Philosophy 12*. Minneapolis: University of Minnesota Press, 1988.

______. *Realism and Truth*. 2nd ed. Oxford: Basil Blackwell, 1991.

Devitt, Michael and Kim Sterelny. *Language and Reality: An Introduction to the Philosophy of Language*. Cambridge, Mass.: MIT Press, 1987.

Dewey, John. "The Subject-Matter of Metaphysical Inquiry." *The Middle Works, 1899~1924*. Vol. 8. Ed. Jo Ann Boydston. Carbondale, Ill.: Southern Illinois University Press, 1979.

______. "Syllabus: Types of Philosophic Thought." *The Middle Works, 1899~1924*. Vol. 13. Ed. Jo Ann Boydston. Carbondale, Ill.: Southern Illinois University, 1983.

______. "Half-hearted Naturalism." *Journal of Philosophy*, 24, no. 3 (1927): 57~64.

______. "Experience and Existence: A Comment." *Phenomenology and Philosophical Research*, 9 (1949): 709~13.

______. *Experience and Nature: The Later Works, 1925~1953*. Vol. 1. Ed. Jo Ann Boydston. Carbondale, Ill.: Southern Illinois University Press, 1988.

______. The *Quest for Certainty: The Later Works, 1925~1953*. Vol. 4. Ed Jo Ann Boydston. Carbondale, Ill.: Southern Illinois University Press, 1988.

______. *Logic: The Theory of Inquiry: The Later Works, 1925~1953*. Vol. 12. Ed. Jo Ann Boydston. Carbondale, Ill.: Southern Illinois University Press, 1991.

Dummett, Michael. *Frege: Philosophy of Language*. London: Duckworth, 1973.

______. "What is a Theory of Meaning?" In Samuel Guttenplan, ed. *Mind and Language*. Oxford: Clarendon Press, 1975.

______. *Truth and Other Enigmas*. Cambridge, Mass.: Harvard University Press, 1978.

Evnine, Simon. *Donald Davidson*. Stanford, Cal.: Stanford University Press, 1991.

Farrell, Frank B. "Reference, Anti-Realism, and Holism." *Southern Journal of Philosophy*, 23 (1985): 47~64.

Feyerabend, Paul. *Against Method: Outline of an Anarchistic Theory of Knowledge*. London: Verso, 1978.

Gibson, Roger. "Translation, Physics, and Facts of the Matter." In Lewis Hahn and Paul Schilpp, eds. *The Philosophy of W. V. Quine*. La Salle, Ill.: Open Court, 1986.

______. *Enlightened Empiricism: An Examination of W. V. Quine's Theory of Knowledge*. Tampa: University of South Florida Press, 1988.

Goodman, Nelson. *Fact, Fiction and Forecast*. 2nd ed. Indianapolis, Ind.: Bobbs-Merrill, 1965.

______. *Ways of Worldmaking*. Indianapolis, Ind.: Hackett, 1978.

______. "On Starmaking." In Peter McCormick, ed. (1996).

______. "On Rightness of Rendering." In Peter McCormick, ed. (1996).

Guinlock, James. *John Dewey's Philosophy of Value*. New York: Humanities, 1972.

Hacking, Ian. *Why Does Language Matter to Philosophy?* Cambridge: Cambridge University Press, 1975. 『왜 언어가 철학에서 중요한가?』. 선혜영 · 황경식 역. 서울: 서광사, 1987.

______. "Language, Truth and Reason." In Martin Hollis and Steven Lukes, eds. (1982).

Hahn, Lewis and Paul Schilpp, eds. *The Philosophy of W. V. Quine*. La Salle, Ill.: Open Court, 1986.

Harré, Rom and Michael Krausz. *Varieties of Relativism*. Oxford: Blackwell, 1996.

Harris, James. *Against Relativism: A Philosophical Defense of Method*. La Salle, Ill.: Open Court, 1992.

Heller, Mark. "Putnam, Reference and Realism." In Peter A. French, et al., eds. *Realism and Antirealism: Midwest Studies in Philosophy 12*. Minneapolis: University of Minnesota Press, 1988: 113~27.

Hollis, Martin and Steven Lukes, eds. *Rationality and Relativism*. Cambridge, Mass.: MIT Press, 1982.

Johnson, Mark. "Good Rorty and Bad Rorty: Toward a Richer Conception of Philosophical Inquiry." Unpublished typescript. Dept. of Philosophy, Southern Illinois University at Carbondale, 1989.

______. *Moral Imagination: Implications of Cognitive Science for Ethics*. Chicago: University of Chicago Press, 1993.

Kim, Jaegwon. "Psychophysical Laws." In Ernest LePore and Brian McLauglin, eds. *Actions and Events*. Oxford: Basil Blackwell, 1986.

Kirk, Robert. *Translation Determined*. Oxford: Clarendon Press, 1986.

Kripke Saul. *Naming and Necessity*. Cambridge, Mass.: Harvard University Press, 1972. 『이름과 필연』. 정대현 · 김영주 역. 서울: 서광사, 1986.

______. "Identity and Necessity." In Stephen P. Schwartz, ed. *Naming, Necessity, and Natural Kinds*. Ithaca, N.Y.: Cornell University Press, 1977.

Kuhn, Thomas. *The Structure of Scientific Revolutions*. 2nd ed. Chicago: University of Chicago Press, 1970. 『과학혁명의 구조』. 김명자 역. 서울: 두산동아, 1992.

Lakoff, George. *Women, Fire, and Dangerous Things: What Categories Reveal about the Mind*. Chicago: University of Chicago Press, 1987.

______. "The Contemporary Theory of Metaphor." In Andrew Ortony, ed. *Metaphor and Thought*. 2nd ed. Cambridge: Cambridge University Press, 1993.

Lakoff, George and Mark Johnson. "Conceptual Metaphors in Everyday Language." *Journal of Philosophy*, 77, no. 8 (1980): 453~86.

Leder, Drew. *The Absent Body*. Chicago: University of Chicago Press, 1990.

LePore, Ernest, ed. *Truth and Interpretation: Perspectives on the Philosophy of Donald Davidson*. Oxford: Basil Blackwell, 1986.

MacIntyre, Alasdair. "Relativism, Power and Philosophy." *Proceedings and Addresses of the American Philosophical Association*, 59 (1985): 5~22.

Malachowski, Alan, ed. *Reading Rorty: Critical Responses to Philosophy and the Mirror of Nature (and Beyond)*. Oxford: Basil Blackwell, 1990.

Margolis, Joseph. *Pragmatism without Foundation: Reconciling Realism and Relativism*. Oxford: Basil Blackwell, 1986.

______. *The Truth about Relativism*. Oxford: Basil Blackwell, 1991.

McCormick, Peter, ed. *Starmaking: Realism, Anti-Realism, and Irrealism*. Cambridge, Mass.: MIT Press, 1996.

McGinn, Colin. "Charity, Interpretation, and Belief." *Journal of Philosophy*, 74 (1977): 521~35.

Merleau-Ponty, Maurice. *Phenomenology of Perception*. Trans. Colin Smith. London: Routledge & Kegan Paul, 1962. 『지각의 현상학』. 류의근 역. 서울: 문학과 지성사, 2002.

Moser, Paul. "A Dilemma for Internal Realism." *Philosophical Studies*, 59 (1990): 101~106.

Nielson, Kai. *After the Demise of the Tradition: Rorty, Critical Theory and the Fate of Philosophy*. Boulder, Colo.: Westview, 1991.

Passmore, John. *Recent Philosophers*. La Salle, Ill.: Open Court, 1985.

Prado, C. G. *The Limits of Pragmatism*. Atlantic Highlands, N.J.: Humanities, 1987.

Putnam, Hilary. "The Meaning of Meaning." In *Mind, Language and Reality*. Cambridge: Cambridge University Press, 1975.

______. *Meaning and the Moral Sciences*. London: Routledge & Kegan Paul, 1978.

______. *Reason, Truth and History*. Cambridge: Cambridge University Press, 1981. 『이성, 진리, 역사』. 김효명 역. 서울: 민음사, 2002.

______. "Reflections on Goodman's *Ways of Worldmaking*." In *Realism and Reason: Philosophical Papers 3*. Cambridge: Cambridge University Press, 1983.

______. "Reference and Truth." In *Realism and Reason*. Cambridge: Cambridge University Press, 1983.

______. *Realism and Reason: Philosophical Papers 3*. Cambridge: Cambridge University Press, 1983.

______. *The Many Faces of Realism*. La Salle, Ill.: Open Court, 1985.

______. *Representation and Reality*. Cambridge, Mass.: MIT Press, 1989.

______. *Realism with a Human Face*. Ed. James Conant. Cambridge, Mass.: Harvard University Press, 1990.

______. *Renewing Philosophy*. Cambridge, Mass.: Harvard University Press, 1992. 『과학주의 철학을 넘어서』. 원만희 역. 서울: 철학과 현실사, 1998.

______. *Words and Life*. Ed. James Conant. Cambridge, Mass.: Harvard University Press, 1994.

______. *Pragmatism*. Oxford: Blackwell, 1995.

Quine, W. V. O. *Word and Object*. Cambridge, Mass.: MIT Press, 1960.

______. "Two Dogmas of Empiricism." In *From A Logical Point of View: LogicoPhilosophical Essays*. 2nd ed. New York: Harper & Row, 1961. 『논리적 관점에서』. 허라금 역. 서울: 서광사, 1993.

______. "Epistemology Naturalized." In *Ontological Relativity and Other Essays*. New York: Columbia University Press, 1969.

______. *The Roots of Reference*. La Salle, Ill.: Open Court, 1971.

______. "On Empirically Equivalent Systems of the World." *Erkenntnis*, 9 (1975): 313~28.

______. "Things and Their Place in Theories." In Quine (1981).

______. "On the Very Idea of a Third Dogma." In Quine (1981).

______. *Theories and Things*. Cambridge, Mass.: Harvard University Press, 1981.

______. *Pursuit of Truth*. Cambridge, Mass.: Harvard University Press, 1990.

Ramberg, Bjorn. *Donald Davidson's Philosophy of Language: An Introduction*. Oxford: Basil Blackwell, 1989.

Ratner, Joseph. "Dewey's Conception of Philosophy." In Paul A. Schilpp, ed. (1951): 47~73.

Rescher, Nicholas. "Conceptual Schemes." In Peter A. French, et al., eds. *Studies in Epistemology: Midwest Studies in Philosophy 5*. Minneapolis: University of Minnesota Press, 1980.

Rorty, Richard. *Philosophy and the Mirror of Nature*. Princeton, N.J.: Princeton University Press, 1979. 『철학 그리고 자연의 거울』. 박지수 역. 서울: 까치, 1998.

______. "Dewey's Metaphysics." In Rorty (1982).

______. "Overcoming the Tradition." In Rory (1982).

______. *Consequences of Pragmatism: Essays 1972~1980*. Minneapolis: University of Minnesota Press, 1982. 『실용주의의 결과』. 김동식 역. 서울: 민음사, 1996.

______. "Comments on Sleeper and Edel." *Transactions of the Charles S. Peirce Society*, 21, no. 1 (1985): 39~48.

______. *Contingency, Irony, and Solidarity*. Cambridge: Cambridge University Press, 1989. 『우연성, 아이러니, 연대성』. 김동식 · 이유선 역. 서울: 민음사, 1996.

______. *Objectivity, Relativism, and Truth: Philosophical Papers 1*. Cambridge: Cambridge University Press, 1991.

______. "Philosophy and the Future." In Herman Saatkamp, ed. *Rorty and Pragmatism: The Philosopher Responds to His Critics*. Nashville: Vanderbilt University Press, 1995.

______. *Philosophy and Social Hope*. London: Penguin Books, 1999.

Rosch, Eleanor(Eleanor Heider). "Focal Color Areas and the Development of Color Names." *Developmental Psychology*, 4 (1971): 447~55.

______. "Universals in Color Naming and Memory." *Journal of Experimental Psychology*, 93 (1972): 10~20.

______. "Natural Categories." *Cognitive Psychology*, 4 (1973): 328~50.

______. "Universals and Cultural Specifics in Human Categorisation." In R. W. Brislin, S. Bochner, and W. J. Lonner, eds. *Cross-Cultural Perspectives on Learning*. New York: John Wiley, 1975.

Rosch(Heider), Eleanor and D. Olivier. "The Structure of the Color Space in Naming and Memory for Two Languages." *Cognitive Psychology*, 3 (1972): 337~54.

Saatkamp, Herman, ed. *Rorty and Pragmatism: The Philosopher Responds to His Critics*. Nashville: Vanderbilt University Press, 1995.

Sacks, Mark. *The World We Found: The Limits of Ontological Talk*. La Salle, Ill.: Open Court, 1989.

Salinas, Roberto. "Realism and Conceptual Schemes." *Southern Journal of*

Philosophy, 27, no. 1 (1989): 101~23.

Santayana, George. "Dewey's Naturalistic Metaphysics." Reprinted in Paul A. Schilpp (1951): 245~61.

Scheffler, Israel. "The Wonderful Worlds of Goodman." In Peter McCormick, ed. (1996).

______. "Worldmaking: Why Worry." In Peter McCormick, ed. (1996).

Schilpp, Paul A., ed. *The Philosophy of John Dewey*. 2nd ed. New York: Tudor Publishing, 1951.

Schwartz, Stephen P., ed. *Naming, Necessity, and Natural Kinds*. Ithaca, N.Y.: Cornell University Press, 1977.

Searle, John. *Intentionality*. Cambridge: Cambridge University Press, 1983.

Sleeper, R. W. *The Necessity of Pragmatism: John Dewey's Conception of Philosophy*. New Haven, Conn.: Yale University Press, 1986.

Solomon, Miriam. "Quine's Point of View." *Journal of Philosophy*, 86, no. 3 (1989): 113~36.

Stroud, Barry. *The Significance of Philosophical Scepticism*. Oxford: Clarendon Press, 1984.

Taylor, John. *Linguistic Categorization: Prototypes in Linguistic Theory*. Oxford: Clarendon Press, 1989. 『인지언어학이란 무엇인가?』. 나익주 역. 서울: 한국문화사, 1997.

Vision, Gerald. "Veritable Reflections." In Alan Malachowski, ed. (1990).

Walker, Ralph. *The Coherence Theory of Truth: Realism, Anti-Realism, Idealism*. London: Routledge & Kegan Paul, 1989.

Wallace, John. "Translation Theories and the Decipherment of Linear B." In Ernest LePore, ed. (1986).

Whorf, Benjamin L. *Language, Thought, and Relativity: Selected Writings of Benjamin Lee Whorf*. Ed. John B. Carroll. Cambridge, Mass.: MIT Press, 1956.

Williams, Bernard. "Auto-da-Fé: Consequences of Pragmatism." In Alan

Malachowski, ed. (1990).

Winter, Steven. "Transcendental Nonsense, Metaphoric Reasoning and the Cognitive Stakes for Law." *University of Pennsylvania Law Review*, 137, no. 4 (1989): 1105~1237.

Wittgenstein, Ludwig. *The Blue and Brown Books*. New York: Harper & Row, 1965. 『청색책, 갈색책』. 이영철 역. 서울: 책세상, 2006.

| 찾아보기 |

[ㅁ]

[ㅂ]

[ㅇ]

[ㅈ]

[ㅊ]

[ㅋ]